ATILLA

Hunlar, Avarlar, Bulgarlar ve Macarlar

Memet Aydemir

ISBN 9783751954631

Redaktör: Bünyamin Tetik

Herstellung und Verlag BoD - Books on Demand

Norderstedt/Deutschland

Bibliografische Information der Deutschen Nationalbibliothek: Die Deutsche Nationalbibliothek verzeichnet diese Publikation in der Deutschen Nationalbibliografie; detaillierte bibliografische Daten sind im Internet über dnb.dnb.de abrufbar.

Önsöz

2018 yılında herkes gibi benim de adını en az bir defa duyduğum fakat kim olduğu ve neler yaptığı hakkında yeterli bilgim olmayan Atilla ve Batı Hunları hakkında araştırmalar yapıp bir kitap yazmaya başladım. İlk 30 sayfa bittikten sonra kitap yarım kaldı, devam edemedim. Elimdeki bilgiler çok azdı ve yeni bilgilere ihtiyacım vardı. Almanya'da Hunlar ve Avarlar hakkında çok az bilgi vardı. Hunlar hakkında yine biraz bilgi bulunurken Avarlar hakkında neredeyse birkaç kelime yarım yamalak yazılmış belgeler dışında bir şey bulunmuyordu. Bu sefer bütün Alman gazete ve dergilerini araştırdım. Atilla ve Hunlar hakkında son 3-5 yılda yazılmış epey yeni bilgi bulmaya başladım. Bunları Batılı araştırmacılar, Roma ve Bizans kaynaklarını okuyup Almancaya çevirmişler. Türkçe kaynaklar ve kitaplardan işime yarayacak bilgiler karşıma çıkmadı. Çoğu efsane gibi yazılmış ve zaten fazla bilgi bulunmuyordu. Bulabildiğim kitap sayısı üçü geçmedi. Yılmadan bütün arşivleri taradım Macarca ve İngilizce çıkan makale ve araştırmaları tercüme edip önemli bilgileri toplamayı başardım. Bilindiği üzere Hun Federasyonu, farklı siyasal yapılanmalar halinde Batı Avrasya'nın yanında Kuzey Asya (Hiung-nu) ve Orta Asya'da (Ak Hunlar) da varlık göstermiştir. Çok geniş bir konu olması ve benim hâkim olduğum batı dilleri dışında uzmanlıklar gerektirmesi sebebiyle yalnızca Batı Hunları ile kitabı sınırlandırmayı doğru buldum.

Batılıların yazdıkları eski Türk tarihinin büyük bölümü yalanlar ve aşağılamalardan ibarettir. Orta Avrupa'yı yaklaşık 350 yıl yöneten, Türkiye Cumhurbaşkanlığı Forsunda yer alan iki büyük Türk devleti Hun ve Avar İmparatorlukları hiç var olmamış gibi Batı tarihinde gereken yeri bulamamıştır. Bunu eski araştırmalarımda Endülüs hakkında da fark etmiştim. İspanya tarihi, 1492 yılında son Endülüs Sultanlığı Granada düşünce başlar. Önceki 800 yıl yoktur. 350 yıl boyunca Hunlar ve Avarların insanlara yaptığı herhangi bir zulüm ve katliam yoktur. Onlardan 500 yıl sonra yine Orta Avrupa'yı 400 yıl yöneten Türkler de halka zulmetmemiş ve hoşgörü içinde yaşatmıştır.

Hunlar Orta Avrupa'yı ve Macaristan'ı ele geçirince Roma İmparatorluğu iki ayrı imparator tarafından yönetiliyordu. Doğu Roma ya da diğer adı ile Bizans ve Batı Roma. Atilla'nın ölümden 14 yıl geçince Batı Roma, Atilla'nın sarayında yetişen bir Türk asker tarafından tarihe gömüldü. Doğu Roma'yı tarih sahnesinden silen yine Türkler oldu. 1071 yılında Alparslan'ın Bizans ordularına karşı kazandığı zaferin devamını Fatih Sultan Mehmet getirip son kale İstanbul'u 1453 yılında fethetti. İstanbul iç surları 1500 yıl önce Hunlara karşı kurulmuştu Avarların bu şehri ele geçirmek için beş başarısız seferi vardı. Kitapta elimdeki bilgilerden anlattım.

Bu kitabın en zor bölümü Avarlar dönemini yazmak oldu çünkü onlar hakkında Hunlardan çok daha az bilgi ve yazılı kaynak var. Alman tarihini bildiğim için nerede hangi bilgileri arayıp bulacağımı tahmin edip araştırdım ve bulduğum bilgileri yazdım. Bugün Avarlar hakkında ortaya çıkan bilgiler son 20 yılda farklı araştırmacılar tarafından yazılmıştır. 20 yıl önce bu bir zamanlar böyle bir devletin var olduğu dışında fazla bilgi bulunmuyordu. Avarlar hakkındaki bilgilerin büyük bölümü 580-630 yılları arasında yaşamış Bizans tarihçisi Teofilakt Simokata'ya borçluyuz. Onun yazdığı 8 ciltlik tarih kitabının Avarlarla ilgili bölümü, 1998 yılında Viyanalı Prof. W. Pohl tarafından Almancaya çevrilmiştir. Aynı yazarın Avarlar hakkında "Die Awaren, Ein Steppenvolk in Mitteleuropa 567-822" adlı bir eseri de bulunmaktadır. Alman kaynakları bazen hatalar içerebilse de bunlardan bazı bilgiler edinmek mümkün. Bu yüzden birçok kaynak bulup karşılaştırdım. Türk kaynaklarından ise yararlanmaya değer bir bilgi maalesef bulamadım.

Çok aşırı zor ve yorucu bir konu olmasına rağmen 2020 yılının ekim ayında iki yıl sonra kitabı bitirmeyi başardım. Yeterli bilgi ve kaynak olan bir konu olsaydı iki üç aylık çalışma sonucu bitirebilirdim. Bu kitap vesilesiyle bana kitap yazmasını öğreten Semerkant Üniversitesi öğretim üyesi hürmetli hocam

III

Prof. Dr. Juliboy Eltazarov'a, Türk tarihi hakkında batı kaynaklarından araştırmalar yapıp beni yeni bir kitap yazmaya heveslendiren ve yazdığım sürece beni motive eden Doğu Türkistanlı Dr. Ahmetcan İsmail hocama ve kitabı yayına hazırlayan, hatalarımı düzelten ve onsuz bu kitabın bugün olmayacağını bildiğim Bünyamin Tetik'e ayrıca teşekkür ederim.

Yazar Hakkında

Kitabın yazarı Memet Aydemir, 1966 yılında Kars ilinin Arpaçay ilçesinin Esenkent köyünde doğmuştur. Kendisi 1980 yılından beri Almanya'da yaşamaktadır. Ortaokul sonrası Hamburg meslek lisesini bitirip Hamburg Fotoğrafçılık Okulu ve Kiel Fotoğrafçılık Yüksek Okulu'na devam edip fotoğraf sanatı hakkında iki ayrı diploma almıştır. Fotoğrafçılık eğitimi sonrası gazetecilik yapmaya ve Türk dünyasını gezmeye çıkmış ve bütün Türk halklarını ve tarihini okuyup araştırıp yazmaya başlamıştır. Onun Almanya'da Türk dünyası ile ilgili yayınladığı 13. kitap bulunmaktadır. Yazar aynı zamanda uzun yıllar Almanya'da ticaretle meşgul olmuştur.

1

Ön Türkler, İskitler

Avrupa'ya doğudaki steplerden at üstünde gelen Hunlar ve Avarlar kimlerdi? Doğudan gelen bu atlı milletleri, bütün kalelerine, ordularına rağmen batı neden durduramadı? Bu soruların cevaplarını bulmak için daha eskiye giderek Saka-İskitler (İng. Scythians) kimdi bir bakalım:

Rus çarlarının ve sonrasında komünistlerin rejim karşıtlarını ve suçluları gönderdiği beyaz bir cehennem vardı: Sibirya. I. Dünya Savaşı ve sonrasında tren katarları Rusların eline geçen binlerce Alman esir askerini Sibirya'ya taşıyordu. Bu savaş esirlerini orada soğuk, ağır çalışma koşulları, açlık ve hastalık bekliyordu. Ölümün, kurşuna dizilmenin hayatın sıradan bir parçası haline geldiği hapishane hayatında, bir Alman jeolog ve antropolojik prehistorya uzmanı, Gero von Merhart, 1919 yılında, tutuklu bulunduğu hapishanenin müze bölümüne gönderildi. Savaştan yeni çıkmış ve devrimin eşiğinde olmasına rağmen Çarlık Rusya, Yenisey Nehri kıyılarında kazılar yapmaktadır ve Merhart burada görev alır. Sibirya'da hayat siviller ve tutuklular için açlık, hastalık ve vahşet dolu olsa da Merhart'ı çok sayıda arkeolojik veri, özellikle de el değmemiş adına kurgan denilen üzerine toprak yığılarak küçük tepe haline getirilmiş mezarlar beklemektedir. Yanına verilen diğer tutuklularla birlikte kazılara başlar. Büyük mezarlıkların önünde, sıra sıra dizilmiş, yüksek, işlenmiş mezar taşları; insan şekilleri ve okuyamadığı farklı bir yazı tipi bulunuyordu. Devrimden sonra Gero von Merhart özgür bırakılıyor fakat o 1921 yılına kadar kalıp araştırmalarına devam etti. Bulduğu eski mezarlar onu büyülemişti. 1921 yılında buradaki kazılarda ve müzede buldukları üzerine yaklaşık iki yıllık araştırmalarının sonucu yazdığı kitapla Almanya'ya geri döndü.

75 yıl sonra Hermann Parzinger liderliğinde başka bir Alman araştırma ekibi, Merhart'ın araştırmalarını bıraktığı yerden devam ettirmek için aynı bölgeye gidip Yenisey Nehri kıyılarındaki kurganları aramaya başladı. Demir Perde döneminde yabancı araştırmacıların girişi yasak olduğu halde,

2

özel izinle giriyorlar Sibirya yazın ısınır ve karlar eriyince ve çalışmalar başlar. Yüksek tepelerdeki kayalarda ve taşların üzerinde, kayalara oyulmuş insan ve hayvan resimleri buluyorlar. Bunların arasında en dikkati çeken ok ve yay motifidir. Bu kadar eski tarihte ok ve yay kullananlar kimlerdi? Kilometrelerce mesafede yayılmış kurganlar ve binlerce işlenmiş mezar taşı bulunan Zuhina'daki bu dağ neden kutsaldı? Buraya ölülerini gömenler kimlerdi?

Üstündeki büyük kapak taşının çökmüş olduğu bir mezarı açıyorlar. Burada altın veya gümüş yerine mezara konulan onların kullandığı eşyaların bulunmasını umut ediyorlar. İlk mezardan bir iskelet ve bir su bakracı çıkıyor. Büyük ihtimal mezarın kapak taşı çöktüğüne göre mezar soyguncuları daha önce gelip mezarı altın ve gümüş bulmak umuduyla aramışlar. Fakat el değmemiş diğer mezarlarda savaşçı askerlerin iskeletleri ve ölürken yanlarına gömülen silahlar bulunuyor. Kılıç, mızrak, hançer ve demirden yapılmış miğferler. Araştırmacılar İskitlerin bu mezarların Batı Hun İmparatoru Atilla'dan 600 yıl önce ortaya çıktığını hesap ediyorlar. Atilla 453 yılında öldüğüne göre yani yaklaşık 2250 yıl önceden kalma. Başkurdistan bölgesinde başka bir mezarda bir prensesin iskeleti bulunuyor. Presesin vücudu dağlık, kârlı ve soğuk bölgede çürümeden korunmuştur. Ölen prensesin mezarında kullandığı altından takılar ve vücudundaki değişik dövmeler olduğu gibi bozulmadan kalmıştır. Kadının giyindiği elbiseler ve bugünkü kadınların yanında taşıdığı deriden yapılmış bir el çantası mezarda bulunuyor. Başkurt Türklerinin yaşadığı Ural dağı bölgesine bugün Başkurdistan Cumhuriyeti deniyor yerli halkı Anadolu, Azerbaycan karışımı Türkçe bir lehçe kullanıyor. Her Türkçe bilenin kısa sürede onlarla aynı dilde anlaşması normaldir.

Tuva Türk Bölgesinde Araştırmalar

Bir başka Alman araştırma ekibi de Tuva Türklerinin yaşadığı bölgede araştırmalar yapıyor. Tuva Türkleri yüzyıllardır aynı şekilde yaşıyor. Göçebe halk, "yurt" adlı yuvarlak çadırlar kuruyor. Etrafını ve üstünü kalın koyun

3

yününden üretilen keçelerle kışın soğuğuna karşı, yazın sıcağa karşı koruyor. Bir yerden bir yere göç ederken kolayca sökülüp götürülüyor. Tuva Türklerinin lehçesi Kazak, Kırgız lehçesine çok yakındır. Bunlara bakınca İskitlerin bir Türk boyu olduğunu anlıyoruz. Zaten ortaya çıkış noktaları orta bugün adına Orta Asya denen Asya bozkırları ve Türklerin ilk yerleşim bölgesi Moğolistan'dır.

Tuva bölgesindeki Almanların araştırmalarındaki bazı ilgi çekici bulgular şunlardır; Bütün Türk halklarında olduğu gibi misafirperverlik, en üst düzede bir gelenek halini almıştır. Ekşitilmiş at sütü (kımız) hala içiliyor. Tuva köylülerinin koyun kesme yöntemi dünyada eşi benzeri yoktur; Koyun sırt üstü yatırılıyor, kalbine giden bir damar bıçakla kesiliyor ve hayvanın bir tek damla kanı yere değmiyor. Hayvan ölüp postu soyulduktan sonra kanı bir kaba toplanıp ete katılıp sucuk gibi işleniyor. Almanlar buna Blutwurst diyor.

Tuva'da başka bir kurganda kazı çalışmaları başlıyor. Önemli bir İskit soylusuna ait olduğu düşünülen yaklaşık 2500 yıllık bir mezardan üstünde kuş motifleri olan altın ziynet eşyaları bulunuyor. Bu takıları bir erkeğin elbisesinin üstünde taşımış ihtimali var. Mezarı önceden talan etmiş olmalarına rağmen bir kısım altınları görmemişler. Başka bir kazıda üstünde at şekli işlenmiş bir bronz ayna buluyor. O dönemde ve gelecek yüz yıllar boyunca Türklerin en önemli taşıtı ve savaş aracı atlardır. Buldukları oklar üç köselidir ve yaylar klasik Türk yayıdır. Atın üstünde seri şekilde ok atıp düşmana hızla zayiat verdirmeleri bu yaylarla mümkündür. Okların menzili 400 metreye kadar çıkar. Batıda kullanılan yaylar için çok fazla güç lazım ve sakin elle atılması gerekiyor. Alman araştırmacıları İskitler için Türk, Hun ve Avarlarla aynıdırlar diyorlar.

Hz. Nuh'un gemisinin karaya vurduğuna inanılan Ağrı dağı eteklerinde 3000 yıl önce Urartu adlı bir devlet vardı. Bu devleti 3 tanrının koruduğuna inanılıyordu. Başkentleri bugün Ermenistan'ın başkenti olan Erivan'dı. Kralları saraylarda yaşıyordu. Yüksek kayaların üstüne alınmaz sanılan kaleler kurmuşlardı. Bu ülkenin sınırları bugünkü Türkiye'nin doğu bölgesi, İran (Güney Azerbaycan Urmiye gölü dahil) ve Gürcistan'ı içine alan geniş bir alanı kapsıyordu.

Ermenistan'da Alman Arkeologlar yüksek tepelerde terk edilmiş bir şehir kalıntıları arasında biz kazıya başlıyor. Şehrin binlerce metre uzunluğuna olan surları kime karşı ve ne için yapılmıştı? Asya bozkırlarından gelecek olan akınlara karşı mı? Urartular kaleler, şehirler kurup yerleşik hayata geçerken hayvancılıkla meşgullerdi. Kazı yerinden çıkan hayvan kemiklerinden temel besin kaynağının et olduğu anlaşıyor. Kaleler, evler için odun ihtiyacı ormanlardan karşılanıyor ve o bölgedeki bütün ormanları kesip kurutuyorlar. Yerleşik hayatın maliyeti, o bölgenin tabiatına tamiri imkânsız zararlar oluyor. Urartu devletinin yöneticileri, halkı aşırı vergilere bağlayıp tabiatı yok eder kurdukları binlerce kilometre uzunluğundaki surların gerisinde ihtişam içinde yaşayıp kendilerini güvenli hissederken, Asya'nın atlı orduları İskitler, onlara tarih sahnesinden silmek için yaklaşıyorlardı. Onların kurdukları surları, daha önce Çinliler de deneyip Türklere karşı faydasızlıklarını acı bir şekilde tecrübe etmişlerdi. İskitler, kalelerin surlarına dayanmaktansa, surların alçak noktalarından at üstünden vur-kaç yaparak içeriye ateşli oklar atıyorlar, hareket hızları sayesinde fazla zayiat vermiyorlardı. Aynı taktiği onlardan sonra Atilla da Avrupa'da uygulamıştır. Bir süre sonra surları aşıp kalelere giriyor, önlerine çıkan askerleri öldürüp yağmaya başladılar. Urartuların 3 tanrısı bu sefer yardıma gelmedi. Bugün Ermenistan sınırlarında o kalelerden hala ayakta kalan birinin adı Karmia Bulur; Kırmızı Tepe'dir. Bu zaferden sonra Urartular çöküyor ve diğer kaleleri savaşsız teslim ediyorlar.

İskitlerin Gürcistan Seferi

Başka bir Alman ekibi aynı dönem Gürcistan'da kazı çalışmaları ve araştırmalar yapıyor. İskitlerin, Urartu Devleti'ne galibiyetleri tekil bir zafer mi yoksa bir Kafkas harekatının parçası mı? Gürcistan'da Kolis isimli bölgede yapılan kazılarda 2750 yıl önceye tarihlenen bunlar bugünden mi yoksa milattan mı 2500 yıl önce İskitlerin kullandığı ok uçları ve farklı silahlar bulunuyor. Alman araştırmacıları, İskitlerin kullandığı silahların çok ölümcül olduğunu söylüyor; oklar vücuda girdiğinde üçgen yapısı yüzünden yaradan çıkartılamadığını, zehirli oklar kullandıklarını ve gelişmiş silah teknikleri ile düşmanlarının hiçbir şansı olmadığını belirtiyor. İskitlerin Türk olduğunu kanıtlayan en önemli bulgular ekmeklerin üzerine bastıkları damgalardır. Bu gelenek bugün bile Özbekistan ve Doğu Türkistan'da devam ediyor.

Gürcistan bölgesinde o dönem yaşayanlar, ok kullanmasını bilmiyor, ellerindeki taşlar ve keskin aletlerle karşılık vermeye çalışıyordu fakat İskitlere karşı hiç şansları yoktur. 5 yıl süren araştırmalardan sonra arkeologların vardığı sonuç; İskitler büyük saraylar ve kaleler bırakmadı fakat tabiatı tahrip etmediler, o dönem için çok ileri ve gelişmiş bir hayatları vardı. İskitlerin yerleşim alanı, araştırmacıların çizdiği haritalara göre, Asya bozkırlarından başlayıp Kafkasya ve Güney Azerbaycan topraklarına kadar olan alanı kapsar. Bugünkü Rusya üzerinden Kafkasya'ya gelen İskitleri eşsiz bir tabiat kendilerini karşılıyordu. Bir tarafta Hazar denizi, diğer tarafta dağlar, yeşil ovalar ve Hunlar onlardan sonra ortaya çıkıp Avrupa içlerine Fransa'nın ortalarına kadar geldiler. Hunlar sonradan yerleşik hayata geçip orta Avrupa'da kaldıkları gibi İskitler de aldıkları topraklarda kaldılar. Aras Nehri boyunca gidip Hazar denizi ve güneyde bugün Güney Azerbaycan dediğimiz ve Kuzey Kafkasya gibi verimli toprakları, yeşil vadileri, nehirleri, gölleriyle yaşamak ve yerleşmek için en uygun bölgeleri mesken tutmaya başladılar. Bu bölge, ne kuzey gibi yılda sekiz ay süren kışı ile dayanılmaz soğuk ne de Orta Asya çölleri gibi kurak ve sıcaktır.

İskitlerin Kadın Savaşçıları Amazonlar

Amazonlar, Yunan efsanelerinde geçen kadın savaşçılardır. Yılın belli günlerinde diğer kabileleri ziyaret edip erkeklerle beraber olur. Bu zamanlar dışında erkekleri aralarına almaz ve düşmanlık beslerlerdi. Bu birlikteliklerden doğan erkek çocukları da yine komşu kabileleri bırakırlardı. Bu kadın savaşçıların gerçeklikleri hakkında bazı şüpheler bulunsa da

Herodot gibi tarihçilerin haklarında bilgi vermesine bakılarak sadece bir kurgu olmadıkları düşünülebilir. Savaş bir erkek işi olarak düşünülse de tarihte kadınların savaşlara dahil olduğu birçok vaka bilinmektedir. Amazonlar da pekâlâ bunun kolektif bir örneği olabilir.

Eski vazolar ve duvar resimleri (freskler), oymalar (rölyef), heykellerde göğüsleri açık kadın savaşçılar olan Amazonlar görülebilir. Korkunç, cesur ve mahir savaşçılar olarak anlatılırlar. Amazon adının Yunanca A-mazos (memesiz) kelimesinden gelmekte olduğu iddia edilir çünkü ok atarken yaya takılmaması için bu kadınların bir memelerini kestikleri ya da küçükken dağladıkları söylenir. Eski eserlerde amazonların böyle bir tasviri olmamasından ötürü bu anlatının sonradan uydurulmuş olması yüksek ihtimaldir. Amazon savaşçıları hakkında o dönem başka vahşi hikayeler de uyduruluyor: öldürdükleri düşmanların kafatasından kadeh yaptıkları gibi. Ayrıca tüm eski toplumlar gibi esirleri köleleştirerek kullanmış ya da satmışlardır.

Yunanlılar için de aniden at üstünde beliren ve sınır boylarına baskınlar yapan İskit savaşçılar birer korkulu rüya gibiydi. Hatta birden ortaya çıkaran büyük bir yıkım ve kargaşaya sebep olan bu insanlar, atları ile tek bir varlık zannedilmiş ve kentaur denen yarı at-yarı insan canavarlar mitolojide yer bulmuştur. Amazonların da böyle efsaneleşmesi mümkün olabilir.

Amazonların İskit olduklarını düşündüren birçok sebep vardır. Bunlardan biri İskit kadınlarının da savaşçı olmasıdır. Milattan önce 6. yüzyılda Asya bozkırlarında oldukça zor hayat şartları vardı. Bu zor şartlarında dört yanlarında Çin, Persler, Yunanlılar gibi büyük, savaşçı ve yayılmacı düşman milletler vardı. Hayatta kalmak için tüm toplumun kadını, erkeğiyle çalışması ve savaşması gerekiyordu. Eski Çin kaynaklarında da, İskitlerin geceleri saldırdığı ve aralarında kadınların olduğu anlatılmaktadır. İskitlerin yaygın olarak yaşadığı bugünkü Kazakistan'da açılan çok sayıda mezarda, kadın savaşçıların da erkek savaşçılar gibi gömüldüğü ortaya çıkmıştır. Savaşçı oldukları, yanlarına gömülen silahlarından anlaşılmaktadır. Şimdiye kadar yapılan araştırmalarda, her üç savaşçı mezarından birinin, kadınlara ait olduğu ortaya çıkmıştır. Başka milletlere yapılan savaşlara ya da iç çatışmalara katılıp başarılı dönen kadınların koluna bir dövme yapılıyordu. Her başarı için yanına yeni bir dövme daha ekleniyordu. İskitlerin çok zengin olduğu anlaşılmaktadır çünkü bütün mezarlarda çok sayıda altın takılar, silahlar ve uzak ülkelerden ithal değişik eşyalar bulunuyor. Mezarlardan Mısır'dan inciler, Çin'den ipekler, Roma ve Yunan sikkeleri çıkmıştır. Hititçeden tercüme edilen bir tablette (kilden yapılan ve üzerine yazı yazılan bloklar) İskitlerin, çok sayıda demir silah ürettikleri anlatılıyor. Buradan anlaşılmaktadır ki onlar göçebe fakat yüksek kültürlü bir toplumdur.

Yunan tarihçi Herodot, İskitlerin kız ve erkek çocukları aynı şekilde yetiştirdiklerini yazar. Aynı elbiseleri giyer, ok ve yay atmasını, savaşmasını öğrenirlerdi. Yunan tarihçileri, İskit savaşçılarından neden çok korkulduğunu şöyle yazarlar: "Onlar, çocuk yaşta yılan yakalamayı ve zehrini sağmayı öğreniyorlar. Oklarının bir kısmını zehre bandırıp kurutuyor ve işaretliyorlar. İşaretledikleri oklar yılan derisini andıracak şekildedir. Zehirli okları yalnız etini yemedikleri vahşi hayvan ve düşmanlarına karşı kullanıyorlar. Usta okçuların attıkları her ok hedefini şaşırmadan vuruyor. At sırtına arkalarını dönüp düşmanı vurmaları onlar için bildikleri sıradan bir savaş taktiğidir. Ava at sırtına gidiyorlar, yanlarında köpekleri ve özel yetiştirdikleri kartallar onlara avda yardımcı oluyor."

Bugün Almatı şehri yakınlarında bulunan Tamgalı bölgesi, İskitlerin kutsal toprakları sayılır. Bu bölgede kayalara çizilmiş ya da kazınmış resimlerin, en az 5 bin yıllık olduğu hesaplanıyor. İskitler buraya dua etmeye geliyorlardı. Kayalara çizdikleri resimlerde, en çok güneş, at ve boğa resimleri önce çıkar. Belki tanrı olarak güneşe inanıyorlardı. Hayvan resimlerinin olduğu her kayalıkta bir de şaman resmi var. Taşlara kazınmış resimlerde şamanlar, ölüleri için hayvan kurban edilmeden dans edip çeşitli ritüelleri yerine getiriyorlardı. İskeletler üzerine yapılan araştırmalarda, kadınların çoğunun bacaklarının "( )" gibi bir biçim aldığı ortaya çıkmıştır. Buna yıllarca at sırtında oturmanın sebep olduğu düşünülüyor. Yaşadıkları yurtlarda, kollarına dövme yapan savaşçı kadın ve erkeklerin dövmeleri birbirine benzer. Genellikle at, avladıkları yabani hayvan veya kuş resimlerini kollarına işlemişlerdi. Kazılarda erkek ve kadınların kenevir kullandıkları anlaşılmaktadır. Onlar bir kaba kızgın taşlar koyuyor, üstüne keneviri atıp dumanını çekiyorlardı.

Büyük İskender'in en sevdiği atını bile sessizce çalan Amazon kadınları, yönetimde de erkeklerden geri durmuyordu. İskitler yılda bir defa kendilerine yakın yerlerde toplanıyor, eş arıyor, yeni dostluklar kuruyor gelecek için planlar yapıyorlardı. Romalıların, Perslerin, Çinlilerin ve Yunanların topraklarını daha çok genişletmesi erkeklerle beraber savaşan bu kadın savaşçılar da engellemiştir.

İskitlerin milattan 500 yıl önce Perslere karşı yaptığı savaşta Tomris Hatun, oğlunu öldüren Pers Kralı Kiros'un başını kesip kan dolu bir fıçıya atmış ve "Hayatında kan içmeye doymamıştın, şimdi seni, kanla doyuruyorum!" demiştir. Bu olay günümüze kadar dilden dile anlatılarak gelmiştir. Savaşçı Türk kadınları, yüz yıllarca erkeklerin yanında savaşmış ve yaşadıkları toprakları birlikte korumuşlardır. Günümüzde Kazakistan ve Kırgızistan'da her yıl festivaller düzenliyor ve bu festivallerde ok atan, iyi at binen genç kızlar, hala geleneksel kıyafetlerini giyip hünerlerini sergileyerek eski Türk geleneklerini yaşatmaya devam ediyorlar.

Eski Yunanların gözünde Amazon Türk savaşçı kadınları böyleydi. Gerçekte ise çok daha farklıdır.

Avrupa Hun İmparatorluğu ve Batıya İlk Göçler

İskitler hakkında verilen bu bilgilerle Hunları daha iyi anlamak için İskitlerle kitabımıza giriş yaptık. Hunlar bazı batı kaynaklarında özellikle Doğu Roma tarihçileri tarafından İskitler olarak kaydedilmiştir. Bunu daha sonra tekrar göreceğiz.

Hunların Türkistan'dan çıkıp Macaristan ovasına geldiği yol en az 3000 - 4000 kilometredir. Türklerin hâkim olduğu topraklar, yeni kazanımları ile 5 milyon km2'dir. Onların böyle bir güçle ve dinamizmle batıya kadar gelmesi bir mucize gibi gözükse de zorlu hayat şartlarına ve her türlü çilelere katlanmayı öğrenmiş, azla yetinmiş, savaşçı ve korkusuz bir toplum olduğu göz önüne alınmalıdır. Türkler o dönem göçebedirler. Bugün için çok zor gözükse de aslında batılılara göre çok daha rahat bir hayat yaşıyorlardı. Doğal kaynakları yok etmiyor, büyük kaleler, surlar, saraylar ya da tapınaklar kurmuyorlardı. Kağanlar, kendilerinin ve halkın gücünü, taş yapılarla israf etmiyorlardı. Bu kadar geniş alanda yaşadıkları halde o dönem ne pusula ne de başka bir yardımcı alet olmadan ayı ve yıldızları takip ederek yüzlerce, binlerce kilometre yol giderek hedeflerindeki her yeri at sırtına kolayca buluyorlardı. Tabiatı ve doğayı iyi tanıyorlardı. Yorgunluğa dayanıklıydılar. Yerleşik hayata geçenlerin gözünde göçebeler çok yoksul, lüksü bilmeyen, çaresiz insanlardı. Göçebelerin aslında yerleşik hayata geçenlerin kullandığı eşyalara ihtiyacı yoktur. Onlardan daha özgür yaşıyorlar. Onların hayatını yerleşik düzene geçenler sürdüremezler. Çöllerde fırtınalar, kışın soğuk, yazın sıcak, kuraklık, su kaynaklarına koyun, kuzu at sürülerini sulamaya götürmek için saatlerce yürümeleri ayrıca hayvan gütmeleri gerekiyordu fakat bütün bu zorluklara rağmen özgürdüler.

Yerleşik hayata geçen batılılar için göçebelerin hayatı ilkeldir. Latince tarım anlamına gelen "kültür" kelimesi de ilkelliğin karşıtı olarak halkın diline geçmiştir. Batılılara göre, göçebe hayatı yaşayanlar kültürsüz, dolayısıyla barbardır. Buna rağmen yerleşik köylüler ve şehirliler de daha iyi bir hayat yaşamıyordu. Genellikle küçük evlerde yaşıyorlardı. Bu evlerin bir kısmının üstü saz ile kaplıdır. Pencerelerinde cam yoktur. Karanlık çökünce bir hayvan postuyla pencereleri kapatıyor, sabah güneş çıkınca açıyorlardı. Küçük evlerde büyük aileler yaşıyordu. Bir odanın ortasında ateş yakılan ocak vardı. Hem ısınmak hem yemek yapmak için burası kullanılıyordu. Başka küçük odalarda uyuyorlardı. Hastalık ve ölüm hayatın sıradan bir parçasıdır. O dönem ne ilaç ne aşı ne de bugünkü gibi hijyen geleneği vardı. Kırk yaşını geçenler çok yaşamış sayılıyordu. İnsanların bağırsak ve midelerinde kurt vardı. Bazılarında bu o kadar çoktu ki gözlerinden çıkıyordu. Bütün bunları antik ve orta çağ Avrupası hakkında yazılan kitaplarda bulup okumak mümkündür. Bugün bu olayları duyanların tüyleri ürperiyor. O dönem Almanya'da olan başka bir adet vardı: ilk gece hakkı. Köylüler evlendiği zaman bölgenin lordu düğüne gelip gelini alıp ilk geceyi onunla geçirebiliyorlardı. Buna engel olmak isteyen lorttan bu hakkı belirli bir ücret karşılığında almak zorundadır. Batılı köylülerin küçük ekim alanları vardı. Genellikle arpa ve buğday ekiyorlardı. Birkaç domuz, birkaç tavuk, belki çifte koşmak için iki at, bir iki tane de sağılan sığırları vardır. Buna karşın göçebe Türklerin büyük koyun ve at sürülerinin onları zengin ve varlıklı hale getiriyordu.

Yerleşik hayata geçen batılılar üstünde yaşadıkları topraklar lortlara aitti. Ekip biçtikleri mahsullerden bir kısmını vergi olarak ödüyorlardı. Serflik denilen bir sistem içerisinde yarı köylü yarı köle bir hayat sürüyorlardı. Hiç birisi toprağını bırakıp başka bir yere göçemiyordu. Özgürlüklerini satın almak zorundaydılar ama kimsede o kadar para yoktu. Batılıların yarı toprak köleliği onuncu yüzyılda Karolenj İmparatorluğu ile başlamış 1789'da Fransız Devrimi ile resmi olarak sone ermiştir. Rusya'da da 1762–1796 arasında Büyük Katerina ile köylüler serfleştirilmiş, buna karşı büyük köylü isyanları yaşanmıştır.

Türkistan Bozkırlarında, yaylalarında, dağ eteklerinde yaşayanlar için hayat çok daha kolaydı. İhtiyaçları olan bütün ürünleri kendileri üretiyor, paraya gerek duymuyorlardı. Batılı yerleşik hayata geçenlerin çok küçük bir sınıfı, o dönem lüks sayılan ihtiyaç mallarına ulaşabiliyor. Göçebelerin lüks malzemelere ihtiyacı yoktur. Onlar ellerindekiyle yaşamaya alışmışlardı. Onların üstünlüğü, bağımsız ve özgür olmaları ile tabiatı sevip onunla iç içe yaşamalarıdır. Gittikleri yerlerde bir müddet kalıyorlar, sonra başka otlak alanlara göçüyorlardı. Bozkırlar yazın ateş almış gibi sıcak olmasına rağmen ekim ayında birçok yere kar yağıyor, mart ayı sonralarına kadar kalıyordu. Bu durum ot toplayıp kışlık yem hazırlamayı zorlaştırıyordu. Otlaklıkların, suyun olduğu ve düşmanların olmadığı her yerde keçe denen koyun yününden üretilmiş kalın kilimleri seriyor, kısa sürede soğuğa ve sıcağa dayanıklı yuvarlak yurtlarını kurarak birkaç ay orada kalabiliyorlardı. Göçebe Türkler, dönemlerine göre çok daha gelişmişti. Türk savaşçıları, usta at binicileri ve silahşorlardır. Havaya atılan bir yüzüğün içinden oku geçirip yere düşürme yarışmaları yapıyorlardı. Bu gelenek bugün Başkurdistan'ının dağ köylerinde devam etmektedir. Eski Türkleri durduracak bir kudret kimsede yoktur.

Çinliler M.Ö 200 yıllarında Çin seddini kurmaya başlıyorlar. Çin ordusu, Türklere karşı on kat kadar bir üstünlük sağlasa da büyük ölçüde piyade güçleri ile Türklere karşılık vermeye çalışmıştır. Çin'in ordusuna süvari güçleri katma konusunda reform çalışmaları olsa da büyük ölçüde coğrafi kısıtlamalardan ve tarım kültüründen kaynaklanan sorunlar nedeniyle ciddi bir başarı elde edememiş, süvari ihtiyaçlarını çeşitli Türk, Moğol, Mançu-Tunguz milletlerinden paralı askerlerle karşılamıştır. Hunlar ve Göktürkler gibi devletlerin Çin ile mücadeleden önce göçebe bozkır milletlerini büyük ölçüde bir çatı altında toplama çabaları ve ancak böylece Çin'e karşı başarılı askeri harekatlar yapabilmelerinin altında yatan temel sebebin bu olduğu söylenebilir. Süvarinin piyade karşı ikmal ve manevra hızı gibi konularda üstünlükleri sayesinde Türkler, Çin içlerine kadar geçip gidiyorlar. Şimşek hızıyla atını süren savaşçıların başında demir ve deriden yapılmış savaş miğferleri, göğüsleri zırhlı, atları hızlı, çevik ve sağlıklı onları hiçbir düşman kuvvet durduramıyordu. Türk savaşçılarının kendi aralarında kendi kanunları vardır. Kardeşlik, dayanışma, yardımseverlik, sözüne sadakat, yabancıya misafirperverlik, doğruluk, adaletli, hoş görülü, ahlaki olmak, çocuk yaşta onlara öğretilen insanlık kanunlarıdır. Ölen savaşçılar atıyla gömülüyordu. Onların inancına göre öbür dünyada öldürdükleri düşmanlarının ruhları, onlarla savaşmaya gelecektir bu yüzden atı ve silahları yanında olmalıdır. Atının ruhu da kendi ruhu gibi tekrar dirilecekti. Ölen savaşçıların arkasında bıraktıkları kadınlara bakmak, uygun eş bulup onunla evlendirmek, yetim kalan çocukları bağırlarına basıp büyütmek, her yetişkinin severek kabul ettiği bir görev ve boyun borcudur.

Göçebe hayatı yaşayan Türklerin tek sorunu kötü hava şartlarıdır. Hunlar döneminde Türkistan topraklarında görülmemiş bir kuraklık başlamıştır. Bunun üzerine hayatlarını devam ettirebilmek için kuraklığın olmadığı yeni topraklar aramaya çıkmışlardır.

14

Yarı göçebe Türkler, Türkistan'ın büyük bölümü çöldür.

Batı Hun İmparatoru Atilla

Avrupa'ya Hunların göçüyle bugüne kadar biz Türkleri büyüleyen, batılıların bazılarında hayranlık, bir kısmında ürperti uyandıran Atilla dönemine giriş yapalım. Batılılar, Attila yazarken Türkçede bazen Atilla olarak yazılıyor.

Doğudan batıya gelip dev bir imparatorluk kuran Atilla, önüne gelen her şehri ve kaleyi almıştır. Macaristan ile İtalya arasında yerleşen Hun Türkleri buradan bütün batı Avrupa'ya seferler düzenlemiştir. Almanya ve Fransa'nın önemli bütün şehirlerini zapt etmiştir. Batılılar, Hunların ve komutanları Atilla'nın Tanrıdan işledikleri günahlar için kendilerine bir ceza olarak gönderildiğini düşünüyorlar. O dönem Hıristiyanlık, bütün Avrupa'da yaygın değil. Farklı inançları olan sayısız kavimler Avrupa'da yaygındır. Zafer üstüne zafer kazanmasından ve bölge halkına korku salmasından sonra Atilla'ya "Tanrının kırbacı" unvanı veriliyor. Hunlar, başlattıkları kavimler göçüyle Avrupa'nın tek gücü sayılan Batı Roma'nın çökmesine ve antikçağın bitmesine neden oluyor. Batı Roma İmparatoru Romulus Augustus, 476 yılında azlediliyor ve dev Roma İmparatorluğu tarihe gömülüyor. Antikçağ böylece kapanıyor. O tarihte Atilla ölmüştü fakat onun başlattığı kargaşa devam etmiş ve Avrupa'nın yarısına hâkim Batı Roma İmparatorluğu tarih sahnesinden silinmiştir.

Peki, 4. yüzyılda Avrupa'ya akınlar başlatan Hunlar kimdi?

Avrupa Hunları M.S 370-395

Geç antikçağ döneminde halk arasında Hunlar hakkında değişik hikayeler dolaşıyordu. Onları daha korkunç anlatabilmek için hayalleri güçlendiren resimlerle canlandırmaya çalışıyorlardı. Romalı yazarlar, şöyle bir hikâye uyduruyorlar: "Ava çıkan Hunlara yolu bir geyik gösterdi. Onları Kafkasya, Kırım üzerinden Avrupa'ya getirdi". Hunların en büyük düşmanı olan Alanlar ve Gotlar, onların cadıların soyu oldukları yalanını yayıyorlar. Abartmamak için üstünde bir hikâye daha uyduruyorlar: Hunlar aslında cadıdırlar, diğer cadılarla bir arada yaşıyorlardı. Bu grubu, diğer cadılar yanlarından kovdular. Bozkır yollarında bu cadılar, hayaletlerle çiftleştiler ve onların çocukları işte bu Hunlardır. Bir Kilise Papazı Hieronymus, halk arasında başka bir hikâye yayıyor: Hunları büyük İskender (M.Ö 336-323) şahsen Kafkas dağlarında bir alana kapatmıştı. Orada yaşıyorlardı. Tanrı kapıları açıp Hunları dışarı bıraktı. Böylece günahkâr insanları cezalandıracaklar.

Hunlar hakkında söylenen başka hikayelerde vardır: atlı göçebeler; yalnız çiğ et yiyorlar, asla evlerde yaşamazlar, at üstüne uyur ve tuvaletlerini yaparlar, ne aile ne de devlet yönetimi bilirler. Onlar aslında iki ayaklı, beyni olmayan canavarlardır. Medeni hayata hiçbir hizmetleri ve katkıları olmamıştır. Onlar anlaşılmayan bir fenomendir. Şimdiye kadar gördükleri savaşçı ve onlara göre vahşi komşuları Ammianlar, Hunlara göre melektir. Roma tarihçisi Ammianus Marcellinus'un Hunlar hakkında anlattıkları ve yazdıkları onu dinleyenleri titremeliydi: "Bu insanlar vahşette tüm barbarları geride bırakıyor. Hepsinin güçlü uzuvları ve iyi biçimli boyunları var ama çirkinler ve iki ayaklı hayvanlar gibi düşünülebilecek kadar bacakları çarpıktır. Çocukluğundan beri soğuk, açlık ve susuzluğu yenmeye alışkınlar. At binerken bazen çirkin atlarını kadın gibi beceriksizce sürüyorlar. Atlarla birlikte büyümüşler." Çarpık bacak olarak tanımlanmaları doğru olabilir. İskitler çocukluk yıllarından beri at üstünde oturdukları için bacak şekilleri değişiyor. Hun korkusu, o kadar büyüyor ki "Hunlar geliyor!" Cermenler, Bizanslılar, Batı Romalılar veya Galyalılar için olabilecek en kötü uyarı haline gelmişti.

Gökyüzü, Hunların okları ile kararıyor. Roma İmparatorluğu, baskı altında ve çaresizlik içindedir. Avrupa, bu barbarların kendilerini yok etme tehlikesi ve endişesiyle tanrının kendilerine gönderdiği bu cezanın nereye varacağını kestirmeye çalışıyordu. Doğudan gelen Hunlar, Avrupalılar için barbarlardır. Onlara göre bu barbarlar, Avrupa tarihine mühürlerini basıp yeni bir dünya düzeni istiyorlar. Barbar demeleri onlara karşı olan korkudan kaynaklanmaktadır; Onların barbar dedikleri Hunlar, savaşı ve siyaseti bilen stratejik dehalardır. İlk görüşte yakıp yıkmaktan zevk alan ordular gibi gözükseler de onların öyle olmadığı aradan 1600 yıl yıl gibi bir vakit geçmesine rağmen Avrupa'da hala unutulmayan bir iz bırakmalarından anlaşılmaktadır. Hun Türkleri 11. yüz yıla kadar karşımıza tarih sahnelerinde değişik isimlerle çıkmaya devam eder. Avrupa fatihi Hunlar yüksek savaş kabiliyeti, elmas gibi parlak diplomasi yetenekleriyle dünyayı değiştirip Avrupa'da yeni bir düzen kuruyorlar.

Hunlar, Moğolistan-Kırgızistan arasından çıkıp bugünkü Rusya'yı geçerek Orta Avrupa'ya önlerine, her şeyi ezip geçen bir tabiat felaketi gibi geliyorlar. Bu göçün sebebi, kendi bölgelerinde yaşadıkları kuraklığa bağlı kıtlık. 6. yüzyılda Gotların tarihçisi Yordanis, "Hunlar, bataklıkların korkulu hayaletleridir" demektedir. Hunlar, batıya doğru ilerlerken görünmez bir afet gibidirler. Aniden çıkıp istedikleri alıp, tekrar ortadan yok oluyorlar, planlarını ve sıradaki hedeflerini kimse tahmin edemiyordu. Hunların girip çıktığı bölgelerde dünya yıkılmış gibiydi. Herkes korku ve panik içinde, karşı koyacak güçleri yoktu. Nerden ve nasıl ortaya çıktıklarına dair kimsenin fikri bulunmuyordu. Hunlara karşı cepheye çıkacaklara ölüm korkusu yayılıyordu. Hunların psikolojik üstünlüğü düşmanlarının korkusu olmuştur. Hunların asıl silahı, ele geçirdikleri topraklarda korku salmaları. Onları uzaktan görenler kaçıp kurtulmaya bakıyordu. Hunlara karşı koyanların, hiçbir savaş şansı yoktu. Düşmanlarına at üstünde, ok menziline kadar yaklaşıp, oklarını onların üstüne gökyüzünü karartacak gibi yüzlerce, binlerce boşaltıp ölümcül darbeler vuruyorlar. Hunların gittiği her yerde korku var. Onların değişik, tipleri, adetleri, yaşayış şekilleri, kıyafetleri, savaş taktikleri Avrupa halkını tedirgin edip dünyalarını yıktı. Hunlar, doğudan batıya ilerledikçe Roma İmparatorluğu onların baskısını hissetmeye başladı. 3. yüzyılda Çinliler, kendilerini

Hunlardan korumak için Çin Seddi'ni örmeye başlamışlardı. İlerleyen yıllarda bugün Orta Asya denen Türkistan'da iklim değişikliği nedeniyle batıya yönelme 4. yüzyılda 375 yılında Tuna nehrine ulaşmalarıyla başlıyor. Burası o dönem Batı için Batı medeniyetinin bittiği noktadır. Batı Hunlarının Avrupa'ya ulaştığı yıllarda Sezar ve Cleopatra'nın bıraktığı imparatorluk ikiye bölünmüş; bir tarafta Doğu Roma, diğer tarafta Batı Roma İmparatorluğu. Batı Roma İmparatorluğu'nu Valentinianus, Doğu Roma İmparatorluğunu kardeşi Theodosius yönetiyor. 100 sürmeden Hunlar, Roma İmparatorluğu'nu nasıl yıkılacak duruma getiriyorlar?

Hunların İlk Dönemleri ve İlk Kağanları

376 yılında Hun Kağanı Balamber savaşta yenip öldürdüğü Got Kralı Vinitharius'un kızı Valdamercas ile evlendi. Bu Hunların gücünün sembolü haline gelmişti. Batı Hunlarının ilk kağanı Balamber; Batılı kaynaklarda söyle geçmektedir: Balamber, Hunların 400'lü yıllardan önceki kağanlarıdır. Evli olduğu halde Got kralı Ermanarik'in torunu bir Alman prensesi olan Vadamerka siyasi bir evlilik gerçekleştirmiştir. Bu evlilikten Hunimund ve Viderikus adlı iki oğlu olmuştur. Balamber, Germen soyluları ile akrabalık kurmanın ne kadar avantajlı olduğunu anlamıştı. Viderikus büyüdüğü zaman Got Kralı oldu. Bu şekilde kavimler arası düşmanlık sonlandı.

Uldin, 400 yıllarında kağanlık yapmıştır. O, Macaristan ovasının kendilerine dar geldiğini düşünüp sahillere inmek isteyen ilk kağandır fakat dağlık bölgelerde savaş tecrübesi az ve başarı şansı düşüktür.

Rugila, daha güçlü ve akıllı birisiydi. O, Bizans'ı haraca bağlamış, esir değişimi pazarlıkları yürütmüştür. Doğu ve Batı Roma'yı tehdit edecek kadar güçlenmişti. Elçiler ağırlıyor ve gönderiyordu. Bizans'a yaptığı akınlar ile bütün Trakya'yı ele geçirip yağmalamıştır. Sıradaki hedefi, dev gibi ordusuyla Konstantinapol'ü ele geçirmekti. 433 yılında Trakya'da karargâh kurmuşken çadırına yıldırım düşmesi sonucu ölmüş ve sefer iptal edilmişti. Bizans halkı, Rugila'nın ölüm haberini alınca bunun Bizans Kayseri II. Theodosius'un eşi Kraliçe Eudocia'nın bir mucizesi olduğunu düşünerek çok zeki ve bilgili olan bu kadını, azize ilan etmiştir. Hunların ilk İstanbul seferi sonrası şehrin iç surlarının inşaatı başladı. Rugila ve kardeşi Oktar ülkeyi çift kağanlıkla yönetiyorlardı. Oktar, 436 yılında bir ziyafette iç kanama veya beyin kanaması sonucu öldü. İki han da öldükten sonra kardeşleri Muncuk Han, liderliği üstlenmeyerek, oğullarına devrediyor: Atilla ve Bleda'ya. Bleda 444/445 yılında ölüyor veya öldürülüyor. Atilla sonrası kaynaklara geçen kağanlar Atilla'nın iki oğludur.

Bleda ve Attila, Alman prensesinden olan amcaları Oebarsius'a (öl. 448) yönetimi vermezler. Atilla'nın babası Muncuk, 434 yılından sonra kaynaklarda görünmez. Atilla ve kardeşi savaşta tecrübe kazanıp, bilgi sahibi olduklarımdan dolayı çok sayıda rakipleri olmasına rağmen Hun yönetimini ellerinde tutarlar. Hunların Doğu ve Batı Roma İmparatorluklarını haraca bağlaması bir güç ve barış sembolü olarak 430 yılında Rugila ile başlamıştı. O, Roma'yı yıllık 120 kilo altın haraç vermeye zorladı. 435 yılında Atilla ve Bleda ödenen haraç miktarını iki katına çıkardılar. Sekiz yıl sonra Batı Roma ve Hunlar arasında Gelibolu bölgesinde savaş çıktı. Savaşı kazanan Hunlar haracı 700 kiloya çıkartıp ayrıca iki ton da savaş tazminatı talep ediyorlar. Batı Roma'nın Hunlara ödediği haraç 430 ile 450 yılları arasında toplam dokuz tondur. Hunlar, ayrıca esir aldıkları her Romalı esiri 5 gram altın karşılığı serbest bırakıyordu. Hunlar o kadar güçlüydü ki bu büyük imparatorluklarla istedikleri gibi oynuyorlardı. Batı Roma, o dönem bugün ABD'si gibiydi. Dünya ticareti onların elindeydi, ele geçirdikleri bölgelerden altın topluyor, üretimden büyük gelir elde ediyorlardı.

Hunlar, ellerine gecen altınları, bugünkü tüm Devletlerinde olduğu gibi o dönem de ticaret ve üretime yatırmak yerine eritip ziynet, süs eşyaları, altın kılıç kınları ürettiler. Onlar için paranın ve altının değeri yoktu. Ölenler kendi altın takı ve özel eşyaları ile gömülüyordu. Bundan dolayı yüz yıllar boyunca talan edilmeyen mezar kalmamıştır.

Yıl 406; Romalılar, Hunlarla savaşı önlemek için kendi ailelerinden birisini Hunlara gönüllü rehin olarak gönderiyor. Aëtius (Aicios) yeni yetişen bir genç ve Romalı generalin oğludur. Generalin oğlu, Hunların arasında onlardan birisi gibi yaşıyor, adetlerini öğreniyor fakat onları terk edemiyor çünkü rehindir. Aëtius eğitimli birisidir. Hunların hayatlarını öğrenip notlar alıyor. Hunlar, yerleştikleri yerlerde hayvancılık, tarım yapmaya, evler dikmeye başlıyorlar. Avlanmayı seviyor ve çok et yiyorlar. Batılılar, diğer alanlarda üstünler Hunlar savaşmak, silah üretmek, at binmekte öndedir. En güçlü silahları yaydır. Oldukça güzel bir şekli olan yaylar ağaç, hayvan boynuzu, deri ve at postundan elde edilen kompozit malzemeden; dönemin en öldürücü silahı yayı, babadan oğula aktararak geliştiriyorlar. Bu yaylar akıl almaz derecede kolayca attığı okları hedefine vardırıyor. Gökyüzünü karartan binlerce ok, o dönemin atom bombası gibidir. Batılıların o tarihlerde yaptığı yaylara çok daha fazla bilek gücü gerekli, yerde durup iki bacağı açıp titremeden durmak gerekirken Hunların yayları, az kuvvetle at üstünden attığı oku hedefine indiriyor.

Hunların at üstünde başlayan yıllar süren serüvenleri, onları at binicilikte rakip tanımayan süvari birlikleri yapıyor. Batılılar arasında Hunların atlarının üstünde uyuduğu ve yaşadığı efsanesi dolaşmaya başlıyor. At üstünde yaptıkları savaşlarda düşmandan onları üstün kılan başarı, intikal ve vuruş güçleri yani kısa mesafeden atlarını döndürüp ihtiyaç olan diğer savaş cephesine sürebilmeleri, düşmana yeterince mesafe bırakıp oklarını aynı anda atıp yok etmeleri, onları dönemin savaş makinası haline getiriyor. At, Hunlar için her şeydir. At, sırf savaşlarda kullanılan hızlı yer değiştiren birer hayvan değil, aynı zamanda kısa sürede başka bölgelere ulaştıran bir vasıtadır. Ekonomik olarak da atlar vazgeçilmez bir faktördür, etini yiyor, sütünü içiyorlar.

Dönemin Türklerini barbar olarak gören yazar Amiyanos, Hunlar hakkında bir roman yazarının aklına hayaline gelebilecek hikayeler uyduruyor. O Hunların konuşmasını yarı insan, yarı hayvan olarak yazıyor ve devam ediyor; "Çiğ etleri atlarının eyerinde yanlarında azık olarak götürüp yiyorlar". Bu gerçek bilgidir o zamanın pastırmasıdır.

422 yılından itibaren Hunları güçlü bir kral yönetir: Ruga veya Rug, Attila'nın amcası. Doğu Roma İmparatoru, II. Theodosius'u (402-450) yıllık 175 kilo altın haraç ödemeye mecbur etti. Kral Ruga, önceki Hun Kralı Uldin'den daha başarılıdır. 433 yılında Doğu Roma İmparatorluğu'nda çıkan iç savaşı bastırmaya Hun Kralı Ruga, dostluk ve komşuluk adına yardım etmişti. O yıllarda Ruga, hem Doğu hem Batı Roma İmparatorluğu'ndan her yıl haraç alıyordu. Gücü ve şanı bütün Avrupa'da ün salmıştı. Bugün Hunların ve halefleri Avarların aldığı haraçlar çok abartılıyor ve onları soyguncu gibi görüyorlar. O dönem Roma ve sonra Bizans'tan aldıkları haraç, bütçelerinin yüzde biri kadardı. Bu haracı güç gösterisi için alıyor; "Biz sizden güçlüyüz. Eğer istediğimiz parayı vermeseniz seninle savaş yapmaya hazırız." mesajını vermek için. Onların iki seçeneği kalıyordu: onlara haraç verip üstünlüklerini tanımak ya da savaş. Savaş, çok daha pahalı ve tehlikeli. Bu yüzden haraç vermek işlerine geliyordu. Hunların kendi paraları vardı. İki Roma'dan aldıkları bütün haraç o iki devletin yıllık yüzde ikisi kadardı. Bu para ile kendi bütçelerini kapatamazlardı. Kendileri ihtiyaçları olan her şeyi üretiyorlardı. Bugün batılı yazarlar bile bunu çok abartarak onları soyguncu göstermek derdindedir.

Aëtius, Hunların arasında büyüyüp onları tanırken, kendisi gibi bir gençle tanışıp kısa sürede arkadaş oluyor. Bu genç Rugula'dır; Hun kralının oğlu ve veliahdı. Aicios babası gibi yine Romanın bir generali olur. 422 yılında bir barış antlaşmayı imzalanır. Doğu Roma İmparatoru Theodosius, Hunlara yılda 150 kilo altın vergi verecek. 3 yıl sonra Hunlar artık bir imparatorluğu diz çöktürecek kadar söz sahibidir. Aëtius, büyüyüp geri dönmüş ve bir general olmuştur. Aëtius, Hunları tanıyıp 430 yılında ayrıldıktan sonra Batı Roma İmparatorluğu'nun farklı bölgelerinde çıkan isyanları durdurmak için Hunlardan yardım ister. Yanındaki Hun savaşçıları ile Burgundalar, Galyalılar, Batı Gotları veya isyan çıkaran Roma çiftçilerine karşı savaşıyorlar. Aëtius, 439 yılında Batı Gotlara karşı bir savaş başlattı ve bu savaşı büyük kayıplarla kaybetti. Batı Gotları; "savaş sonrası biz tanrıdan yardım dilerken Roma, Hunlardan yardım aldı" diye kroniklerine yazıyorlar.

Roma generali, evlenip çocuk sahibi olduktan sonra oğlu Carpilio'yu, kendisi gibi Hunların arasında kalıp onları tanıyıp yaşaması için gönderdi. 433 yılında Rugula, Hunların kralı olmuştur. Aëtius'un yıldızı parlamaya devam ederken, Roma İmparatorluğu can çekişiyor. Hunlarla barış anlaşmaları yaptıkları halde aralarında savaş başlıyor. Bunun sebebi yeni bir liderin ortaya çıkışı; Atilla. Onun adı o günlerde olduğu gibi aradan geçen 1600 yıldır hala Avrupa'da bir sembol, hayranlık, korku ve yiğitlik ile anılıyor.

Tanrının Kırbacı Çocukluk Yıllarında Neler Yaşadı?

Romalı bir generalin oğlu olan Aëtius'un Hunların arasında bir yandan rehine olarak yaşarken bir yandan da onları tanıması ve karşılıklı savaşların durması için gönderildiği gibi Hunlar da kendi aralarından bir kişiyi göndermişlerdir. Atilla 12-15 yaşları arasında Roma'ya gidip orada bir müddet

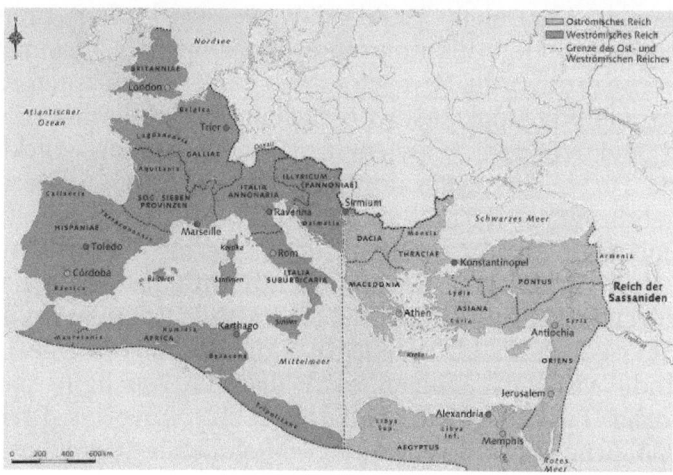

yaşamıştır. Onun çocukluk yıllarında erkek kölelerin birer savaş makinesi haline getirilip kolezyum denilen büyük arenalarda savaştıklarını görmüş olması gerekli. 5. yüzyılın başında Gladyatör dövüşleri yasaklanıyor. Roma'da gördükleri onu karşımızdaki Atilla yapmaya yetmiştir. O dönem Avrupa'nın bütün nüfusu, 20 milyon tahmin ediliyor. Roma'nın nüfusu ise 250 bin kişidir. Avrupalılar Atilla'nın adını söylerken bile ürperirken doğulular onunla gurur duyuyor. Atilla'nın geldiği Roma, orada olduğu 410 yılında Batı Got Kralı Alarich tarafından alınıp yağmalandı. Roma'nın 12 kapısına dayanan askerlerin sesleri karşısında zengin fakat korkak Romalıların çığlıkları aslında ne kadar kibirli ve korkak olduklarını gösteriyordu. Romalılar şehri kuşatanları değil savunan komutan Stilicho ve eşine saldırıp öldürmüştür. Yağmacılar şehirden çekildikten sonra açlık başlamıştı. Zenginlere bir şey olmazken, yoksullar kırılıyordu. Altın ve gümüşler üzerine pazarlıklar yapan Got Kralının Roma'dan çekildiği yıl Atilla da Macaristan ovasına döndü. Belki gördükleri onun hayal gücünü genişletti. O da büyük bir lider olmaya karar verdi. Atilla'nın nasıl bir çocukluk ve gençlik geçirdiğini çok hayal etmeye gerek yok. Onun amcaları Hunların büyük kağanlarıydı. O merkezde devlet yönetimini görüp öğrenirken diğer yandan her genç gibi Türkistan'da binlerce yıldır devam eden at yarışları, güreş müsabakaları, av ve talimlerle savaşa hazırlıklı olmak zorundaydı. Akşamları yaşlılardan ve şairlerden onların ezberledikleri dilden dile dolaşan eski efsaneleri, kahramanlık hikayelerini dinliyordu. Savaşlara katılanlar anılarını anlatırken çocuklar merakla kulak kesiliyor, yaşlılar eski günleri hatırlayıp gözyaşı döküyorlardı. Söylenen Türkçe şarkılar, türküler arasında Türklerin en eski destanlarından birisi Oğuz Destanı da olmalıdır. Oğuz Destanı günümüze ulaşmış en es eski Türk destanlarından biridir. Aksam eğlencelerine komedyenler, güzel sesli şarkıcılar geliyor, kendi aralarında oynayıp eğleniyorlardı. O dönem Macaristan ovasında çok olan geyik ve tavşan avı gençlerin bir eğlencesi olmalıdır. Bugün bile Ural bölgesinde yaşayan gençler okul dışında gençliğini böyle geçiriyorlar. Türkler eskiden beri domuz eti yemiyorlar. Türkler ve Moğolların bir arada yaşadığı Moğolistan topraklarında

Moğollar domuz yerken Türkler yemiyor. Hunların boş vakitlerini nasıl geçirip eğlendiğini anlamak için televizyonlar yayılmadan önceki Türkiye köylerine bakmak yeterlidir. Bizans elçisi Priskos, daha sonraki yıllarda Atilla'nın sarayını ziyaret ettiğinde Hunların boş vakitlerini bu şekilde değerlendirdiğini anlatmıştır.

Atilla Macaristan ovasına döndükten sonra çok etkilenmiş olmalıdır. Güçlü orduların başında etkili ve akıllı bir liderin olması halinde nasıl başarılara yol açabileceğini görmüş ve ona göre hareket etmiş olmalı. Roma'nın girişleri, surları, büyük yapıları, onu hayretler içinde bırakıp büyülemiştir. Alarich'in bütün şehri bir hafta boyunca yağmalaması, halkın içine işleyen korku, herkesin dilinde onun anılması Atilla'da liderlik ve zafer hırsı uyandırmış olabilir. Şehirde bir taraftan zenginliği görürken diğer taraftan yoksulluğu tanımıştır. Belki şımarık insanlardan intikam almak, bu şehri yerle bir etmek, belki ailesinden uzak kaldığı için bu şehre nefret duyup bu büyük imparatorluğu sonsuza kadar tarihe gömmek içinden geçiyordu. Atilla'nın ruh dünyasını anlamak çok zor değil. O, Roma'yı tarih sahnesinden silmek ve Kralların Kralı olmak istiyordu. 700 yıldır Batı Roma İmparatorluğu'nun karşısında ciddiye alınacak ve onları tehdit edecek bir düşman yoktu. O tehlike, Atilla ile geldi. Atilla'nın gençlik yılları hakkında çok bilgi bulunmaz. Kırk yaşlarında üç oğlan sahibi olduğu Atilla isminin Türkçe Ata'dan geldiği ve o dönemki Got tarihçileri tarafından "Hunların atası" olarak anıldığı bir gerçektir. Bu adın asıl ismi olmayıp bir unvan olması bile mümkündür. O, halkını dünyaya adları bir daha unutulmayacak bir şekilde tanıttığı için bu ismi kendisi vermiş olabilir. Atilla halkını sıkı kurallar altında yönetiyordu, cepheden cepheye koşup sürekli savaştaydılar. Bu yüzden bazıları Roma topraklarına kaçmıştır. Bundan dolayı Atilla, Hunları bir arada tutmak için Roma'ya kendinden kaçanları asla kabul etmemesini dayatmıştır.

Atilla'nın sert kararlar vermesinin altında başka olaylar yatıyordu. Bizans veya Roma onlara gelenleri esir alıp pazarlıklar yaparak kendi yararlarına şartlar koymaya çalışıyordu. Sıradan insanları kabul ederken aralarında saray çevresinden olanları esir alıp öldürmekle tehdit ederek pazarlıklar yapıyordu. Bunlardan ikisinin ilginç hikayeleri vardır: Atilla'nın akrabalarından Mama ve Atakam isimli iki kişi Bizans'ın eline esir düşmüş veya savaşsız bir ortamda yaşamak için sığınmışlardır. Bizans onları bugünkü Bulgaristan'ın Dobruca Kalesi'ne kapatıp Hunlarla pazarlığa başladı. Atilla onları geri getirmeyi başardı fakat teslim aldıktan sonra çarmıha gerdirerek öldürttü. Böylece kendi halkının düşman ülkelerine sığınmasının yanlış, savaşın kaçınılmaz olduğunu kendi halkının bilincine yerleştirebildi. Atilla'yı savaş meraklısı gibi görmek yanlıştır. Bütün kavimler arasında çekişmeler, toprak savaşları vardı. En güçlü olan, güçsüzleri yutuyor, halkını köle olarak götürüyor, genç kadınlara tecavüz ediyordu. Bugün yaşadığımız asayiş sorunu o dönemde de mevcuttu. Atilla, ülke sınırlarına muhafızlar koyduğu gibi sahip olduğu topraklarda bugünün ilk jandarma teşkilatına benzer bir kuruluşu hayata geçirmiştir. Atilla döneminde kartal, Hunların sembolü haline gelip bayraklarında yer almıştır. Kartalları savaşlarda yanlarında götürüp onlardan yararlanıyorlardı. Kartal motiflerini kullandıkları birçok eşya, at eyeri, kılıçlar, değerli kaplar üstüne işliyor. Atlarının eyerleri içinde, çelik aynaların dış tarafında genellikle kartal motifleri kullanılmıştır. Atilla kendisini bütün gökyüzünün, kuşların ve yerdeki zayıf canlıların üstünde güce sahip bir kartal gibi görüyordu. Kartalı sembol olarak Hunlardan sonra batı Roma ve ikinci dünya savaşı öncesi Almanlar kullanmaya başlıyor.

Hunlar ibadetlerinde şu duayı okurlardı:

"Ulu Tanrı!
Her şeyi yaratan Tanrı!
Yenilmez, yıkılmaz, ölmez, bitmez, yitmez, yok olmaz Tanrı!
Suyu donduran, buzu eriten, buzdan su yürüten, sudan ırmak coşturan, ırmaktan göl dolduran, gölde balık gezdiren Tanrı!

Kuru derelere pınar koşturan, ota ağaca can yürüten, ottan ağaçtan çiçek çıkartan, çiçeklerden oğul veren, arıya bal yaptıran Tanrı!

Günümüzü aydınlatan, gecemizi yıldızlarla süsleyen Tanrı!

Bize yeni bir yıl veren Tanrı!

Bu yıl bize bol ver, bolluk ver!

Otumuz otlağımız bol ver!

Kulunlarımız kuzularımız bol ver!

Yapağımız yünümüz, yağımız sütümüz, peynirimiz, kımızımız bol ver!

Yağmurumuz suyumuz bol ver!

Avlağımız avımız bol ver!

Urısı, kızı oğlumuz bol ver!

Anamızı balamızı, oğlumuzu kızımızı, gencimizi yaşlımızı, bu Kara Yer üzerinde hepimizi kara çorlardan sakla, isizlikten bizi esirge Yüce Tanrı!

Yayımız yaman, okumuz şaşmaz, kılıcımız keskin kıl!

Yağının başını munsuz, bileklerimizi güçsüz, yüreklerimizi umutsuz koma!

Bahar geçsin yaz gelsin, yaz geçip güz gelsin, güz buduna yeğni gelsin!

Kuzumuz, kulunumuz, oğlumuz çok olsun!

Halkımız çoğalsın Acun üze bey olsun!

Aç, çıplak kalmasın, acun düzen dirlik bulsun!

Yer ve gök ülüşü için, atalarımız tini için sunduğumuz ıduklarımızı una!

Yüce Tanrı!

Hun Budun ilsiz kılma, Hun Budun başsız kılma, Hun Budun töresiz kılma, Hun Budun yüzün yere vurma, Hun Budun tutsak kılma, hatun olacak kızlarımızı kun, bey olacak oğullarımızı kul kılma!

Hun budunu koru!"

Eski Türklerin örf adetleri arasında evlere, çadırlara ayakkabı ile girmemek de vardı. Ortada yanan ocağı kutsal sayarlardı. Eve gelen çocuklar, önce anne sonra babalarını selamlıyordu. Kış ve sonbahar aylarında sefere çıkmazlardı.

Çünkü en etkili ve öldürücü silahları olan yaylar ıslanınca bir işe yaramazdı. O dönem evlerin ve çadırların içi halı kaplıydı. Koyun yününde üretilen ince renkli ipliklerle elbise dokuyor, üstüne renkli desenler işliyorlardı. Bu elbiselerin 5. yüzyıldan kalan bir kısmı Kazakistan'da yapılan kazılarda ortaya çıkarılmıştır. Türklerin gelenekleri o dönem hemen her yerde birdi.

Hunların İmparatorluğa Yükselişi (434-445)

433 yılında yeni bir tarih sayfası açılıyor. Batı Roma İmparatorluğu, Hunlara saldırmamaları karşılığında yıllık haraç ödemeyi kabul etmişti. Buna rağmen dostluk Atilla ile bozuluyor. Hun kralı Ruga ölüyor, ölüm sebebi bilinmiyor. Batılılar onlara "kral" dese de biz "kağan" diyoruz. Hunların güçlü kağan Ruga'nın ölümü üzerine iki yeğeni onun yerini alıyor. Bunlardan birisi Atilla, diğeri Bleda'dır. Amcalarının bile zor bir arada tutuğu Hunları, yeni kağanların bir arada tutması için güven sağlamaları gerekiyordu. Eski kağanın ölmesiyle Hun savaşçılarına Roma'ya ait bölgelere yerleşmeleri ve Roma için savaşma teklifleri geliyordu. 434 yılında Roma ordusuna para karşılığında çok sayıda Hun askeri katıldı. Roma ve Bizans'ın Hun obalarını veya aşiretlerini karşı karşıya getirmeye çalışmasına rağmen, iki kardeş Hunları bir arada tutmayı başardılar. 441 yılında Bizans, yıllık haracını ödemeyi reddetti. Bunun üzerine akınlar, başlatmaya karar verdiler. Bizans'a ait Balkanları yağmalayıp bir bölümü tahrip ettiler. O dönem için büyük ve güçlü surları olan Niş (Naissus) bile onların eline geçti. Konstantinapol'ü almaları an meselesiydi, o kadar yakına gelmişlerdi II. Theodosius pazarlığa baş vurdu. Yıllık haraç vermeye yeniden razı olup barış anlaşması yaptılar. Bizans sözünde durmadı ve bir yıl sonra 442 yılında ödemeleri kesti. Atilla ve Bleda için bu büyük bir hayal kırıklığı ve yenilgi sayılıyordu. Yeni seferler, düzenlemeyi bırakıp gözlerini Batı Roma'ya diktiler. İmparator III. Valentinianus, Bizans'a göre çok daha zayıftı. 445 yılında iki kardeşten Bleda ölüyor. Atilla'nın öldürttüğü düşünülse de kanıtlanmış değildir. Atilla'nın ülkesi, Türklerde yaygın olduğu gibi hanlıklarla

yönetiliyordu. Batılılar, bu yönetim sistemini bugün bile tam çözememişlerdir. Büyük ailelerin kendi büyük obaları vardı. Bunlar kendi kendilerini yönetiyor fakat hepsi tek kağana bağlıdır. O kağan, büyük kağanlarıdır. Savaş sırasında hanlar kendi orduları ile savaşa katılıyordu. Avarlar da aynı şekilde devam ettiler. Batı kaynaklarında küçük krallıklar diye anlatılanlar aslında bu hanlıkları anlatır.

Atilla'nın gelecek için parlak fikirleri vardı fakat Bleda bunlardan çok uzak biriydi. Atilla, lider kültü uygulamaya başlıyor. Kendisini karizmatik bir savaşçı olarak gösteriyor ve eski savaş Tanrısı Mars'ın kılıcını bulduğunu söyleyip halka gösteriyor. Böylece halk arasında Atilla'nın yenilmez olduğu rivayetleri yayılmaya başlıyor. Atilla'nın meşhur kılıcının hikayesi şöyledir: bu kılıç, eski Yunan mitlerine göre savaş tanrısı, Mars'ın kılıcıydı. Rivayetlere göre bir çoban, ayağının kanadığını gördüğü ineğinin kan izlerini takip ederek gömülü fakat ucu dışarıda kalmış bir kılıç bulur ve bu kılıcı alıp Atilla'ya getirmiştir. İşte bu kılıcı Atilla hayatı boyunca daima yanında bulundurmuştur. Bu kılıcı taşıyan cihangir olur ve mağlup edilemezdi. Bazı rivayetlere göre bu kılıcı bir asker bulup Atilla'ya getirmişti. Bir diğer rivayette göre de Atilla Sorosglar denen eski bir kavim ile yaptığı savaşta kralın hazinesin içinde bu kılıcı bulup kullanmaya başlamıştı.

Atilla yeri geldiği zaman çok acımasızdı. Kendi sülalesinden Romalılara sığınan bir aileyi, Romalılar kabul etmemiş, geri döndüklerinde Atilla hepsini kazığa oturtarak öldürmüştür. Tarih kitaplarına yerine göre acımasız ve karizmatik bir lider olarak geçmiştir. Onun aklında güçlü bir devlet kurmak vardı. Göçebe hayattan büyük kısmı yerleşik hayata geçtikleri halde sağlam temeller üzerine kurulu, ordusu ve savaş teknikleri ile her güce karşı çıkacak, saygın, halkı için iyi yaşam şartları, Romalılar gibi güzel binalar yapan ve eğitim sistemleri olan güçlü bir devlet hayalindedir. Akınlar düzenleyip karşı tarafı haraca bağlamak, Atilla için yetersizdir. O sonsuz güç peşindedir. 447 yılında Balkan savaşlarını, Atilla yeniden başlattı. Atilla artık kendisini savunamayacak kadar güçsüz bölgeler ve krallıklarla meşgul değildi. Yeni savaş aletleri icat edip Doğu Roma İmparatorluğu'na bağlı Balkanlardaki şehirlerin aşılması imkânsız gözüken surlarını aşmayı başarıp bugünkü Yunanistan sınırlarına kadar ilerledi.

Atilla, Roma İmparatorluğu'nun kendisine saygı duymasını, aynı göz hizasında olmayı istiyordu. Görüşme için bir tepede buluşmaya karar verdiler. Çadırlar karşılıklı kuruluyor ve iki tarafın heyetleri, anlaşma vaktinde tepeye gelince Attila görüşmeyi iptal edip geri döndü çünkü anlaşmalarındaki aynı göz hizası kastı kimsenin kimseye daha üstün gözükmek için hiçbir girişimde bulunmamasıydı. Oysa Romalılar, onları küçük düşürmek için çadırlarını çok daha yüksek çatılı ve geniş kurmuşlardı.

Hunların sahip olduğu topraklar 450 yılları

Atilla Gücünün Zirvesinde (445-450)

Hunlar yalnız usta at binicileri, at sırtına hedefini vurup düşmana korku veren güçlü savaşçılar değil, aynı zamanda şehirleri kuşatan, kaleleri aşan, silahlar icat eden bir imparatorluk olmuştur. 447 yılında Atilla, Bizans'a yaptığı anlaşmalara uymadığı için savaş açtı. Bizans'a bağlı Balkan illerini tek tek ele geçirdi. Önünde hiçbir kale ve sur dayanamadı. Utus savaşında Vit Nehri kıyısında (Tuna'ya yakın bugünkü Bulgaristan sınırları içindedir) Doğu Roma ordusunu mağlup edip komutanları Arnegisclus'u öldürdü. Atilla, aynı yılın yaz mevsiminde Yunan şehri Thermopylae'e kadar ilerledi. Konstantinapol önlerinden geçip Çanakkale'ye kadar gitti. Bu zaferlerden korkmaya başlayan Bizans yeni barış anlaşmasının zamanının geldiğini kabul etti ve Anatolius Barışı denen anlaşma 447 yılında yapıldı. Bizans son beş yılda biriken ve ödemedikleri 3 ton altına tekabül eden haracı verecekler ayrıca yıllık 1050 kilo altın haraç ödemeyi kabul etti.

Savaş öncesi, ödemeleri gereken miktar savaş sonrası üç katına çıkmıştı. Bunun yanında Bizans'a sığınan Hunlar, topraklarına yerleşemeyecek ve geri gönderileceklerdi. Hunların elindeki Bizanslılar, fidye karşılığı serbest bırakılacaktı. Sınır çatışmalarını ve yeni savaşları önlemek için Bizans'a bağlı Balkan illeri ile Hunlar arasında bir yayanın beş günde yürüyerek geçebileceği genişlikte tampon bölge oluşturuldu. Fakat tampon bölgede yaşayanların güvenliğinin bu şekilde sağlanamayacağı açıktı. Tampon bölge insanları kendi kaderine terk edildi. Yıkılan şehirlerin uzun süre bakımsız kaldığını tarihçi Priskos, Bizans elçisi olarak Attila ile görüşmeye giderken geçtiği tampon bölgeyi 449 yılında anlatmıştır.

Atilla'nın kısa sürede bu kadar zafer kazanması askerlerini yorduğu gibi imkanlarını da zorladı. Bu başarıyı tekrar yakalaması zordur. Surları aşıp kaleleri alırken çok kayıplar vermişti. Bundan dolayı aralarında tartışmalar çıktı; at üstünde savaştıkları eski taktiğine dönmeleri gerektiğini savunanlar, bu şekilde sürekli başarı sağlamalarının mümkün olmadığını öne sürenler vardı. Bazı şehirlerin surlarını da aşamamışlardı. Bunlardan biri olan Asemus (Mussalievo) bütün gücüyle karşılık verip teslim olmamıştı. Atilla'nın başarılarının karşısına bütün toplulukların başına gelen bir felaket geldi. Ordusunda bir salgın hastalık çıktı ve çok sayıda asker kaybetti.

Atilla dev bir ordu ve imparatorluk kurmuştu. Atlı süvari birliklerinin yanı sıra piyade birlikleri arkalarından cephelere yürüyordu. Başka milletlerden öğrendikleri ve kendi geliştirdikleri savaş teknolojilerini uygulamaya başladılar. Surlara çıkmak için yürütülen kuleler, yüksek merdivenler, taş atan mancınıklar, dev gibi güçlü kapıları kırmak için kullanılan koçbaşları onun yeni silahlarıdır. Ok ve atla surları aşmak mümkün değildi. Farklı kaynaklarda 447 yılında en az 60 surlarla çevrili şehrin Atilla tarafından alındığı anlaşılır. Bazı kaynaklar bu rakamı 100'e yakın olarak da vermektedir. Bu şehirler Almanya, Fransız ve Orta Avrupa'nın büyük şehirleridir. Romalılar, savaştıkları Vandallarla anlaşıp Atilla'ya karşı birleştiler.

Romalı yazar Amyanos, "Atilla bütün Avrupa kıtasını yerle bir etti" diye yazmaktadır. 448 yılında Hunlar, artık yeni imparatorluk olarak görülüp anılıyor. Atilla'nın aldığı topraklar Karadeniz'den, Akdeniz'e kadar genişler ve bugünkü ABD'nin topraklarının yarısı boyuna ulaşır. Hunlar hayvancılık ve tarım yapmak zorunda değillerdir fakat yapıyorlar. Romalılardan aldıkları yıllık vergi, 25 yıl içinde yıllık 500 kilo altına yükseliyor. Hunlar kendilerini değiştirmeye başlıyor. Bugünkü Macaristan, onların asıl yerleşik olduğu bölge olmaya başlıyor. Evler kurup göçebe hayatından uzaklaşıyorlar fakat at sürmekten, asla vazgeçmiyorlar. Atilla'nın ordusu artık yalnız Hunlardan oluşmuyor. Ele geçirdiği bölgelerden, her milletten askerler onun ordusuna katılmıştır. 448 yılında Atilla, merkezi Macaristan olan yeni bir imparatorluğun kralıdır. Eğer imparatorluğunu devam ettirmek istiyorsa bir devlet adamı gibi davranıp kendisini kontrol altına alıp diplomatik olmalıdır. Atilla'nın yeni amacı Batı Roma İmparatorluğu ile aynı seviyede olup onlar gibi saygınlık kazanmaktır. Antik çağın son dönemlerinde ortaya çıkan Hun Türkleri, orta Avrupa'da yeni güçtür. Diplomasi ve savaş tekniği kendilerinden çok daha üstündür. Bir tarafta Doğu Roma, diğer tarafta Batı Roma gibi güçlü rakiplerin arasında onların her türlü oyunlarına hazırlıklıdırlar. Onlara nasıl davranılacağını, onları nasıl alt edeceklerini çok iyi biliyorlar. Bir nesil sonra yaklaşık 20 yıl geçmeden Atilla'nın liderliği ve üstün kişiliği sayesinde sarsılmaz denilen iki Roma imparatorluğu için ölümcül darbeyi vuracak güç haline geliyorlar. Roma imparatorluğu gibi bir saygınlık kazanmak ve yeni topraklarına kalıcı olabilmek için Atila kurnaz stratejisi etrafında siyasi bir zemin oluşturmaya başlıyor.

Balkan illerine akınlar sonrası Bizans yenilmişti fakat Hunlar bu zaferler sonrası zayıflamıştı. 449 yılında Attila ile görüşmeye giden Bizans elçisi Priskos, bir gece onun ölen kardeşi Bleda'nın hanımlarından birisinin yaşadığı büyük bir köyde kalıyor. Elçi Priskos, köy halkı hakkında yazdığı belgelerde onları Hunlar yerine İskitler olarak tanımlamıştır. Bizans elçisi Priskus, Atilla'nın kardeşi Bleda'nın köyüne gelirken şunları not etmiştir:

"Gece yolu kaybettik, yorulduk. Sabahleyin köye ulaştık. Aşırı yağmur vardı. Üstümüzdeki elbiseler ve çadırımız ıslandı. Köye gelince bütün gün elbiselerimizi kurutmakla geçirdik. Bize yiyecek verip hayvanlarımızı ahırlara çekip onları doyurdular. Kraliçe'nin (Bleda'nın eşi) evine gittik. Onu selamladık ve getirdiğimiz hediyeleri takdim ettik. Üç gümüş tas, kırmızı deri, Hint biberi, hurma ve değişik tatlı yiyecekler. Onlar bizim yiyeceklerin çoğunu tanımıyordu. Onlara gösterdikleri misafirperverlik için çok minnettar kalıp köyden ayrıldık.

Atilla'nın köyüne geldik. Hanımı Kreka'ya getirdiğimiz hediyeleri sunduk. Atilla'nın ondan üç oğlu vardı. İkisi Karadeniz boylarındaki hanlıkları, birisi Saragur Hanlığını yönetiyordu. Büyük bir alan içinde çok sayıda ahşap evler vardı. Onların girişleri gösterişli oyma ağaçlarla süslüydü. Bu evlerden birinde Atilla'nın hanımı yaşıyordu. Kapı önünde bekleyen barbarlar beni içeri bıraktı. Kreka yumuşak bir yerde oturuyordu. Odanın içi halı döşeliydi. Çevresinde çok sayıda hizmetçisi vardı. Çevresindeki kadınlar barbarların elbiselerine süslü, renkli şeritler dikiyordu. Getirdiğim hediyeleri takdim ettikten sonra Kreka'nın odasından çıktım."

Priskus, Atilla'nın çevresinde rahatça hareket edebiliyordu çünkü muhafızlar onu tanıyor ve güveniyorlardı. Bizans elçisi Atilla'nın hanımı ile iki defa karşılaştığı halde onun hakkında bilgi vermemiştir. Belki bir diplomat olduğundan açıklama ihtiyacı duymadı veya gördüklerini 25 yıl sonra yazdığı için unutmuştur. Atilla bu ziyaret sırasında daha kırk yaşına girmemiş ve üç hanlığı yöneten büyük oğullara sahipti.

Elçinin kulağına Hunların evlerde yaşamak yerine toprağı mezar gibi eşip içinde yaşadığı hikayeleri ulaşmıştı fakat Priskos gittiği köylerde onların çok güzel evler kurdukları ve her evin kendisine ait bir banyosu olduğunu görmüştü.

Doğu Roma elçisi ve vakanüvis Priskus, Attila'yı gören ve onun sarayını anlatan tek kişidir. Hunları o şöyle anlatıyor: "Hunların çok kirli ve bakımsız olduğunu anlatıyorlardı fakat öyle değiller. Hepsi temiz giyinen bakımlı insanlardır". Priskus Atilla'dan çok etkileniyor ve onu şöyle anlatıyor: "Ona ne bir taç lazım ne de kendisini koruyan muhafızlar. Çok temiz giyimli, saygılı eğitimli bir kişi olarak beni karşıladı. Gösterişsiz, geniş, güzel bir ahşap saraydan devletini yönetiyor. Benim şerefime verilen bir yemeğe Cermen halkların kralı ve Gepidlerin kralı Adarich davet edildi. Atilla'nın köyüne girerken beni beyaz ince narin başörtülü, tülbentleri iki tarafa sarkan çok sayıda yürürken süzülen güzel kızlar karşıladı. Kızlara eşlik edenler gelip bize İskit şarkıları söylediler". Priskus, Attila'nın Tisa nehri kıyılarında kaldığını ve yönetim karargâh olarak orayı seçtiğini yazmıştır. Burası bugünkü Macaristan ovasıdır. Yönetim için çok görkemli geniş bir ahşap saray kurdurmuştur. Gelen elçileri burada kabul edip kararlarını burada veriyordu. Attila kararlarını alırken akıllı ve yaşlı danışmanlarıyla konuşup istişare ediyordu. Sarayın yakınına elçilerin ve ailesinin yıkanacağı çok görkemli taş hamamlar kurdurmuştu. Attila ve danışmanları kendi anadilleri dışında Latince ve eski Cermence biliyorlar. Sarayında Roma devleti gibi sekreterler ve devlet memurları çalışıyordu. Ayrıca elçileri, komşu ülkelerle irtibata geçip onun ve karşı tarafın isteklerini iletiyorlardı. Attila'nın devlet yönetimi için çalışanların hepsi Hun değildi, aralarında Romalılar ve Cermenler bulunuyordu. Görev dağılımını becerikli kişilere bırakmıştı. Birçok Romalı onlarla ticaret yapıyor, gelip gidiyorlardı. Atilla, kendisine gelen elçilere asla kaba davranmayan fakat kendi isteklerini dayatan ve taviz vermeyen gerekirse şiddet uygulayan bir liderdi.

Bizans elçisi görüşmeyi şöyle anlatmıştır: "Attila bize dokuz saat ziyafet verdi. Bu zaman zarfında kendimizi tanıdık. Oturmadan önce selamlaşma olarak içmek zorunda kaldık. Attila ülkesinin geleneklerine göre bize kadeh uzattı. Büyük bir salona masa ve sandalyeler dizildi. Hizmetçiler yemek servisini Atilla'dan başlattılar: bir tabak et, ekmek ve diğer yiyecekler. Diğer barbarlara ve bize gümüş tabaklarda aynı yemekten servis yaptılar. Attila gümüş tabaklar yerine ahşap tabakta yemeğini yiyordu. Misafirleri altın ve gümüş kadehlerle içeceklerini alıyordu o ahşap kadeh kullanıyordu. Çok mütevazı bir kişiydi. Giydiği elbise çok basitti ve gösterişi yoktu. Ne elbisesi ne kılıcı ne yemek kapları, diğer İskitler gibi altın ve değerli taşlarla süslü değildi."

Attila'nın altın tabak ve kadehlerle yiyip içmek yerine ahşap kaplar ve kadehler kullanmasını bugünün tarihçileri bile anlamamış ve onun görgüsüz veya ilkel olduğunu anlatmaya çalışmışlardır. Oysa bütün Türk milletlerinde eve misafir gelince evin kralı artık gidinceye kadar konuklardır ve onlara her türlü hizmet edilir mütevazı olunur. Atilla'nın misafirlerine gösterdiği Türk konukseverliği dışında başka bir davranış değildi. Tüm bunların yanı sıra, büyük bir lider olduğunun farkındadır. Kimseye kendisini kanıtlamaya ihtiyacı yoktu, kimseden korkmuyor, eline gecen büyük kağanlığı layığıyla yerine getirmeye çalışıyordu. Bugünkü gördüğümüz liderlerin görgüsüzlüğü o dönemde vardı. Kişiliği gelişmemiş krallar süslü elbiseler, altın takılar, büyük merasimlerle bu eksikliklerini kapatmaya çalışmışlardır.

"Yemek bittikten sonra masalardan kalkıp başka yere oturduk. Tekrar dolu kadehler geldi. Atilla'nın sağlığına içtik. Oğulları bizimle beraberdi. Yine çeşitli yiyecekler geldi ve bunları da yedik." O, Attila'yı şöyle tarif ediyor: "Kısa boylu, geniş göğsü olan, gözleri küçük, burnu yassı ve ince grimsi sakalları olan, bronz tenli bir savaşçıdır. Atilla dünyanın ırklarını, milletlerini sarsmak için doğmuştur".

450 yılında Atilla'nın eline bir fırsat geçer; Doğu Roma imparatoru Theodosius attan düşerek ölür yerine Marcian isimli yeni bir kral seçildi. Düşüncesiz, savaş nedir bilmeyen bir askerdi. Tahta oturur oturmaz, Hunlara ödenen yıllık 500 kilo atın vergisinin kaldırıldığını ve artık ödenmeyeceğini açıkladı. Marcian, Hunları böylece kızdırıp bir savaşa sürükleyip yok edeceğini hesaplamıştı fakat evdeki hesap çarşıya uymadı. 450 yılında Doğu Roma ve Hunlar arasında bir savaş artık kaçınılmaz görünse de onları bir sürpriz beklemektedir. Bizans, Atilla'nın saldırıya geçeceğini beklerken o diplomatik davranıp bekledi, Konstantinopolis'e saldırmadı. Tarih, Atila'nın ne kadar zeki birisi olduğunu ispatlamıştır.

Atilla'ya Bir Romalı Sevgili (450-453)

Bu sıralarda Batı Roma İmparatorluğu'na ait olan eski Revana şehrine casuslar bir devlet adamını tutuklamak için geliyorlar. İmparatorlukta bir skandala sebep olacak bu kişi, tarihin değişmesine de yol açacaktır. Hunuriya, Kral Velantinya'nın kız kardeşi belki gizli sevgilisinden hamiledir. Kral, onun yakalanmasını ve idamı istiyor. Kralın kız kardeşi sevgilisinin yakalanmasına razı olmuyor ve onu kurtarmanın yolarını arıyor. O dönem bütün saray kadınları gibi Hunuriya'da kendi imkânlarını kullanmayı biliyor. Hunuriya, Atilla'nın Macaristan'daki sarayına bir elçi gönderiyor ve onunla evlenmek istediğini bildirip şöyle devam ediyor; "Çeyiz olarak sana Batı Roma İmparatorluğu'nu vereceğim". Bu haber dünya tarihini değiştirmeye yetecek; Atilla İtalya'ya gidip orayı

36

fethedecek, onu ve ülkeyi çeyiz olarak teslim alacaktır. Romalı bir prensesten böyle bir teklif ve mektup Macaristan ovalarında ve Atilla'nın çevresinde bugünkü manada bomba etkisi yaratıyor. Yalnız bir mektup değil, prensesin altın yüzüğü de hatıra olarak eline ulaşır. Yüzük "bu benim sana teklifimin bir senedidir korkma ve güven." anlamı taşımaktadır. Atilla teklifi çok ciddiye alır. Hunuriya'nın Kral kardeşi de mektup ve tekliften haberdar olur ve düşünmeye başlar ve bunun hiçbir zaman olmayacağını söyler. Atilla, Roma kralına elçi gönderip bu teklifi onun kız kardeşinin yaptığını ve kralın bunu kabul etmesi gerektiğini bildirir. Valetinyan rencide olarak şöyle cevap gönderir; "Roma'da kadınlar değil erkekler karar verir".

450-453 Atilla'nın Romalılara karşı savaşı önceki olaylar

450 yılının ilk baharında Bizans, Konstantinapol'den iki elçiyi Atilla'ya gönderdi. Ünlü iki elçi Nomus ve Anatolius'un zor bir görevi vardı. 447 yılında II. Theodosius ile yapılan anlaşma gittikçe kötüleşmişti. Bir yıl önce gelen elçi Priskos'un gelişi bir felaketle sonuçlanmıştı çünkü Attila'yı öldürmek üzere yanında gelen hadım danışman Chrysaphus, başarısız olarak açığa çıkmış, Attila kurtulmuş ve suikastçı tutuklanmıştı. 448'de Theodosius, Hun hükümdarının bir suikast girişimi ile ortadan kaldırılmasını istemişti. Suikast planı, imparatorun adamları tarafından o kadar amatörce düzenlenmişti ki planları ortaya çıktı. Bu olaydan bile Attila kârlı çıktı. İntikam yerine, daha büyük ödemelerle başarısız suikastı telafi ettirdi. Şimdi gelen elçilerin bundan dolayı işi zordu.

Yeni elçileri Atilla, tehditle geri göndermiş fakat güzel haberler vermişti. Bizans, bunu kendi zaferleri gibi görüyordu. 447 yılının barış antlaşması yenilendi. Hunların kaçıp Bizans topraklarına sığınması durumda Atilla taviz vermeye razıydı. Onların iadesini şart koşmuyordu. Bizans sarayını hayretler içinde bırakan diğer taviz de Atilla'nın beş gün yürüyerek geçilebilen tampon bölgeyi Bizans'a tekrar geri bırakmaya razı olmasıdır. Bizanslar böylece 3 yıldır bakımsız ve korumasız kalan bölgeye tekrar geri dönebileceklerdi. Bu tavizler nasıl izah edile bilinirdi?

Atilla, Bizans'ın çok güçlü olduğunu biliyordu ve Batı Roma İmparatorluğu daha zayıftı. Onun hedefinde Roma şehri vardı. 448 yılında Bizans'a karşı kazandığı zaferden bir yıl sonra Roma'ya karşı savaşan Bagundalar gelip ondan yardım istemişti. İki kavim birlikte Roma'ya karşı savaşabilirdi.

Atilla, batıya karşı savaşmak için yeni kanıtlar toplamıştı. Hunuriya ona yeni bir heyecan ve başarı sözü veriyordu. Hunuriya, III. Valentinianus'nın büyük kız kardeşiydi. Gizli sevgilisi Eugenius, bir varlık yöneticisi yani muhasebecidir. Eugenius yakalanarak idam edildi ve Hunurıya'nın bütün unvanları elinden alındı. Siyasi hiçbir önemi olmayan Herculanus isimli bir senatörle nişandı. Fakat Hunuriya'nın direnç gücünü ağabeyi hesap etmemişti. Hadım hizmetçisi Hyacinthus aracılığıyla Atilla'ya haber göndermeye devam etti. Atilla, Prenses Hunuriya'nın kendisine Doğu Roma İmparatoru II. Theodosius'dan ona yeni bir hanım olarak gönderilmesini talep eder. Bu aslında Roma'nın Atilla ile olan çatışmaları durdurması için iyi bir fırsattır. Bir taraftan üç yıl önceki savaşlar hepsinin hatırasında tazeyken Doğu Romalı elçilerin Nomus ve Anatolius'un Atilla ile girdikleri pazarlıklar tehlikeye girmesin diye bu evliliğe çok sıcak bakıyor. Evliliğe fırsat kalmadan Doğu Roma İmparatoru II. Theodosius, 28 Haziran 450 yılında aniden öldü ve arkasından yeni gelen Marcianus, Hunlarla siyasetinde yeni bir dönem açtı. Hunlara ödenen yıllık haracı kesiyor ve onlarla savaş meydanında hesaplaşmak istedi. Atilla için iki yol kalmıştı: 447 yılı anlaşması için Bizans'a yeniden savaş açmak veya daha zayıf olan Batı Roma'yı ezmek böylece Avrupa kıtasının asıl gücü olmak. Bir müddet sonra Attila kararını Batı Roma imparatorluğunu yok etme yönünde vermişti.

450-451 yılının kış aylarında iki güç arasında sürekli elçiler gidip geldi. Atilla hâlâ Hunuriya'nın kendisine gönderilmesini talep ediyordu. Çünkü evlenirse Batı Roma yönetiminde söz hakkı olacağını biliyordu. Diğer taraftan III.

38

Valentinianus'u dost ve müttefik gibi gördüğünü, Galyalılar ve
Batı Gotlara karşı savaşlarında yardım edeceğini bildirdi. Roma
boş durmadı ve Atilla'ya karşı yanında savaşması için bir
zamanlar kendilerinin de savaştığı kavimleri müttefik olarak
kazandı. Doğu Roma'ya elçiler göndererek ortak bir hedef
belirlediler. Atilla, Doğu ve Batı Roma'yı bütün oyunlarına
rağmen birbirine düşürmeyi başaramadı. Birkaç yıl önce Batı
Roma'da açlık yaşanmış ülke daha kendisine gelememişti.
Roma'nın tek umudu, Hunların içinde yetişen ve şimdi bir
Roma generali olan Aätus'dur. Yalnız o Hunları durdurabilir ve
yok edebilirdi.

Atilla, Doğu Roma İmparatorluğu'nun yıllık 500 kilo
altınından şimdilik vazgeçer ve bu kadar altın için savaşmaya
değmez diye düşünür. Onun artık yeni bir plan ve hedefi vardır;
Batı Roma İmparatorluğu daha zayıf ve alınması daha kolaydır.
Burayı alırsa hem ülke hem prenses onun olacaktır. 450 yılında
Atilla Galya içlerine kadar ilerliyor. Galya bugünkü Fransa'dır.
Fransa içlerine ilerlerken Doğu Gotlar'ı/Ostrogot ve Gepid
denen hakla dostluk kurar. 450 yılı Avrupa için karanlık bir
yıldır. Atilla Roma'nın yeni kralının kendisi olması gerektiğini
savunuyor. Atilla'nın Galya seferleri kansız geçmez. Roma bunu
dini açıdan kullanmaya başlar; Roma mahkemesi onu gıyaben
yargılar ve Kutsal Roma Katolik Kilisesi onu "Tanrının Cezası"
olarak lanetler. Kilise için iki sınıf insan vardır; iyi ve kötüler.
Kötüler kafirler, iyiler müminlerdir. İmparatorluğu onlar korur,
şeytanı onlar uzak tutar. Kilise için şeytan ve deccal, Atilla'dır.
Görevde olan Papa 1. Leo, Hunların hâkim olduğu bütün
şehirlere günahlarından dolayı tanrı onlara Atilla'yı ceza olarak
gönderdiğini bundan sonra kiliseye sonsuz bağımlılıklarını
bildirmezlerse Atilla'nın onların başlarının belası olmasına
katlanmak zorunda kalacaklarını söyleyen gizli bildiriler
gönderiyor.

Hunları hiç kimse ve hiçbir kuvvet durduracak güce
sahip değildi. Yalnız bir eski tanıdık karşılarına çıkıyor.
Hunların arasında yetişen Aicios, Romanın en yüksek generali
ve son umutlarıdır. Hunların arasında kaldığı yıllarda

öğrendikleri, hiçbir zaman şimdiki gibi değerli olmamıştı. Esareti sırasında onların taktiklerini düşünce sistemlerini iyice öğrenmiştir. Hunlar nasıl yaşıyor, nasıl düşünüyor, nasıl savaşıyor hepsini bilmektedir. Atilla'nın Galya'yı tamamen ele geçirebilmesi için Roma'yı onun tecrübeli savaşçılarını ve müttefiklerini yenmesi gerekmektedir. İki medeni toplumun orduları sonsuza kadar karşı karşıyadır. Bu karşılaşma, Roma İmparatorluğu'nun tarihe gömülmesine yol açabilecek kadar tehlikelidir. 451 yılı Hunlarla savaş bir ölüm-kalım meselesidir; bütün imparatorluğun geleceği bu savaşa bağlıdır. Roma, bütün güçlerini birleştirmek ve savaşı kazanmak zorundadır. Roma Komutanı Aëtius, Atilla'nın yanında yer almayan ve önceden barbar dedikleri halklara elçiler gönderip yanlarında yer alması için diplomasiyi kullanır. Elçi gönderdiği barbar halklar, aynı zamanda Roma'nın eski düşmanlarıdır. Roma tehlikeli bir oyunla karşı karşıyadır. Roma düşerse bütün Avrupa Hunların eline geçecektir. Aëtius bunu herkesin görüp ona yardım edeceklerini umut etmektedir.

Aëtius, Hunlara ne dost ne de düşman olarak bakar; onları oldukları gibi kabul eder. Romalılar, Gotlar ve Burgundiyalıları, yeni müttefikler olarak Atilla'ya karşı savaşmaya razı eder. Önce Roma'ya karşı savaşan bu iki kavim, şimdi Hunlara karşı savaşacaklardır.

451 yılında Atilla, ordusuyla orta Tuna nehri boylarından batıya doğru yola çıktı. Hangi yolu aldığı tam belli değildi. Yol boyu ona katılanlar oldu. Bunlar arasında Türingiyalılar, Frenkler, Burgundalar vardı, üçü de Cermen kavimleri. Bugünkü Almanya'nın Koblenz şehrini geçinceye kadar kendi ordusuna katılan çok sayıda yeni savaşçılar oldu. Ren Nehri'ni geçinceye kadar toplam ordusunun 50 bine ulaştığı hesap ediliyor. Attila şöyle bir yol izliyor: önce Moselle Nehri'ni yukarı doğru takip eder ve Trier şehrine ulaşır. Oradan Mezt, Reims ve Troyes üzerinden Galya ortalarına kadar ilerleyip Batı Gotları ve Orleans önlerine gelir. Burası bugünkü Fransa'dır. Burada karşılarına ilk kuvvet çıkar. Şehrin Piskoposu Anianus, şehir halkını harekete geçirmiş ve surları

güçlendirmişler. Atilla'yı ana Roma ordusu gelene kadar oyalamak istiyordu. Atilla o zamana kadar altmış ile yüz arasında şehrin sahibiydi ve o, buraya bir şehri kuşatmaya gelmemişti. Romalılarla meydan savaşına gelmişti. Şehri kuşatır fakat saldırı emri vermez. Böylece Romalıları zor bir duruma düşürür. Roma, çaresizlik içinde ne yapacağını karar verememiş ve Atilla'nın karşısına henüz bir güç göndermemiştir. Onunla savaşacak, Hunları durdurup veya yenebilecek olan komutan Hunları tanıyan birisi olmalıdır. O Hunların içinde yetişen Aëtius dışında başka birisi olamaz.

Aëtius, Hunları tanıyor, onların düşünce ve fikirlerini okuyabiliyor fakat onun başarılı olması durumda kendisi Roma için tehlike olabilirdi. Siyasi güç sağlar ve yönetimi kendi eline geçirebilirdi. Bu tehlike, Roma için Atilla kadar büyüktü. Batı Gotlar'ı (bugünkü İspanya ve Portekiz Krallığı) Roma'ya Atilla'ya karşı savaşta yardım edeceklerini bildirdiler. Haziran ayı başında Romalılar ve Batı Gotları birleşti ve mecburen General Aëtius'u Atilla'ya karşı savaşmaya gönderdi. Atilla kuşatmayı kaldırıp açık meydan savaşı için uygun gördüğü Troyes bölgesine, kampı Maurienses'e çekti. Bu savaş Hunların kağanı için var veya yok olma savaşıydı.

Büyük Chalons Savaşı

Hunlar bu savaşın yapılacağı coğrafyayı iyi tanıyorlardı. Burada daha önce, 406 yılında Cermenler ve Romalılar arasında bir savaş yapılmıştı. Burası iki tarafında yaklaşık 180 metre yükseklikte tepe bulunan 2100 dönümlük geniş bir vadi idi ve bir tarafından derinliği yedi metreyi bulan derin bir nehir geçmekteydi.

Atilla, savaş meydanına erken gelerek karargâhını kurdu: ilk olarak nehri arkasına aldı ve böylece rakibinin saldırabileceği bir cepheyi kapatmış oldu. Doğal savunmalarla yetinmeyerek ön cephesini güçlendirmek için on metre yüksekliğinde bir toprak set inşa ettirdi. Toprak set boyunca kapı gibi kullanılabilecek boşluklar bırakıldı. Eğer geri çekilmek gerekirse bu set bir sur gibi kullanılabilecekti. Roma tarihçisi

Yordanis "Atilla bu taktikle savaşı kaybedemezdi" diye yazmıştır. Bu savunma hattı günümüze kadar ulaşmıştır. Şimdi tarım arazisi olan bu alanda yapılan araştırmalarda çok sayıda para ya da mezar gibi kalıntılar bulunmuştur.

451 yılındaki savaşta iki tarafında mevcudu ellişer bin olarak tahmin ediliyor. Hunların merkez güçleri, 35-40 bin arasındayken geriye kalan 10-15 bin müttefik güçlerden oluşmaktaydı. Atilla aynı zamanda Batı Roma'ya gelecek olası bir yardımı önlemek ya da yavaşlatmak için Bizans sınırına da 20 bin kadar asker göndermişti. Bu birlikler bir meydan savaşına girmeyip küçük birliklere ayrılarak bir yıpratma savaşına girmiş ve Bizans kuvvetlerini iki ay kadar oyalayarak görevlerini tamamladıktan sonra geri çekilmişlerdir.

Hunların asker sayılarına bakıldığında nüfuslarının hiç de az olmadığını anlaşılır. Göçlerle ne kadar insanın geldiği kaynaklarda belirtilmiyor fakat bu asker sayıları göz önüne alınınca 70 yıl önce Türkistan'dan gelen göçebe Türklerin 300 binin üstünde olması gereklidir.

Macaristan ovasından büyük bir orduyla çıkıp savaş meydanına gitmek atlı süvariler için kolay ve hızlı olduğu halde arkadan gelen yük arabaları için zordur. Bu yüzden yavaş ilerleyip iki aya yakın yolculuk yaptılar. Erzak ihtiyaçlarını geçtikleri şehirlerden sağlıyorlardı çünkü onlara karşı çıkan pek bulunmuyordu. Yolları üzerindeki bazı kilise ve manastırları yağmalayıp ateşe verdiler. Gittikleri 2000 kilometre mesafenin bir kısmı sağlam yollardan geçerken birçok yerde nehirleri geçmeleri gerektiğinden seyyar köprüler kuruyorlar ya da yolları onarıyorlar.

Yolları üzerindeki bugün Fransa içlerinde kalan Troyes'ten geçerken halk korku ve paniğe kapılıyor. Dul bir kadının onların eline geçmemek için kendini çocuklarıyla birlikte nehre attığını gören Atilla atından inerek kadını ve çocukları kurtardıktan sonra onlara zarar gelmeyeceği sözünü veriyor.

O zamana kadar halkın hafızasında Atilla'nın Prenses Hunuriya için savaştığı hatıralar canlıydı. Evet, bu savaşlar da aslında Got kralının iki oğlu arasındaki iktidar mücadelesine müdahil olmak için bir bahaneydi. Büyük oğul, Atilla'dan yardım isterken küçük oğul Romalı general Äetius'tan destek istiyor. Savaş başlamadan Atilla Romalılara Hunuriya'yı ve Galya bölgesini kendilerine vermeleri halinde savaştan çekilmeyi teklif etti. Böylece bütün Roma İmparatorluğu'nun dağılmasına gerek kalmayacaktı. İki ülke arasında giden gelen elçilere rağmen bir barış antlaşması yapılamıyor.

Äetius, kendi gibi Hunların arasında yetişen oğlu Carpilio'yu yanında sonradan ünlü bir tarihçi olacak Cassiodorus ile bizzat Atilla'ya elçi gönderse de onlar da Atilla'ya Roma İmparatorluğu'nun kayserin şahsi malı olmadığını, imparatorluğun koruyucusu sıfatı ile liderlik yaptığı, bu yüzden de imparatorluğu bölüp bir parçasını Hunlara veremeyeceği konusunda Atilla'yı ikna edemezler. Aslında Atilla da bunların bilincindedir fakat amacı Roma'nın kalbine ölümcül bir hançer sokup ele geçirmektir.

Tarihçi Yordanis, Avrupa'daki bütün kralların Atilla'nın en küçük hareketini izlediğini yazmaktadır. Kralların Kralı, bir tek Atilla'dir. Yine aynı Yordanis Atilla'nın savaş öncesi ordusuna yaptığı konuşmayı kelime kelime yazmıştır; "Bir asker için kendi elleriyle intikam almaktan daha çok tatlı ne olabilir? Tabiatın haklı kanunu ruhları intikamla boğmaktır, kaslar önce kesildi mi, diz bağları çabuk çözülür. Cesaretinizi ve hırsızını dışarı bırakın, düşmanların kesilip yok edilmesinin tadını çıkarın, Tanrı neden Hunlara bu kadar zafer bağışladıktan sonra bu zafere sevinecek kadar cesaret vermesin". Atilla, bu konuşmasını ovaya sıra sıra dizilen askerleri ve müttefiklerinin anlayacağı dilde, heybetli atının üstünde, elinde güneş gibi parlayan Mars'ın kılıcını kaldırarak bir aslan gibi kükreyerek yapmıştır. Bir grup savaşçının duyacağı kadar ilerleyip onlara aynı sözleri söyleyip atını şaha kaldırarak diğer grubun önüne geçiyordu. Bütün ordusu ve müttefikleri, başarıların onların tarafında olacağından hiç şüpheye düşmüyorlardı. Atilla atını öyle görülmemiş bir binicilik ve ustalıkla sürüp şahlandırıyordu ki onun arkasından "Atila'nın atının geçtiği yerden ot bitmez" sözü yayılıyor.

20 Temmuz 451 yılında büyük savaş başladı. Hunların Kağanı Atilla ve Hunların içinde yetişen Roma generali Aëtius karşı karşıyadır. Savaşa katılanlar başta Romalılar ve Hunlar olmak üzere diğer kavimlerden oluşuyordu: Batı Gotlar (Vizigotlar), Doğu Gotlar (Ostrogotlar), Franklar, Burgundalar, Gepidler. Bu Avrupa kavimlerinin bir kısmı Roma, diğer kısmı Atilla tarafında savaşıyordu. Savaş Katalunya ovasında meydana geliyor (bugünkü İspanya, Fransa arasında). Atilla'ya karşı savaşan Batı Got Kralı I. Theoderich yerleştiği tepeye Hun süvarileri bir akın başlatıp tepeyi ele geçirdiler. Kral Theoderich'in Got Kralının göğsünden girip sırtından çıkan bir mızrak atından düşürdü. Onlar geri çekilince kralın cansız bedeni savaş meydanında kaldı. Yüzlerce atın ayakları kralın cesedini ezip kaçanlara saldırıya devam ediyordu. Roma tarihçisi Yordanes, savaşı şöyle anlatıyor: "Karşılıklı göğüs göğse sürtüşmeli bir savaş vardı. Dünya tarihinde böyle bir savaşın olduğunu bugüne kadar duymadık". Savaş daha devam ederken, kralın adamları oğlu Thorismund'u yeni kral ilan edip savaşa devam ettiler. Hem Hunlar hem de Romalılar, bu savaşta müttefiklerine muhtaçlar ancak müttefiklerine ne kadar güvenebilirler? Bu soru iki tarafı da meşgul etmektedir. Savaş meydanına çıkacak olan müttefikler öyle yerleşiyorlar ki her iki tarafta birbirinin ne yaptıklarını görebilecek ve ordu düzeni bozulacak olursa bozguna uğramayacaklar. 20 Haziran 451 yılındaki savaş dünya tarihin en önemli savaşlarından birisi burada yaşanır; Avrupa'nın Hunların eline geçip geçmeyeceğinin kaderini olan savaş. Sabah saatlerinde başlayan muharebe, gece de devam eder ve ertesi gün hava aydınlanınca bile hız kesmez. Dönemin görgü tanıkları savaşın ikinci günü canavarlaştığını, hiçbir tarafın pes etmediğini, acımasız olduğunu yazmaktadır. Böyle bir savaşı, dünya tarihi daha görmemiştir. Hunlar, Roma kuvvetlerini yarıp aralarına girer, müttefikleri kanatları kontrol altında tutmaktadır. Uzaktan Hunların attıkları ilk okları, Romalılar ellerindeki büyük

kalkanlarla kaplumbağa formasyonu alarak karşılar. Bugüne kadar en öldürücü silah olan oklar, bu savaşta işe yaramaz. İlk ok saldırılarından sonra yakın savaş mecburiyet halini alır. At üstündeki Romalılar ve Hunlar birbirlerine kılıçları indirir; 100.000 askerin bağırtısı, kılıç, kalkan sesleri, at kişnemeleri, yaralı askerlerin haykırışları, kılıç darbesi yiyen atların yerlerde tepinmesi yeri göğü inletir. Yaralı askerlerin ölümü çok acı verici olur; kan kaybından ölene kadar saatlerce yerlerde kıvranırlar. Bu kadar kanlı bir savaşta askerlerin cesaretini yitirmeden savaşması inanılmaz derecede zordur. Kol, bacak, kelle, burun, kulak savaş meydanına askerlerin ayaklarının altına dağılıyor. Kafalarındaki miğferle savaşan askerler hiçbir şeyi duymuyor, akıllarında bir tek karşılarında gördükleri düşman ve yaşamak için karşı tarafı yok etmesi düşüncesidir.

Atilla'nın kanatlara yerleştirdiği müttefiklerin yanlarına, beklemedikleri Romalıların müttefikleri yaklaşmaya başlar. Savaş kanatlarda aynı hızla kanlı bir çatışmaya dönüşür. Gerçek savaş, adına mertlik savaşı da denilen, meydan savaşıdır. Sinsi tuzaklar yok, iki ordu karşı karşıya kozlarını paylaşıyor. Savaş başladıktan iki gün sonra iki taraf içinde zafersiz biter; 48 saat boyunca iki orduda, yüz bin kişinin dinlenmeden mücadelesi sonunda savaşın kazanan ve kaybeden belli olmaz. Sabah saatlerinde savaş hız kesmeden tekrar başladı. Atilla askerlerine emirler yağdırıyordu, bazen atını savaş meydanına sürüp savaşa müdahil olarak geri çekiliyordu. Savaş hızını kesmeden devam ederken Atilla, askerlerine 4 metre genişliğinde bir çukur kazılması ve buraya ölen atların kolayca tutuşabilen ahşap eyerlerinin atılması emrini verdi. Savaşın baş başa gittiği bu anlarda kaybederse düşmanın eline geçememesi için cesedinin burada yakılmasını istiyordu. Günümüzde yapılan kazılarda gerçekten bu çukur ve at eyerleri gün ışığına çıkabilmiştir.

Roma tarihçisi Yordanis'e göre savaş meydanında kaynaklara göre farklı sayılar verilse de tahminen 90 bin asker hayatını kaybetti. Bunların büyük bölümü Romalılara ve onların müttefiklerine aitti. Yalnızca iki Alman kavmi olan Atilla'nın müttefiki Gepidler ve Roma tarafında savaşan Franklar arasındaki çatışmalarda toplam 15 bin kayıp verilmiştir. Savaş 48 saat sonra bitince batılılar kendi ölü askerini bir araya toplayıp ateşe verdiler çünkü cesetler kısa sürede veba salgınına sebep oluyordu. Askerlerinin küllerini rüzgârlar dört bir tarafa dağıttılar. Türklerde ölüleri yakma adeti olmadığından mezarlar kazıp silahları ve kıyafetleri ile gömüyorlar. Batılılar, Hunları vahşi ve barbar göstermek için ölüleri bırakıp gittiler, onları köylüler gömdü diye hikayeler uydurmuşlardır. Günümüzde yapılan kazılarda Hunların kendi ölen askerlerini gömdüğü kanıtlanmıştır. Çünkü her asker elbisesi ve silahlarıyla gömülmüştür. Hepsinin ayağında uzun çizmeler, çizmelerin içinde bir hançer vardır. Onlar bu hançerle yiyeceklerini kestikleri gibi kendilerini korumak amaçlı kullanıyorlardı. Eğer onları köylüler gömseydi bütün bu silahları alırlardı. Kazılar sonucu yapılan araştırmalarda ilginç bir sonuç daha çıkıyor. Ölen askerlerin hiçbiri 25 yaşının üstünde değil ve aynı zamanda hepsi uzun boyludur. Hunlarla birlikte Avrupa'ya yumuşak, uzun çizmeler dışında Türklerin iç don dedikleri pantolon da gelmiştir.

48 saat sonra perişan, yorgun, aç, susuz ve kan kaybetmiş iki büyük ordu, verdikleri kayıplara rağmen bir sonuç alınamamıştır. İki tarafta ölülerini yakarak veya gömerek, yaralıların yaralarını sarıp herkes geldikleri yere doğru yola çıktılar. Atilla'nın ordusunda yaklaşık 8000 asker ağır yaralıdır. 2000 kilometrelik geri dönüş yolunu at sırtında gitme imkanları olmadığı gibi arabalar hepsine yetmiyordu. Bunun üzerine yaralılar savaşın olduğu meydana yakın, geniş ve boş bir arazide kalıp kendi yaralarını sarıp iyileşene kadar beklemeye karar verdiler. 8000 asker için çadırlar kuruldu, yeterince gıda, at ve para bıraktılar. Ayrıca kendilerine bakıp yardım edecek askerler refakatçi bırakıldı. Bir müddet orada kalıp iyileşen askerler, guruplar halinde Macaristan'a dönerken, vefat edenleri kamp kurdukları çayırlara gömdüler. Bir kısım asker belki tabiatını sevdiği belki de yakın köylerden evlendiği için burada kalıp bir köy kurmuşlardır. Hunların korkusundan kimse onlara zarar vermeyi aklına bile getirmemiş ve onların da kimseden korkusu

olmamıştır. Bu köy günümüze kadar varlığını sürdürmüştür. Bundan yüz yıl önceye kadar o köyün Hunları Türkçe konuştukları halde okullara gitmeye başlamalarıyla dillerini unutmuşlarsa da hala farklı aksanlı bir Fransızca konuşmaktadırlar. Köyün ismi Fransızca Courtisols halk dilinde Kurtisu'dur. (Kurt suyu olabilir). Köyün günümüzde 2000 nüfusu vardır. 100 yıl önceye kadar o köy halkının Türkçe konuştuğu Fransızların, tarih kitaplarında yer almış bir gerçektir.

Hunlar Macaristan'a, Romalılar Roma'ya döner. Her iki tarafta perişandır. Yenen ve yenilen yok, orduları büyük kayıplar vermiş iki dev imparatorluk var. Romalıların asker kaybı çok büyüktür. Bu savaş hakkında dönemin tanığı tarihçiler şöyle yazıyor; "Susuzluğunu gidermek isteyen yaralılar, kana karışmış su içiyorlardı." Suya karışmış kan demeyerek ne kadar yüksek kayıplar verildiğini anlatmıştır. Tüm zamanların en acı savaşlarından biri, iki gün sonra sona erince şöyle efsaneler halk arasında dolaşmaya başladı: "Savaş meydanında ölen Hıristiyan askerlerin ruhları, Hunlarla savaşmaya devam etmek için donmuş bedenlerinden dışarı çıktılar. Çünkü cennetin aydınlık bir görünümü onlara Tanrı'nın kendi taraflarında olduğunu garanti etmişti. Hayalet savaşçılar olarak, dokunulmazdılar ve karar aldılar". Bu efsane Hunlara karşı zaferin ne kadar beklenmedik bir şekilde geldiğini gösterir. Tarihçi Yordanes, Attila'yı savaş meydanında şöyle anlatıyor: "Bir aslan gibi kükrüyor bütün sesi ovada yankılanıyordu. Ordular geri çekilince o, mızrak yemiş ve fakat yerinden kımıldamadan saldırı fırsatını bekleyen bir arslan gibiydi". Romalılar savaşı yenemediği için arkasından bir sürü yalan hikayeleri anlatır. Savaştan sonra Hunlar doğuya doğru kaçtı diye fakat aslında savaş meydanına er gibi girip er gibi çıkmışlardır.

Aradan 1600 yıl geçtiği halde, savaşın olduğu meydanda ölen askerlerin hayaletlerinin bugüne kadar savaştığını savaş meydanına yakın kurulan şehrin halkı anlatmaktadır. Yüzlerce yıllık, nizamlı, en iyi donanıma sahip ve antrenmanlı Roma ordusu Atilla'yı yenememiştir fakat bu onların Atilla'yı rahat bırakacağı anlamına gelmez. Atilla'da pes etmiş değildi, yeniden toparlanmayı bekliyordu. Roma'yı fethetmek için bütün Avrupa krallarını ve Katolik kilisesini karşısına almıştı. 451 yılında Roma, Hun tehlikesini geçici olarak durdurmayı başarmıştı. Aëtius, (Aicius) Roma'ya döndükten sonra, onun savaşı aslında kazandığını fakat Atilla'ya son darbe vurmaktan vazgeçtiği söylentisi çıkarıldı çünkü Hunlar arasında bir müddet kaldığı için onları sevdiğini ve kıyamadığını iddia edildi. Diğer taraftan Hunların kalmasının Roma'ya düşman Doğu Gotlarına karşı bir denge oluşturacağı ve yaşamaları gerektiğini düşünenler de vardı. Bunlar uydurulmuş birer iddiadır; işin aslı Romalıların Atilla'yı yenemediğidir. İki gün süren kılıç, mızrak ile yapılan karşılıklı savaştan galip çıkan yoktu. Bunu da birçok başka tarihçi, bu şekilde değerlendirir. Sonuç iki taraf içinde mutlu edici değildi. Romalı General Aëtius'un yıldızı söndü. Atilla için de yeni maceralar başladı. Hunlar, Fransa ortalarında yapılan meydan savaşından başarısız döndü. Önlerinde çok soğuk bir kış vardı ve zafersiz dönmeye hiç alışkın değillerdi.

Eve Geri Dönüş

Atilla ve genç ordusu yenilmemiş, Batılıların asla unutamayacağı bir savaş vermiş, yaralı askerlerine yakında suyu olan bir ova bırakarak cesaret ve büyük gururla geri dönüyordu. Ordusunu öyle bir düzene sokmuştu ki ne Galyalılar ne diğer düşman Alman kavimleri ne de herhangi başka bir düşman grubu, korkudan onların yanına bile yaklaşmıyor ancak uzaktan korku ve hayranlıkla savaştan dönen yorgun ve yıpranmış olmalarına rağmen at üstünde heybetli duruşlarıyla giden yiğitleri izliyorlardı. Büyük Kağan Atilla en önde, ordusu ardında, çevresinde onu koruyan özel muhafızları ile geldikleri güvenli yolları tekrar izleyerek geri dönüyorlardı. Bazı kaynaklarda Atilla'nın evine dönerken önce İtalya'ya girip burada bir güç göstergesi yaparak geçtiğini yazmaktadır. Bu savaştan sonra artık Atilla ölümsüzdür. Güçlü Bizans kayseri Markianos bile ona saldıracak cesaretini yitirmiştir.

Batı Got Kralı I. Theoderich yerleştiği tepede bir Hun saldırısında aldığı mızrak darbesi ile vefat etmiştir.

Savaş meydanında öldürülen kralı sonraki yüzyıllarda böyle canlandırmıştır.

İtalya Seferleri

Atilla bu başarısızlığın acısını Romalılardan çıkarmak zorundaydı ve ne olursa olsun Roma'yı almaya kararlıydı. Bir yıl sonra 452 yılında ordularını Güney İtalya şehirlerine sürdü. Onun kızıl elması Roma'ydı ve elini uzatıp koparması uzak bir hayal bile değildi. Atilla için geçen yılın savaşı bir başarı değil, hüsrandı. Kendisine altın yüzük gönderen prenses Hunuriya, hala daha sarayında göz altındaydı. Onu alamamış ve savaş istediği gibi bitmemişti. Attila'nın başarısı için tek bir yol vardı: İtalya'nın kalbine girip Roma'yı almak. Bu sefer bütün İtalya'yı fethetmek onun hedefiydi. Bir yıl sürmeden ordusu ve kendisi yeni güç kazanmıştı. Attila, İtalya'ya doğru yola çıktı. Karşısına Roma ordusu çıkmadı. Ne savaştığı general var ne de bir başkası. Atilla Mailand'i ele geçirince yakıp yıkmadı ve yağmalamadı. Büyük bir savaş yaptığı Chalons ve çevresine ayrıca Troys şehrine aynı şekilde dokunmadı. Po nehri boyunca Roma'ya doğru ilerlerken önüne gelen her yeri aldığı halde hiçbir yerde halka zarar verip yağmalatmadı. Bazı şehirlerde münferit olaylar yaşanmışsa da sonradan anlatıldığı gibi ardında enkaz yığınları bırakarak ilerlediği doğru değildir. Atilla'nın ele geçirdiği şehirlerin çoğunun kilise kayıtlarında kiliselerin yağmalanıp bazilika ve manastırların ateşe verilerek ve din adamlarının öldürüldüğü geçse de bunlar sonradan uydurulmuştur.

452 yılında Aquileia şehrini ele geçirip yoluna devam etti. Po Nehri'nin kuzey sahillerini takip ederek Pavia ve Mailand şehrine girdiler. Şehirlerden geçen binlerce atlı ve zırhlı asker halka hayranlık ve korku veriyordu. Şehir dışında boş yollarda dört nala giden atların ayaklarının altına toprak titriyor, şehirlerde nal sesleri bütün şehirde yankılanıyordu. Atilla 452'de sıcak bir yaz günü, Mailand'daki bir saraya adamları ile girer. Bir tablo gözüne çarpar. Bu tabloda Doğu ve Batı Roma İmparatorları altın taht koltuklarında gösterilirken itaatkâr Hunlar ayaklarına kapanmıştır. Hunların Kağanı, kükreyerek kılıcını çeker ve resmi parçalar. Baş danışmanı Onegesius'a yeni bir resim çizdirmesini emreder. Sadece

imparatorluğun yeni hükümdarı Attila'nın oturduğu tek bir altın koltuk göstermelidir. İki Roma imparatoru ise çuvalları omuzlarında sürüklemeli ve ayaklarına altın dökmelidir.

Roma kaynaklarında Atilla'ya karşı herhangi bir gücün olduğu geçmez. Bütün asker ve komutanlar o güçlü devletin adamları sanki yer yarılmış yerin altına girmiştir. Ortalıkta hiçbir karşı kuvvet yoktu. Atilla elini kolunu sallayarak Roma'ya doğru gider. Çok sonraki yıllarda Portekiz'de bulunan bir belgede 452 yılında Aetius Dux isimli bir Generalin Atilla'ya karşı gönderildiği geçse de bu bilgiler tartışmalıdır. Romalıların korkusunu silmek için çok sonraları yazılmış olması düşünülüyor. Gerçekse bile olsa herhangi bir başarısı yoktur.

İtalya'nın Aquileia şehri, Adriyatik sahilinde, ülkenin önemli bir ticaret merkezi olmasının yanında Hristiyanlığın İtalya'ya buradan yayılmasından dolayı kutsal bir şehirdir. Bu şehri savunmaya kimse gelmese de Atilla şehre giremez. Şehrin çevresi güçlü surlarla çevrilmişti ve muhafızlar teslim olmadılar. Şehir tam olarak bilemediğimiz bir süre boyunca kuşatma altında kaldı. Atilla burayı almadan gitmeye niyetli değildi. Atına binip surların dört tarafında dönerek bir zayıflık ya da muhtemel bir strateji aradığı bir anda komutanlarının yanına gelince gökyüzünde bir çift leylek görür. Bu iki leylek iki yavrularını ağzına almış şehirden ayrılmaktadır. Bunu bir uğur işareti olarak yorumlarlar. Kuşlar bile şehri terk ediyorsa insanların hiç dayanma ihtimali yoktur. Atilla surlarda gedik açmak için ağır mancınıklar, üzerlerinden aşmak için kuşatma kuleleri kurdurmaya başladı. Mancınıkların attığı ağır taşlarla kale duvarlarının biri çökünce askerler şehre girmeye başlar. Bu korku ve panik sırasında şehir halkı kayıklara binip denize açılır. En yakın ve uygun kara parçası, kuru topraklardan çok birkaç parçadan oluşan üzerinde balıkçıların yaşadığı bir lagün adasıdır. Kaçan yerleşimciler göçebe süvarilerin atlarının yetişemeyeceği, kendilerinin avantajlı olduğu deniz gücü ile savunabilecekleri bir şehir kurmaya karar verirler. Venedik şehrinin doğuş hikayesi işte böyledir.

Atilla'nın İtalya'da ele geçirdiği diğer şehirler Concordia, Altinum, Padua, Vicenza, Reggio Emilia, Garda, Bergamo, Parma, Cremona, Contarini ve Concordia'dır. Atilla Avrupa'da tek liderdir ve artık hiç kimse karşısına çıkamamaktadır. Avrupa saraylarının tek derdi kendi hükümdarlıklarını sürdürebilmektir. Aynı zamanda Hunların bu başarılarından sonra sıranın Bizans'a geldiği açıkça konuşulmaktadır.

Atilla'nın bir ateş topu gibi Roma'ya gitmesini durdurulamıyor. General Aëtius gücünü kaybetmiştir, devlet felç gibi bir çaresizlik içindedir. Papa Leo için ellerine bulunmaz bir nimet geçiyor ve hemen devreye giriyor. Tanrının yeryüzündeki temsilcisi, kötülüğün bekçisi ve koruyucusu Roma Papası, Tanrının onlara gönderdiği ceza Atilla'yı durduracak tek güç olarak kendisini görüyor. Kilise yazarları Papa'nın Atilla'ya bir mektup göndererek geri dönmesini İtalya'yı yakıp yıkmayı bırakmasını yoksa tanrının gazabından kurtulamayacağını bildiriyor. Papa, Tanrı ile onu yola getirmeye korkutmaya çalışıyor. Batı tarihçilerine göre Papa, Atilla ile görüşüp Roma'ya girmemesi için yalvarıyor. Bu ne kadar doğrudur tam net değil, gerçek olsa bile dünyanın durduramayacağı bir komutanı Tanrı adına konuşan bir Papa hiç durduramaz. Buradaki soru, Atilla silahsız bir kişi olan Papa ile görüşüp ondan etkilenip mi savaşları durdurdu yoksa başka bir sebep mi var? Atilla'nın Roma'ya ilerleyişinin durdurulması, halk arasında Tanrı'nın kudreti olarak kutlanıyor ve bu yalanı papazlar halk arasında yayıyor. Atilla'nın aslında başka sorunları var. Orduda bir hastalık başlamıştır. 452 yılında hastalıklara karşı çare yoktu. Bugün sağlıklı olan bir asker aniden ertesi günü hastalanıyor. Atilla'nın Roma'ya ilerleyişini papa değil malariya/sıtma hastalığı durduruyor. Bataklık bölgelerde sivrisinekler askerlerini ısırıyor, askerler hastalanıyor. Atilla'nın askerleri hastalıklardan dolayı ölmeye başlıyor ve Roma fethi yarım kalır. Avrupa'ya diz çöktüren Hun orduları, sivrisineklere yenik düşer; antibiyotik gibi hiçbir ilaç o dönem yoktur. Atilla, 452 yılında İtalya'dan döndükten sonra Bizans Kayseri'ne elçiler göndererek, aralarındaki anlaşma gereği olan haracın ödenmediği ve yakında gelip onunla hesaplaşacağını bildiriyordu.

Atilla, 453 yılında Roma'ya karşı yeni seferler düzenliyor bir Cermen prensesini aynı zamanda eş alıyor. Ondan yüzyıllarca önce yaşamış Büyük İskender/Aleksander gibi stratejik evlilikler yapıyor. Fethettiği bütün bölgelerden en güzel soylu kadınları seçip evleniyor. Yeni hanımı, Roma prensesi Hunuriya değil. Bu Atilla'nın ilk evliliği değil fakat son evliliğidir.

Atilla'nın ölümü

Atilla'nın öldüğü gece, Bizans Kayseri Markianos, bir rüya görür. Bu rüyada Hunları zaferden zafere taşıyan yayları ortadan ikiye kırılmıştır. Bu Atilla tehlikesinin bittiği anlamına gelen bir işaret olarak yorumlanır. Bu rüyayı Roma tarihçisi ve diplomatı olan Priskos, Mısır'da bulunduğu sırada yazdığı sekiz ciltlik "Bizans ve Hunlar" adlı eserde anlatmaktadır.

Atilla'nın ölümü hakkında bilinenler gerçek olmalıdır. Onun iç kanamadan öldüğü büyük ihtimal doğrudur. İç kanama geçirenlerin nefes boruları tıkanıp ağızlarından kan geliyor ve nefesleri kesilip ölüyorlar. O an biri boğazına parmağını sokup nefes borusunu açmış olsaydı muhtemelen ölmezdi. Atilla, meydanlarda yiğit gibi ölmek yerine gerdek gecesinde, yatak odasında, yeni evlendiği güzel Alman Presesi İldico'nun yanında ölüyor. Büyük ihtimal ya çok içti ya da kalp krizi veya beyin kanamasından. Zehirlendiğine dair tarih kitaplarında hiçbir ize rastlanmıyor.

Atilla'yı mezarına taşıyanlar onun arkasından şöyle bir şarkı söylüyorlar. "Tanrının Kırbacı Atilla, Hunların en asil Kralı, İskit ve Cermenlerin asil Kralı, babası Muncuk'un (Boncuk) filizlendirdiği cesaret sembolü. İki dünya imparatorluğuna diz çökerten onların yalvarmalarıyla diğer şehirlerini fethetmeyip haraç alan büyük Kağan düşman eliyle değil, huzurlu yatağında acısız ayrıldı. Buna kim ölüm diyebilir? Kim ondan intikam alabilir?". Atilla öldükten sonra onu gizli bir mezara atı, silahları ve özel eşyaları ile gömdüler. Yanındaki komutanları uzun örme saçlarını kesip mezarına attılar. Bu adet İskitlerden onlara geçmiştir. Bu şekilde yas tutup acılarını dile getiriyorlardı. 369 yılında doğan Attila, 434–453 yılları arasında hüküm sürdü ve 453 yılında Atilla 57-58 yaşlarında adı hiçbir zaman unutulmayacak şekilde dünyadan göçtü.

Peki, Hun imparatorluğunu kim yönetecekti? Bölünmüş bir ev ayakta duramaz. Atilla arkasında çok sayıda veliaht bırakıyor. Attila'nın ölümü üzerinde Hunların durumu zor görünse de umutsuz değil. Hunların lidersiz kalmaları ilk defa yaşadıkları bir olay da değil. 408 yılında Kağan Uldin ve 434 yılında Kağan Ruga'nın aniden ölmesi sonucu yine dağılmayıp bir arada kalmışlardı. Atilla çok güçlü, akıllı, strateji ve diplomasi bilen bir kağandı ama yeri doldurulmaz değildi. Onun ölümünden sonra oğulları yönetimi kendi aralarında paylaştılar. Atilla'nın en sevdiği ve kendi gibi cesur, diplomasi bilen iki oğlu Elak ve Denizik, yönetime geçtiler. Hunların korkusu 20 yıl bütün Avrupa'da devam edecekti. Atilla'dan bir yıl sonra, 454 yılında, onun hem dostu hem düşmanı olan Aätius, Ravenna şehrinde öldürüldü. 455 yılında Atilla'dan iki yıl sonra da ona evlilik teklifi yapan prenses Hunuriya vefat etti.

Batı kaynaklarında Atila'nın ölümü üzerine kargaşa çıktığı ve üç Hun obasının göçüp bugünkü Bulgaristan'a yerleştiği geçiyor. Bugünün şartları ile o döneme bakalım. O dönem bugünden daha zor hayat şartları vardı. Macaristan ovasında yaşayanların yanından Tuna nehri akıp gidiyor. Balığı bol, ormanı bol, otlak alanları bol, havası ılımlı buna rağmen düşman topraklarının 2000 kilometre yolu üç oba neden göçüp bilmedikleri Bulgaristan topraklarına göç ettiler? Muhtemelen Atilla sonrası, Hunlar, Macaristan topraklarında kalmadı. Paramparça olup dağıldılar diye yalanlar ve hikâyeler uyduranların verdiği bilgiler bugüne kadar ulaşmıştır. Kaldı ki Hunlar, Bulgaristan'a göçemezdi çünkü o dönem orada Bulgar Türkleri yoktu. Bu bölge Bizans topraklarıydı. Bulgarların oraya göçüp yerleşmeye başlamasına daha 200-300 yıl vardı.

Atilla'nın oğulları, babalarının kurduğu büyük devleti, hanlıkları bir arada tutmak zorundalardı. Onun dört oğlunun isimleri doğu kaynaklarında şöyledir: İlek, Emek, Dengizlik, İrnek. Batı Roma İmparatorluğu'nu Hunlardan daha kötü bir kader bekliyor. 461 yılında Galya, Roma'dan ayrıldı. 4. Eylül 476 yılında 700 yıllık Batı Roma İmparatorluğu bitti. Büyük imparatorluk birkaç parçaya bölündü ve yeni krallıklar ortaya çıktı. Roma İmparatorluğu'na bağlı eski krallıklar bağımsızlığını kazandı. Vergi vermekten kurtuldu. Bütün bunlar Attila sayesinde gerçekleşti. Belki bu yüzden onun adı ölümsüzleşmiştir.

Atilla'nın ölümü üzerine onun Katun'u Kreka'dan olan iki oğlu Elak ve Denizik, Hunların büyük kağanları oldular. Onun arkasında bıraktığı büyük toprakları ikisi yönetecekti. Diğer Katun'u Rekam'dan üç oğlu vardı: Ernak, Emnedzar, Uzendur. Bu hanımları kendisi gibi Hun olmalıdır. diğer milletlerden olan hanımlarının birinin adı Krimhild ve oğlunun adi Aldarius'dur. Hakkında hiçbir bilgi bulunmuyor. Alman kralı Ardarich'in kız kardeşinden olan oğlunun ismi Gasim'dir. Alman kavmi Gepidlerin güçlü ve akıllı kralı, kız kardeşini kendisine vermiş, aralarında asla bozulmayan bir dostluk kurulmuştur. Annesi Alman olduğu için kağanlık hakkı oğlu Gasim'e geçmez. Gasim'in bir torunu Mundo, Bizans'ın bir generali ve valisi olup 533 yılında ölmüştür. Onun yine bir oğlu 536 yılında Got kralı olur. Hunların ve Almanların kanı, evlilikler yolu ile çok karışmıştır.

Atilla ile savaşan general Aätius ondan bir yıl sonra öldürüldü

Roma imparatorluğu nasıl yıkıldı? Durduğu yerde yıkılmadı elbette, onda bile Atilla'nın emek ve eseri var. Atilla'nın sarayında yetişen babası onun askeri olan Ottogar (Ot-togar=Ateşten doğan) isimli bir Türk asker Roma imparatorluğunu dağıttı. O, Atilla'nın ölümünden sonra 470 yılında Roma'ya göçmüştür. Ottogar'in babası, Atilla'nın ordusunda savaşmış, kendisi ise Atilla'nın sarayında yetişmiş, onu ve fikirlerini tanışmış birisiydi. Atilla'nın sarayında yetişen Türk, Roma'da Kayser Anthemius'un koruma muhafızlarına katıldı. Kayser ve yabancı generallerden Ricimer arasında bir iç savaş ve çekişme başlamıştı. Roma'da iki askeri birlik vardı: biri yerli, diğeri yabancı lejyonlar. Romalılar kendi birliklerine daha çok aylık öderken yabancı askerlere daha az ödeme yapıyorlardı. Bunun üzerine yabancı birlikler Kayser (Kral) ve onun askerlerine karşı birleşip savaş açtılar. Çekişmeler toplam 6 yıl sürdü. Ottogar, Kayser'i değil yabancı lejyonerlerin tarafını destekledi. 475 yılında Kayser'in komutanı çekişmeyi kaybetti. 476 yılında Kayser`in tarafını tutan general, Od-togar tarafından öldürüldü veya görevinden uzaklaştırıldı. Yerine kendisi birisini tayin etti. Ottogar, Doğu Roma İmparatorluğu Bizans'a bir mektup yazarak "Batıda, bir kayser veya adına Augustus denen makama gerek yoktur. Batı Roma, Doğu Roma'ya bağlansın." teklifini gönderse de mektup yola çıkarken Kral koltuğundan aşağı indirilmiştir bile. Bu gelişmeler sonucu Doğu Roma İmparatorluğu parçalanır ve dağılır. Atilla'nın hayalini onun yanında yetişen ve onun yetiştirdiği birisi gerçekleştirdi.

Roma`ya Bir Türk Kral

476 yılında Roma`ya Kral olan Od-togar'in gençlik yılları hakkında çok az bilgi var. Babasının Atilla'nın ordusunda görev yaptığı ve onun sarayında büyüdüğünü biliyoruz. 470 yılında Hunlardan bir grup Roma ordusuna paralı asker olarak gidiyor. Od-togar'ı yanındaki Hun ve Cermen askerleri destekleyip onu bir kargaşa esnasında Roma tahtına oturtular. Od-togar Roma Kayseri koruma muhafızı komutanı Orestes'i ve kardeşi Paulus'u 476 yılındaki bir savaşta öldürdü veya sürgüne

gönderdi. O, Roma Kayseri Romulus'u öldürmek yerine tahtından indirip Napoli'de lüks bir villa tahsis ederek ödenek bağlatmıştır. Bunda Romulus'un henüz bir çocuk olması ve bir kukla imparator olarak aslında hiçbir idari gücü bulunmaması etkili olabilir. Od-togar kendisini yeni "Rex Italiae" ilan ediyor: İtalya Kralı. 480 yılında kadar Batı Roma İmparatorluğunda dağılma devam ederken bugünkü İtalya onun hakimiyeti altında kaldı. Kuzey Afrika'da hakimiyet kuran Vandallarla barış antlaşması yaptı. O, ülkenin eski bürokrasisini ve vergi sistemini bozmadan Ravenna'dan ülkesini yönetmeye başladı. Senatörlere yeni görevler verdi ve kendi adına para bastırdı fakat kendisine kayser demedi. Od-togar batıda toprak kaybetmiş olsa da doğuda yeni topraklar kazandı mesela Vandalların ele geçirdiği Sicilya'yı 477 yılında kiraladı. 481 yılında Dalmaçya'ya (bugünkü Hırvatistan) sefer düzenleyip Bizans'tan aldı. Bunun üzerine Bizans, 487 yılında kendisine savaş açtı. Bizans orduları yola çıkmadan Od-togar, ordularını Rügland denen bir küçük krallığa gönderdi. Burası bugünkü Avusturya'nın Krems bölgesidir. Burada doğu Got kralı ve kraliçesi yakalanıp Ravenna şehrinde başları kesilerek öldürüldü. Od-togar'ın yanındaki kardeşi Onluf (ismi kaynaklarda farklı şekillerde yazılmış, tam belli değil) 488 yılında Noricum denen krallığa girdi. Burası bugünkü Avusturya'nın bir bölgesi, Slovenya ve Güney Almanya'nın bir parçasıdır. Buranın halkı saldırılardan dolayı tahliye edildi, kralları kaçıp Doğu Gotlarına sığındı. 489 yılında Doğu Got Kralı Frederik büyük bir atlı ordu toplayarak İtalya'ya yola çıktı.

489 yılından sonra Od-togar ülkesine saldırıya geçen Doğu Got akınlarını durdurma mücadelesi verdi. 489 yılının ağustos ayı sonlarında Doğu Gotlara, Slovenya sınırları içinde Isonzo köprüsü denen bir yerde yenildi ve geri çekildi. 490 yılında oğlunu Sezar ilan etti. Sezar kralın görevini devrettiği yeni krala verilen isimdir. Savaşlar, 27 şubat 493 yılına kadar devam etti. Bu tarihte ülkesi açlık tehlikesi ile karşı karşıya kaldığı için Doğu Gotları ile aralarında bir barış antlaşması yaptılar. Barış antlaşmasından birkaç gün geçtikten sonra Doğu Gotları onu Ravenna şehrinde hançerleyip öldürdüler. Yeni

57

Sezar ilan edilen oğlu Tela, Galya'ya kaçıp kurtulmayı başarsa da geri dönerken yolda yakalanıp öldürülüyor. Roma İmparatorluğunu yıkan ve dağıtan yeni Kral Od-togar dönemi 17 yıl sonra böylece sonra ermişti. Burada dikkat çeken bir şey var: elinde tüm imkanlar varken kendilerinin Hun ülkesi şimdiki Macaristan topraklarına saldırıp kendi hakimiyetine geçirmeye teşebbüs etmedi. O, Atilla gibi Bizans ve Almanlarla savaşmaya devam ediyor.

Harita Od-togar'ın 17 yıl krallık yaptığı ülke sınırlarını gösteriyor.

Atilla Sonrası Yazılanlar

Attila'nın ölümü sonrası, değişik rivayetler ve efsaneler ortaya çıkmıştı. Düğün gecesinin sabahında Attila'nın odasına giren hizmetçiler, İldiko'nun yatağın kenarında oturup ağladığını anlatırlar. Attila yatakta ölü yatıyor. Yatak kan olmuş, ciğerinden çok kan gelmiş. Gerçekten neden öldüğü o dönem anlaşılmıyor. Attila öldükten uzun yıllar sonra bile ölümü hakkında efsaneler çıkmaya devam etmiştir. 518 yılında aradan 70 yıl geçince bir tarihçi Marcellinus Comes onun hançerlenerek öldürüldüğünü iddia ediyor. 628 yılında muhtemelen birinci tarihçiye dayanarak başka bir tarihçi Paschale aynı fikri öne sürüyor Atilla'nın hançerlendiğini yazıyor ona göre katil zanlısı İldiko'dur. 9. Yüzyılda 890 yılında başka bir tarihçi Agnellus, Cermen kraliçesi babasını öldürten ve kocası Atilla'yı hançerleyerek öldürdü diye yazmıştır. Atilla'nın öldürüldüğü iddiasını doğrulayacak bir bilgi yoktur. Cermen prensesinin aslında ismi Hilde veya Hildigard'dır sonra değişerek İldiko olmuştur.

Hunların büyük kağanının ölümünden 150 yıl sonra yazılan bir belgede, 454 yılında oğlu Elek Han'ın küçük düşman bir kavmiyle savaşırken öldüğü geçmektedir. Fakat verilen bilgilerden ne savaş meydanı ne de böyle bir savaşın olduğu bugüne kadar tespit edilememiştir. Buna dayanarak bu bilgilerin doğru olmadığı daha ağır basmaktadır. Bu savaş neden şüphelidir? Adı gecen kavim küçük Alman kavmi Gepidlerdir. Onlar Atilla yaşadığı sürece en yakın müttefikleriydi. Kralın kız kardeşi Atilla ile evliydi ve ondan bir oğlu vardı. O, daha çok küçüktü ve üvey kardeşine karşı savaşacak gücü yoktu. Bunun yanı sıra Atilla ölmeden iki yıl önce Bizans ve Roma'ya karşı en az 60 bin Hun askeri çıkaran bir güce karşı, küçük bir kavim, 5000 ile 8000 arasında piyade askerle savaşmaya cesaret edemezdi.

Doğu Roma İmparatorluğu, her zaman olduğu gibi yine sözünde durmadı. Bunun üzerine Attila'nın oğlu Dengizlik,

460 yılında Bizans'ın Balkan illerine akınlar başlattı. Savaşın başlamasına sebep olan Bizans'tı. Onlar Hunlara olan doğu ticaret yollarını kapattıkları için Hunlar kendi ürettikleri malları satamadığı gibi yeni ürünler alamıyorlardı. Kağan Dengizlik, Bizans'tan iki ülkenin sınırları arasında bir ticaret merkezi ve pazar yeri kurulmasını önerdi. Bizans karşılık olarak savaş açmayı daha uygun buldu ve iki ülkenin orduları 469 yılında karşı karşıya gelip bir meydan savaşına giriştiler. Trakya bölgesinde yapılan savaşı Bizans kazandı. Attila'nın oğlu öldürüldü Bizans komutanı Anagastes, Kağan Dengizlik'in başını kesip Konstantinapol'e götürüp şehir meydanında günlerce tahta bir kafeste sergiledi. Hun tehlikesi geçti diye ülkede bayram havası esiyordu. Atila'nın oğlu Dengizlik ilgili bilgiler bugüne kadar böyle anlatılagelmiştir. Peki bu bilgiler ne kadar doğrudur? Bizans tarihçisi Paskal, bunları 630 yılında yazmıştır. Aradan 161 yıl geçtikten sonra, Avarların İstanbul kuşatması nedeniyle intikam amaçlı yazılmış olabilir. Bizans tarihçisine göre Atilla'nın oğlunun başı günlerce İstanbul'da bir meydanda sergilendi. Öyle bir savaş neden 469 yılında Bizans kaynaklarına girmedi de 161 yıl sonra girdi?

Atilla'nın ölümden 20 yıl sonra Hunlar hakkında yeni olaylar yazılmamıştır. 20 yılda unutuluyorlar. Belki yazacak önemli olaylar olmamıştır. 150 yıl sonra Atilla sonrası olaylar yazılmaya başlanır. Batıda Hunlar, Avarlara kadar değişik isimler aldıkları halde Hunlar olarak anılmaya devam ediyor. Hunların devamı olan Türk hanlıkları, Macaristan ovasında isimlerini Almanca olarak Utiguren, Kutiguren, Saraguren ve buna benzer isimlerle varlıklarını devam ettiriyorlar. Almanca Uygurlara, Uiguren denildiği için söylenen isimlerin hepsinin sonu "guren" olarak bitiyor. Türkçe Utigurlar, Kutigurlar ve Saragurlar denmiştir. Burada ilginç bir şey daha karşımıza çıkar:. Utigurlar ve Kutigurlar isimli iki başka hanlık Karadeniz bölgesinde varlığını sürüyor. Buradan Hunların göçü sırasında ikiye bölündüğünü bir kısmının orada kaldığını ve aynı isimleri kullandıklarını görüyoruz. Bizans elçisi Priskos onlara kitabında değinmiştir.

Atilla'nın Mezarı Nerede?

Bugüne kadar yapılan bütün aramalara rağmen Hun Kağanı Atilla'nın mezarı bulunamamıştır. Dünyada en çok aranan mezarlar arasında Moğol imparatoru Cengiz Han, Müzisyen Wolfgang Amadeus Mozart, Mısır kraliçesi Kleopatra, Atilla ve Büyük İskender'in mezarı bulunuyor. Atilla'nın mezarı bulundu diye çok heyecan veren haberler çıkmasına rağmen bugüne kadar bulunamamıştır. Mezarı bulmaya yönelik ilginin bir sebebi de Atilla'nın çok büyük ihtimalle eski Türklerde adet olduğu üzere silahları ile gömülmesi ve dolayısıyla Mars'a atfedilen kılıcın da mezarında bulunmasıdır.

Atilla'dan Geriye Kalanlar

Her şeye rağmen Hun tarihi başarıların tarihidir. Hiç kimse onları yenemedi fakat tekrar büyük bir kağan çıkarmadıkları için tarih sahnesinde isimleri bir müddet duyulmadı ve kimse Atilla'nın ölümden sonra onlar hakkında yazmadı. Hunlar ne güneşin doğduğu yani geldikleri yere, ne de güneşin battığı yere doğru yeni bir göç başlatmadılar. Birkaç parçaya bölünüp hayatlarını devam ettirmeleri geçici olarak Doğu Roma'ya nefes aldırdı. Atilla'nın ölümden sonra diğer milletler üzerindeki hakimiyetleri son buldu. Buna rağmen Hunlar uzun yıllar sonra bile büyük tehlike olarak görülüyordu. Atilla çok genç ölmüştür. Atilla'nın ölümü sonrası Hun İmparatorluğu'nun çöküşü ile Batı Roma İmparatorluğu'nun aynı kaderi yaşayıp çökmesi eşittir. Bu Kilise için yeni bir fırsat doğurdu. Papazların yaydığı yalana göre, Papa Leo, Atilla ile görüşüp Hunları durdurdu ve halka bizim sayemizde hayattasınız mesajı vererek halkı Kilise'ye ve Hıristiyanlığa yönlendirdi. Hunların çöküşü, Katolikliğin yükselişi demektir. Kiliselerin hakkında yaydığı barbar ve vahşi iddiaları tamamen asılsızdır. Atilla büyük bir stratejisyen, güzel kadınlar alan bir sevgili, askerlerine şefkat ve merhamet gösteren bir komutandı. 8 yıllık en güçlü döneminde bir kişinin dünyayı ne kadar değiştirebileceğini gösterdi. Onun ortaya çıkması, bütün Avrupa tarihini değiştirdi. Bir kişinin dehası, bir kıtaya baş tutması, onun ne kadar kudretli ve akıllı biri olduğunu kanıtlar.

Ölümünden 1600 yıl geçmesine rağmen Atilla bütün Avrupa'da ölümsüzdür. Onun adına çok sayıda sinema filmi çekilmiş, romanlar yazılmış, hayatı belgesellerde anlatılmıştır. Bugün Macaristan'da en çok kullanılan erkek ismi Atilla olduğu gibi sayısız üründe onun adını görmek mümkündür.

Günümüzde yapılan çok sayıdaki kazılarda, savaşçı Hunların mezarlarının aynı İskitler mezarları gibi olduğu ortaya çıkmıştır. Savaşçının kullanıldığı silahlar, ölen askerle birlikte gömülüyordu. Kullandıkları silahlar da yine birebir benzerdir. Varlıklı kadınlar da kendi ziynetleri ile gömülüyordu. Bu takılar, kendi üretimleridir ve diğer kavimlerin takılarından çok farklıdır. Üstünde değerli taşlar bulunan bu takılar Macaristan müzelerinde sergilenmektedir. Hunlar, demir ev aletleri üretiminde Romalılardan geri kalmıyorlardı. Kazılarda kendi üretimleri birçok ev eşyası gün ışığına çıkarılmıştır. Bunlardan en çok yemek kazanları olarak göze çarpmaktadır.

Cermen efsanelerinde Atilla, çok büyük ve iyiliksever bir hükümdardır. Atilla'nın sarayında birçok Cermen hükümdarı yaşardı. Nibelungen Destanı, Hun-Cermen mücadelelerinden meydana gelmiştir. Bu hikâyelerde Atilla, Etzel adında büyük otoriteye sahip, barışsever ve yalnız asilere karşı kılıç kuşanan asil ruhlu bir hükümdardır. Avrupa Hun İmparatorluğu'nun başkenti olan Etzelburg adının buradan geldiği bilinmektedir. Hunlar, Almanları o kadar çok etkilemiş ki 1900 yılında bile Alman Kayseri II. Wilhelm orduya yaptığı bir konuşmada Hunlar gibi cesaretli ve acımasız savaşın emri vermiştir. 1. Dünya savaşı sırasında onun sözleri düşmanlarına o kadar tesir ediyor ki Almanlara kızanlar bunlar Alman değil Hun diyorlar. 2. Dünya savaşında İngiliz gazeteleri bazen Almanları aşağılamak için Barbar Hunlar diye yazıyor.

62

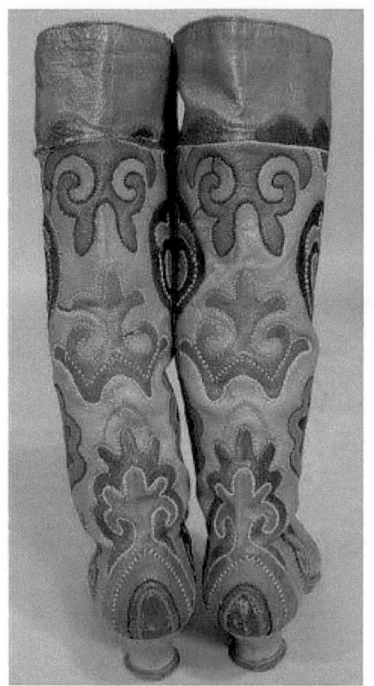

Hunlarla Avrupa`ya gelen çizmeler, pantolon ve Hun at eyeri

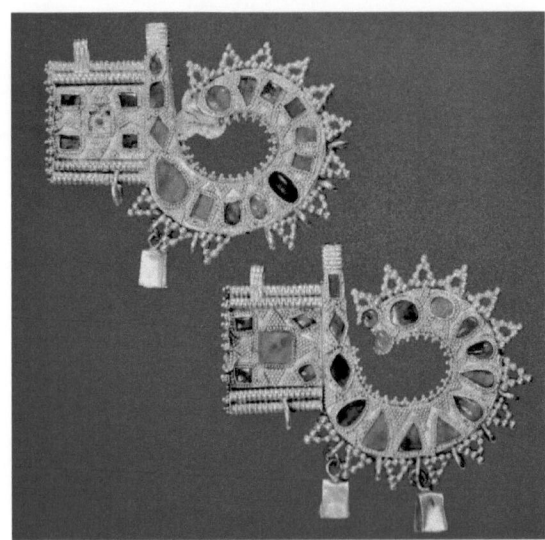

Hunlar döneminde üretilen altın kadın takıları ve bir kılıç kınına işlenmiş kurt kafası.

64

Kazılarda ortaya çıkarılan 1600 yıllık Hun at eyer üzengisi. Üzengiyi dünyada ilk defa Türkler kullanıp Avrupa`ya getirdiler. Bir elbisenin üstüne dikilen altın pullar.

Hunların Devamı Avarlar Dönemi

Avar Avrupa İmparatorluğu'nun kuruluş yılı 567 olarak kabul edilirken, yıkılışı 827, 828, 835 olarak farklı tarihlerle karşımıza çıkabiliyor. Son Avar Hanlıklarının varlığı, 895-896 yıllarında sonra ermiştir. Hanlıklarla birlikte Avar Devleti'nin ömrü 329 yıldır. Bir karşılaştırma olarak dünyayı titreten Sovyetler, 69 sene sonra dağılmıştır. Hun devleti gibi Avar devleti de Türkiye Cumhurbaşkanlığı Forsundaki 16 Türk devletini temsil eden yıldızların arasında yerini almaktadır. Hunların tarihi hakkında efsane ve masal gibi yazılmış, az da olsa bilgiler bulunurken, Avarlar hakkında neredeyse hiç bilgi bulunmamaktadır. Bunun ilk sebebi elbette Atilla sonrası başlayan kavimler göçü sonrası Avrupa'da kayıt tutacak büyük devletlerin kalmaması ve çeşitli Cermen krallıklarının tarihçiler yetiştirecek entelektüel güce sahip olmamasıdır. Bir diğer sebep de son yüz yılda kazı çalışmaları kolaylaşıp, çeşitli teknolojik imkanlar ve son 30 yılda bilgisayarlar kullanılmaya başlanmışken Sovyetler yönetimi altına kalan Macaristan ve orta Avrupa'da bu konuda çalışmalar mümkün olmamıştır. Ancak son yirmi yılda eski korku ve baskı dönemlerinin sona ermesiyle arkeolojik kazılar başlamış, çok sayıdaki bulgulardan bugün elimizde olan bilgiler bizlere ulaşmıştır. Kuruluşu 1500 yıl önceye dayanan bir devletin yeterli yazılı belge ve kaynak olmamasına rağmen tanıtılması bugün toplanan az sayıda belge ve kazılarla mümkündür.

Avarlar hakkında ilk heyecan veren bilgiler bugünkü Avusturya'nın başkenti Viyana'da ortaya çıkan mezarlar ile başlıyor. Aslında Avar mezarlıkları tarih boyu talan edilmiş, kadınlarla birlikte gömülen altın takılar ve askerlerin silahları, mezar definecileri tarafından soyulup çalınmıştır. Avarlar dönemine ışık tutacak ilk buluntular olan Viyana'nın Simmering mahallesindeki Avar mezarlarının 1927 ve 1954 yıllarından kalma raporları, 1976'ya kadar yol inşaatı çalışmaları ve 1976'daki geniş kazılar sırasında keşfedilen iskeletler, Viyana'nın erken tarihindeki en büyük mezarlıklardan birinin Kelleracker (bugün Csokorgasse) caddesi altında olduğunu kanıtlanmıştır. 21 Ekim 1977'de, dört süvari savaşçı olmak üzere 705 Avar mezarı açılmıştır. Mezarlık alanı 7. yüzyılın başından 8. yüzyılın sonlarına kadar tarihlenmiştir. Kaiserebersdorf'taki Avar mezarından çıkartılan eşyalar bugün Simmering Bölge Müzesi'nde sergilenmektedir. Avarlar yalnız Macaristan toprakları ve Orta Avrupa'yı değil bugünkü Avusturya'nın başkenti Viyana dahil ele geçirip orada iki yüz elli yıl kalmışlardır. Yeni yapılan araştırmalarda Viyana çevresinde çok sayıda Avar savaşçısının ve halktan Avarların gömüldüğü mezarlar bulunmuştur.

Macaristan'daki ilk kazı çalışmaları, Don Nehri bölgesinde 1913 yılında başladı. Orta Avrupa'ya Don nehri kıyılarına yayılmış 2000 kurgan ve yerleşim yerinde kazı çalışmaları yapılması kararlaştırıldı. Bunların arasında mezarlıklar ve eski köylerin kalıntıları da vardı. İlk önce 13 mezar açıldı. Araştırmalar sonuçlanmadan I. Dünya Savaşı başladı ve bulgular yayınlanamadı. 1938 yılında yeni kazı çalışmaları başladı. 50 yeni mezar açıldı. Bir yıl sonra 1939 yılında bu sefer II. Dünya Savaşı başlayınca çalışmalar yine yarım kaldı.

Avarlar Batı tarihine büyük bir devlet olarak Avar Kağanlığı adıyla geçmiştir. Cermenler ve (Almanlar) Bulgar Türklerinin Avarlara karşı başarılı savaşlarından sonra, 9. yüzyılın başında siyasi önemlerini, kısa bir süre sonra da kültürel kimliklerini kaybettiler. Hunlardan sonra orta Avrupa'da Avarların 250 yıl civarında bir devlet yönetmeleri bugün bile tarihçileri özellikle biz Türkleri heyecanlandırıyor. Avar, bir Türk boyu ismi değil doğrusu Apar'dır. Avrupa'da bu isim onlara verilmiş ve 250 yıl kullanılmıştır. Batı kaynaklarına Hunların devamı Avarlar olarak geçmiş olsa bile onların olduğu dönemde kendilerine çoğu kez Hunlar ve İskitler denilmiştir.

Atilla'nın ülkesinde yeni bir imparatorluk kuran Avarlar, Türk mü yoksa değil mi gibi tartışmaları sonlandırmak için kısa bir açıklama yapalım. Hunların devamı Türk Hanlıkların Macaristan topraklarında birkaç değişik isimle varlıklarını devam ettirdiklerini yazmıştık. 567- 828 yılları arasında Hunların yönettiği topraklarda büyük bir imparatorluk kuran Avarlara Türk tarihçileri onlar ne Türk ne de değil diyemezken çünkü yeterli bilgi bulunmuyor. Orta Doğu ve Batı Avrupalı tarihçiler de çok farklı iddialar ortaya atmıyor. Tartışması onların Türkistan'dan gelenlerin hangi boy olduğu ya da Türk mü yoksa Moğol mu veya başka bir millet mi olduklarıdır. Avarlar dönemini daha iyi anlamak için gözünüzün önüne Osmanlı devletini getirin. Devleti yönetenler, komutanlar ve Askerler Türk'tür. Bu yönetici kadro Balkanlar, Kuzey Afrika ve Ortadoğu'da milyonlarca gayrı-Türk nüfusu yönettiler. Avarlar aynı şekilde kendileri Türk'tür ve bütün orta Avrupa'yı ve Almanya'nın güney kısmına kadar olan bölgeyi yönettiler. Avar ismi 350 yıllarında ortaya çıkmıştır. Hun grubundan ayrılan bir koldur. Kül Tigin yazıtlarında isimleri Apar olarak geçiyor. Slavlar onlara Abar, Avar ve Abari demiştir. Türkler ve kendileri Avar değil, Apar demiştir. Barmak>varmak, esbab>esvap gibi örneklerden görülebileceği üzere b sesinin v olması Türkçede rastlanılan bir durumdur.

İsim tartışmalarını bitirmek için Kafkasya'nın Dağıstan Cumhuriyetinde yaşayan bir Avar kavmini kısaca ele alalım: onların bu ismi neden kullandığını tam bilen yok. Batı tarihçileri muhtemelen Türkistan'dan yola çıkıp Hazar'ın kuzeyinden gelen yeni göçler sırasında bir grubun ayrılıp Kafkasya'ya yerleşmiş olabileceğini ve dilleri giderek bölge halkının diliyle karışmış olabileceğini tahmin ediyor.

Yeni Hunlar Geliyor Kaçın

Hunların devamında Atilla'nın ölümünden 100 yıl geçtikten sonra Türkistan topraklarından yeni göçler başladı. Yeni göçebeleri yollarda görenler ilk Hunları gördükleri gibi heyecan ve korku içinde kalıyorlardı. O dönem "Kaçın barbarlar geliyor." dedikleri gibi şimdi de uzaktan Hunlara benzeyenlere "Kaçın yeni Hunlar" geliyor diye bağırıp, uyarıyorlardı. 560-568 yılları arasındaki zaman hakkında kesin bilgiler yoktur. 100/250 bin kişilik yeni bir göç dalgası iç Asya'dan bugünkü Altay bölgesinden yola çıkıp orta Asya'dan arkalarına başka Türk obaları katarak Macaristan ovasına hareket ediyorlar.

558-559 yılları arasında Bizans sarayına giden yeni göçebelerin elçileri yerleşebilecekleri topraklar isterler. Bu elçilerin saçları örgülü ve uzundur, kıyafetleri aynı Hunlar gibidir. Erkekleri kaftan giyiyor ve Hun silahları kullanmaktadırlar. Bazı batılı tarihçilerin iddiasına göre yeni gelen göçebeler Göktürklerden kaçmıştır. Kendi anlattıklarına göre yenilmez savaşçılardır ve Bizans'la iyi ilişki ve savaşsız bir komşuluk için haraç vermeleri gerekiyordu. Bizans İmparatoru bugünkü Ukrayna topraklarına yerleşebileceklerini söyler. Böylece düşman kavimlerin önünü kapatacaklardır. Bizans teklifini onlar kabul etmez ve bugünkü Macaristan topraklarına göçlerini devam ettirirler. Göktürk Kağanı, Bizans elçisine neden onların yolunu kesmedikleri hakkında şikâyette bulunur çünkü onları takip eden Göktürk orduları 567 yılında Volga (İdil) Nehri'ni geçip gelip Bizans'la görüşmüşlerdir. Bizanslar ile Türklerin diplomatik ilişkileri vardır. Yine Türkler, Bizans'a onların sayılarının 20 bin kişi olduğunu söylüyor fakat bunlar savaşçıların sayısı olmalıdır çünkü toplam 100 binin altında değillerdir. Göç 8 yıl devam ettiğine göre gerçek sayıları bilmek mümkün değil.

Bu bilgiler acaba ne kadar doğru olabilir? Göktürk Kağanı hâkim olduğu bölgeden kovduğu insanların neden önünü kesip gitmek istemelerine izin vermesin? Diğer batı kaynaklarında durum daha farklı anlatılıyor: Bizanslar onları uzaktan izlemiş ve önde savaşçı atlılar, arkada kağnılarda gelen çocuklar ve yaşlılar görmüşlerdir. Onlar ilk gelenlerin ve İstanbul yakınlarından geçip Macaristan ovasına gidenlerin kim olduğunu bilmeden uzaktan izlemişlerdir. Bu bilgileri yazanlar yine erkeklerin uzun örgülü saçları olduğunu ve erkeklerin bütün Asya Türklerinin günümüzde artık sadece özel günlerde giyilen kaftan giydiğini kaydetmişler.

Tarih boyunca Türk tarihini yalan bilgilerle kirletmeye doymayan Çin ve Pers kaynakları ise onlar hakkında başka iddialar ortaya sürmüşlerdir. Türkistan topraklarını tanıyan birisi onların iddiaların doğru olamayacağını hemen anlar. Çinli ve Perslerin iddiası aslında şöyledir: Bu gelenleri Göktürkler

Gobi Çölü'nden köle olarak getirdiler ve bu köleler kaçtılar. Çinlilerin bu bilgileri hangi tarihte yazdığı belli değil, Perslerde onlardan kopyalamışlar. Dünyanın en kurak ve ölümcül çölü sayılan Gobi Çölü'ne Göktürkler gerçekten girdi mi? Girseler bile ne amaçla girdiler? O çöllere bugün bile yeni imkanlarla kimse girmeye cesaret edemezken eski Türkler neden girdi? Bu sorunun cevabı 1500 yıl sonra ortaya çıkıyor: Gobi Çölü'ne 1910-1913 yılları arasında önce Rus araştırmacıları girip bu yerleşim bölgesini buldular. Arkasından 1927-1935 yılları arasında Almanya adına Türkistan ve Tibet'te araştırmalar yapan ünlü maceracı ve ilim adamı Sven Hedin, Gobi Çölüne 300 deve, 40 ton yük ve 60 adamla girdi. Çölde terk edilmiş bir yerleşim bölgesini buldu. Buraya önceleri Çin içlerinden başlayıp akarak gelen küçük bir nehir vardı. O nehrin oluşturduğu vadi çevresine küçük bir yerleşim alanı kurulmuş ve orada insanlar yaşıyordu. Çinliler suyu kesince çaresizlikten oradaki halk göçtü. Onlar Moğolistan ve Çin, Altay veya Türkistan topraklarına daha yakındır ve buralara göçmeleri daha akla yatkındır. Asıl yalan şöyle ortaya çıkıyor ki o küçük nehrin çevresindeki 100 bin kişiye yetecek kadar suyu yoktu. Kaldı ki 100 kişiyi çölün içinde yeterli hayvancılık ve tarım yapmadan besleyecek gıda da bulunamazdı. Burada belki birkaç yüz veya birkaç bin kişi vardı. Onlar Türklerle Avrupa'ya göçmüş olabilir ve onların sayıları birkaç bini geçmez. Onların Moğol olduğunu söyleyenlerde bulunuyor. Türkistan topraklarına Moğol saldırıları aslında 1200 yıllarında Cengiz Hanla başlar ve sayıları çok düşüktür.

Yine Bizans'ın yazdıkları yanlış bilgileri ele alalım: Bir taraftan Bizans topraklarından geçip giderken haraç isteyecek kadar özgüvenleri var ve silahlılar. Köleler bu silahları ve atları nasıl bulup yüz bin kişi ile yola koyuldular? Kaldı ki bu göçler 8 yıl devam eder. Bir seferde 100 bin kişi birden gelmiyor bu rakam 8 yıla yayılır. Bizans'ın onların uzaktan izlediği ve onların Macaristan'a kadar yollarına devam ettiği en mantıklı ve doğru açıklamadır. Bazı kaynaklarda yol üzeri Ukraynalı bir kavmin önlerini kesmeye çalıştığı hepsini yok ettikleri geçmektedir.

Hunların, Türkistan topraklarından yanlarına yeni insanlar çağırmış olması daha mantıklı ve doğrudur. Doğal kaynakların kıt olduğu orta Asya ve İç Asya denen Altay bölgesinde her kavim, diğer kavmi rakibi gibi görüyordu ve birbirleri ile savaşmaları o dönemler yaygındı.

Batılı tarihçilerin çözemediği bir soru var: yeni akınlar neden başladı ve geldiler? Asya'yı gezenler bilir, kurak ve çöl bir bölgedir. Hayvanlarını doyurmak için göçebe halklar sürekli bir yerden bir yere göç eder. Yeterli otlak alan bulunmaz. Geçinmek ve aç kalmamak için insanlar yeni yaşam alanları arayışına bugün olduğu gibi o dönemde çıkıyorlar. Orta Asya çok kuraktır, ilk baharda biraz yeşillik olur fakat hAvarların ısınmasıyla her taraf kızgın çöle dönüşür. Hayvanlar yemeye ot bulamaz. Bazı bölgeleri 500 kilometre uzunluğunda sırf kuru çölden oluşur. Hava sıcaklığının yazın 50 dereceye kadar yükseldiği bir alanda yaşamak çok zordur. İnsanların yaşaması mümkün değildir. Altay bölgesi soğuk, yazları kısa, kışları ise uzundur ve eksi elli dereceye kadar düşer. Ağustos ayında hava sıcaklığının 30 derece birden düşüp 8 dereceye gelmesi normal hava şartlarıdır.

Avarların yola çıkarak Batı Hunlarının yanına gelmesini aslında anlamak çok güç değil. Batı Hunlarının sayısı azdı. Batı Roma tehlikesinin ortadan kalkmasına rağmen, Bizans hala çok güçlü bir devlettir. Onların yanı sıra Gotlar, bugünkü Almanlar çok güçlü ve doğudan batıya kadar yayılmış, birçok kral tarafından yönetilmektedir. Hunların varlığını sürdürebilmeleri için nüfuslarının ve asker sayılarının çok olması gerekliydi. Atilla döneminde nüfusları yine çok değildi. Atilla savaşlarda yanına müttefikleri toplamayı ve büyük ordular oluşturmayı başarmıştı fakat sonra bunu yapacak yeni bir lider çıkarmadılar. Hunların Aksakalları yani onların yaşlı, tecrübeli, bilgili alimleri bunun farkındaydı ve Asya bozkırlarından yeni göçlerin yolunu açmış ve yanlarına çağırmış olmaları lazımdır. Macar tarihçileri yeni gelen göçlerin Atilla zamanından kalan Hun hanlıkları Kutrigur, Utrigur hanlıkları ile birleştiğini aralarına yerleştiğini ve onlarla hemen kaynaştıklarını yazmışlardır. Bu demektir ki aralarında dil ve rekabet sorunu yoktu. Yeni gelenleri kimse rakip görmez tam tersine bekledikleri yeni kuvvetler ve güçler gelmiştir.

Batılı tarihçiler, Avarların dili hakkında pek şüpheye düşmüyorlar. Büyük bölümü ile onların Asya'dan geldiklerini Altay dili konuştuklarını yazıyorlar. Türkiye Türkçesi de bir Altay dilidir. Adını bugün Doğu Türkistan ve Rusya arasında bölünmüş Altay dağlar bölgesinden alır. Her iki tarafında Türkler yaşıyor. 3 bin yıl önce konuştukları dili, bugün her Türk gidip rahatça dinleyip konuşabilir ve anlar. Tarihçi Hersek ve Silić, Avarların Türk halkı ve ana dil olarak Uygurca konuştuklarını uzun yıllar yaptığı araştırmalar sonrası yazmışlardır. Günümüzde yapılan araştırmalarda bulunan değişik ev eşyaları üzerine kazılarak Almanların adına Kerbschrifft dedikler eski orta Avrupa alfabesiyle Türkçe yazılar yazdıkları ortaya çıkmıştır. Bu bulgulara dayanarak Hunlardan sonra 250 yıl orta Avrupa'yı yönetenlerin Türk oldukları ve Türkçe konuştukları tartışmaları böylece sonlanmıştır. Peki bu iddialar neye dayanarak ortaya 1500 yıldır şekilden şekle sokularak anlatılmıştır? Bizans generalinin söylediği bir cümleyi o dönem yazmışlar ve bu cümle günümüze kadar değişerek gelmiş. Kitabı okurken karşınıza hepsi çıkacaktır.

Avusturyalı arkeologlar Viyana yakınlarındaki Hennersdorf mezar bulgularında Avarların, Macar ovalarında kalan Hunlarla karıştığını doğruluyor. Avarlar ve Hunlar aynı mezarlıklara gömülüyordu. Diğer kavimlerin ise kendi mezarlıkları vardır.

Avar savaşçıları 6. yüzyılda şöyle tarif edilmektedir: Göğüslerinde zırhlı koruma vardı. Bunlar örgülü demirlerden üretilmişti. Yanlarında kılıç, yay, ok ve kalkan taşıyorlardı. Hangi silah lazım olursa onu ustaca kullanıyorlardı. Yalnız savaşçılar silah taşımıyordu atları bile silahlıydı Atlarının göğsü ve boyunu kalın keçeler veya demir zırhla korunuyordu. Onların atlarının eyerinde üzengiler bağlanmıştı. Askerler ayaklarını üzengiye basıp dik durup okla hedeflerini vuruyorlardı. Üzengiler sayesinde hem ön hem de arkaya doğru ok atabiliyorlardı".

O dönemin Hunlardan bu tarafa Avrupalıların korkulu rüyası dönemin atom bombası sayılan ok ve yaylardı. Okların ucunda 8-10 santimetre uzunluğunda sivri demirler vardı. Bu oklar ve yaylar Asya bozkırlarında kullanılanların aynısıdır. Avarların savaş üstünlüğü onların geliştirildiği savaş taktiği idi. Önce düşmanlarına hücum ediyor, tam yaklaşırken geri çekiliyor ve onların beklemediği bir şekilde atlarla arkadan dolaşıp ölümcül oklarını düşmanların üstüne yağdırıyorlardı. 100 yıl önce Hunlar da aynı bunlar gibi savaşıyordu. Bu savaş taktiğine dayanarak dönemin yazarları Avarları anlatırken Hunlar ve İskitler demeye devam etmişlerdir.

Avarların, Hun ve İskitlerle benzer yanları kullandığı taktik dışında ölen savaşçıların gömülmesinde de görülür. Ölen İskitler atları ile gömülüyordu. Uzun bir mezar açılıyor. Bir tarafına asker kullandığı silahları, su içtiği tası ve özel eşyaları ile gömülürken diğer tarafına onun sevdiği ve hep yanında bulundurduğu atı öldürülüp eyeri ve üstündeki zırhla gömülüyordu. Bu gömme adeti de Hunlar ve Avarlarda aynıdır. Onların inancına göre askerin öldürdüğü düşmanlarının hayaletleri kendisi ile savaşmaya gelecek onun ve atının ruhuyla savaşacak.

Yeni göçebeler böyle tarif edilirken göçler biter bitmez 558 yılında 10.000 atlı savaşçı Bizans toprağı olan Dalmaçya'ya (Hırvatistan) giriyor. Batı kaynaklarında ilginç bir tanımlama var: Bu atlılara Avarlar değil, Hunların devamı dediğimiz Kutigurlar diyorlar. Burada Macar tarihçilerinin yazdıklarını doğru kabul etmek zorundayız. Onlar Hunların devamıydı, gelip yanlarına yerleştiler. Bizans bu sefer karşılarında Hunlardan daha güçlü ve tehlikeli bir ordu olduğunun farkına varıp savaş halinde olduğu doğu Türkleriyle barış anlaşması yapıp gözünü batıya çevirdi.

Yeni yurtlarına yerleşen Avarlar, Hunlara komşu ve düşman olan Gepidlerin bugün adına Siebenbürgen denen bir Cermen krallığı ile 558 yılında savaşıp kendilerine tâbi kıldılar. Bugünkü Romanya sınırları içinde kalan Siebenbürgen halkı,

1918 yılında Almanya'ya göçene kadar burada yaşamaya devam etmiştir. Gepid Kralı Cunimund bu savaşta öldürülüyor.

Hunların yanına yeni koruyucu göçlerin başlaması ve nüfuslarının artması aslında Hunlar açısından bir mucizeydi. Hunlara yapıştırılan barbar yaftası Avarlar için de devam etti. Barbar diyenlerin ve aslında barbar olmayanların hayat tarzını anlamak için biraz başka bölgeye dönemin güney Avrupa bölgesine gidelim:

Batılıların, 560 yılında ilk defa görmeye başladıkları yeni göçebe Türkleri nasıl dile getirdiklerini tekrarlamaya hiç gerek yok. Aynı Hunlar gibi tarif ediliyorlar. Atlar üstünde gelen şimşek gibi hızlı savaşçılar, ok ve kılıç ustaları, örgülü uzun saçlı erkekler. Hunlar hakkında yayılan "yıkanmıyorlar, kirlidirler" yalanlarını Avarlar için aynen devam ettiriyorlar. 1492 yılında Avrupa'nın en gelişmiş ve medeni incisi Endülüs'ün son kalıntısı Gırnata Benî Ahmer Emirliği'nin beceriksiz XI. Muhammed Ebû Abdullah es-Sagîr'in savaşsız teslimiyeti sonrası Katoliklerin eline geçince, onların Kraliçesi Elizabeth, büyük gururla hayatında iki defa yıkandığını, bunun birincisinin doğumdan sonra ikincisinin de düğün günü olduğunu anlatmaktaydı. Batılıların bugünkü gibi yıkanma alışkanlığı, sanayi devrimleriyle 200 yıl önce başlamıştır. Bugün Macaristan'da olan hamamlar, bütün Avrupa'da ün yapmıştır. Bunların bir kısmı o dönemlerde temeli atılanlar, büyük bir bölümü Osmanlı döneminde kurulup hala hizmet verenlerdir. Onların Hunları ve devamındaki Türk göçebeleri yıkanmıyor diye anlatmaları yalandır. Batı kaynakları bunu biraz değişik şekilde anlatmaya çalışmaktadır: hamamlar kurmaya Bizans'tan yardım istemişler ve onlar gelip öğretmiştir. 500 yıldan fazla Orta Avrupa'yı yönetenler dedikleri gibi kan içici barbarlar olmuş olsaydı asla varlıklarını bu kadar uzun yıllar sürdüremezlerdi.

Yeni yapılan kazı çalışmalarında ortaya çıkan Avar mezarlıklarındaki iskeletler incelenmiş ve onların DNA testleri sonucu, yüzde 64 Kazak, diğer kısmının orta ve İç Asya halklarına benzediği saptanmıştır. Başka araştırmacılar onların iskelet ve kafa yapısından Türk olduklarını vurguluyorlar. Hunların devamı Avarlar, 250 yıl Slavlara evliliklerle karışmamış, Macaristan topraklarında yaşamış ve onlara tâbi olan diğer kavimleri korumuşlardır. Kendi milli kıyafetleri dışında onların kıyafetlerini giymemiş ve yaşam tarzını benimsememiştir. Hatta tam tersi olmuş; Slavlar ve diğer milletler Avarlara benzemeye çalışmış ve onlar gibi örgülü uzun saç bırakmaya başlamış, onlar gibi giyinmeyi tercih etmişlerdir. 1000 yıllarına kadar Asya bozkırlarından getirdikleri Şamanizm/Tengricilik inancına sadık kalmışlardır. Günümüzde yapılan kazılarda şaman rahiplerinin kullandığı kemikler gün ışığına çıkartılmıştır.

Avarlar Neden Arkalarında Yazılı Bilgiler Bırakmadı?

250 yıl Orta Avrupa'yı yöneten Avarların neden yazılı kaynak bırakmadıkları bugünkü tarihçilerin en çok sorduğu sorulardan birisidir. Türkler Moğolistan steplerinde kendi tarihlerini, kanunlarını, öğütlerini ve Türk boylarını taşlara kazıyarak gelecek nesillere bilgi verirken Avarlar neden vermedi? Bu sorunun cevabını ancak tahmin edebiliriz. Tibet gibi dağlık bir bölgede yaşayan ve izole bir toplum bile binlerce yıldır kendi inançlarını ve yöneticilerini yazarken Avrupa'nın ortasında hiçbir belge bırakmadan ortadan kaybolan güçlü bir devletin iz bırakmaması imkânsızdır. Ayrıca Hunlar batılıların uydurduğu gibi Barbar ve acımasız değil tam aksine çok merhametli bir millettir. Bugünkü Belgrad yakındaki eski bir şehri uzun bir kuşatma sonrası ele geçirdiklerinde şehre girip yakıp yıkıp yağmalamak yerine aç kalan halka yiyecek dağıtmışlardır. Aynı şekilde Balkanlarda yeterli yiyeceği kalmayan Bizans ordusuna yiyecek göndermişlerdir. Buna karşılık İstanbul kuşatması sırasında "Elçiye zeval olmaz" prensibine rağmen Bizans, iki Pers elçisini paramparça edip Avar kağanının önüne göndermişlerdi.

Avarların ise 250 yıl boyunca gelip giden elçilere hoş davranmış ve hepsini mutlu ve misafirperverce geri göndermiştir. Avarların 250 yıl boyunca tuttukları en azından vergi defterleri, nüfus kayıtları veya atanan komutanları, vezirleri, kağanları hakkında bilgi bulunmalıdır. Bunlar muhtemelen onların yönetim merkezi Almanlar tarafından ele geçirilince yakıldı ve yok edildi. Almanlardan sonra 1492 yılında Endülüs, İspanyolların eline geçince yine aynı şekilde bütün kayıtları ve kitapları bir meydanda yakılarak yok edilmiştir. Batı Roma, o dönem dağılmış onların yerine Langobard Devleti geçmişti. Avarlarla aralarında savaş yoktu, bundan dolayı Avarlar hakkında bir şey yazmalarını beklemek gereksizdir. İlk savaşlardan sonra Avarların Almanlarla savaşları da bittiği için onlarda bir şey yazmamıştır. Elimizdeki bilgilerin büyük bölümünü yine Bizans tarihçileri yazmıştır. Avarları bu kadar az ve öz anlattıktan sonra tekrar eski tarihe dönelim. Yeni Türk göçebeler, Hunların arasına yerleştikten sonra batıda yaptıkları mücadeleleri öğrenelim:

Pannonya Havzasının Ele Geçirilmesi ve Kutrigurların İlk Savaşları

Bizans, onları asla saldırganlık ile suçlayamaz savaşları başlatan yalnız Avarlar değildi. Bizans, kendisi de savaşlara sebepler arıyordu. Orduyu meşgul ediyorlar, yeni komutanlar yetiştiriyorlardı. Bizans'a bağlı illerde köylüler, o kadar vergi veriyorlardı ki Bizans yönetiminde yaşamaktansa barbar dedikleri Hun Hanlıkların halefleri altında yaşamaya razıydılar. Hunların, Kutrigur Hanlığı, belki Dalmaçya halkının daveti üzerine ilk seferini oraya başlattı. O dönem Bizans Kayseri yaşlı Jüstinyen, 600.000 kişilik ordusunu 150.000 kişiye düşürmüştür. Askerler bütün imparatorluğa dağılmış bölgelerini koruyordu. Anadolu, Suriye, Filistin, Mısır, Kuzey Afrika'nın büyük bölümü, Balkan illeri Bizans sınırlarına dahildir. O tasarruf ettiği paraları, şehirlerin surlarına yeni kiliselere harcıyordu. Yalnız Balkan illerine dağılan 110 şehir Bizans'a aittir. Bunlar 6-10 kilometre mesafeyle birbirine yakındır. Bütün masrafları, halkın bir şekilde ödemesi gerekiyordu. Ağır vergiler ve işçi topluyorlardı. Trakya bölgesi boşalmaya başladı ve halk şehirlere göç ediyordu. Halkın hayat şartları kötüleştikçe onlara köle de isyanları da katıldı ve başarabilen köleler kaçtı ya da sahipleri şehirlere göçenler onları azat etti.

Bizans imparatorluğu, Orta Avrupa'daki Hun Hanlıkları, Kutrigurlar, Utrigurlar, Bulgarlar, Gepidler, Anten (Ukraynalı bir kavim) ve Slavları birbirine düşürüp savaştırmanın yollarını bulmuştur. Onlardan birisine gizlice para verip diğerine karşı kışkırtarak aralarında savaşlar başlatıyorlardı. Böylece kendilerinin kimseyle savaşmasına gerek kalmıyordu. Bizans'ın oyunlarına rağmen Avar, Macaristan ovasında Kutrigurların arasında yerleştikten sonra 559 yılın kış ayında Dalmaçya'ya (Hırvatistan) 10.000 süvariyle donan Tuna nehrini geçip girdiler. Başlarındaki hanın ismi Batı kaynaklarında Zaberkan olarak geçmiştir. O, Dalmaçya'dan İstanbul önlerine gelip karargâhını kurdu. Bizans'ın elindeki birlikler onları yenecek güçte değil. Bunun üzerine Kuzey Afrika'daki Vandallardan ki önce Gotları savaşta yerle bir etmişlerdi, yardım istemişti. Başlarındaki yaşlı Kralları Belisar gemilerle yardıma geldi. Savaşta hiçbir başarı gösteremedi ve çok adam kaybetti. Bunun üzerine Bizans Kutrigurlara istedikleri miktarda tazminat ödeyerek geri çekilmelerini sağladı. Bunun üzerine Bizans oyunları devam etti. Diğer Hun hanlığı Utrigurlara elçiler gönderip yardım istedi. Onların kağanının ismi de Batı kaynaklarına Sandilch olarak geçmiştir. Ona Kutrigurlarla savaşmaları halinde Kutrigurlara ödenen haracı kendilerine vermeyi teklif ettiler. Bunun üzerine Hun kağanı Sandilch söyle bir cevap gönderdi: "Ben ne sizin tanrılarınıza inanıyorum ne de sizden bir beklentim var. Onlar benimle yalnız aynı dili konuşmuyor, aynı kıyafeti giymiyor, aynı adetlerle yaşamıyor ve aynı şekilde obalarını kurmuyor aynı zamanda bizimle aynı kanı taşıyorlar. Ben onlara karşı savaş açmam. Ancak size dostluk adına yardım edip atlarına el koyabilirim ve bir daha size gelemezler." Bu iki Hun hanlığı arasında sürtüşmeler ve karşılıklı suçlamalar başladı. Sonuçta birbirlerine karşı savaş açıp kayıplar verdiler. Bu yeni gelen adına Avarlar dediğimiz eski Türklerin arasından yeni bir Kağan çıkmasına yol açtı. Tüm hanlıkları yeni Avar devleti bayrağı altında topladılar. Artık tek düşmanları kalmıştı; Bizans. Bizans kaynaklarının o dönem verdiği bilgilere göre Karadeniz boylarında birkaç Hun hanlığı vardı. Bunların isimleri şöyleydi: Bulgarlar, Onogurlar, Sarıgurlar ve Ogurlar. Bunların hepsi Türk boylarıdır ve dilleri Türkçedir. Avarların Türklerden kaçtığına dair çok sayıda bilgiler yazılmıştır. Aynı bilgiler yukarıda adını verdiğimiz diğer Türk boyları için de yazılmıştır. Bunlara bakarak şunu söyleyebiliriz: o dönem Bizans bunları iyi tanımıyordu ve yanlış bilgiler yazdılar. Bugüne kadar yazılan kitaplara bu yanlışlar aktarılarak devam etti. Priskos yaşadığı yıllarda zaten Türk kavmi olan Onogurların bile Türklerden kaçtığını yazmıştır. Aynı hatalar, Avarlar için sonra devam ediyor. Bir Çin İmparatoru, 600 yılında Türk ulusunun binlerce boydan oluştuğunu yazmıştır. Boyların isimleri genellikle sülalenin en büyüğü ile başlar. Birbirilerinden uzak yaşayan boylar arasında yine farklı lehçeler ortaya çıktı. 100 yıl önce Türk boyları arasında 731 lehçe sayılmıştır. Bu sayı bugün 31'e düşmüştür ve azalmaya devam etmektedir. Avarlarla birlikte Macaristan ovasındaki yeni devletinin gücünü anlamak için o döneme başka bir gözle bakalım. 20.000 süvari o dönem için çok güçlü bir ordu mevcududur. Romalılar ve Almanlar arasındaki savaşlarda bile asker sayısı çoğunluğu piyade 12.000-18.000 civarındadır. Büyük bir savaşa katılacak kadar güçlü bir ordu Avarların yönetimi altındadır. 6. yüzyılda Bizans Kayseri en fazla 30.000 askeri bir araya toplayabiliyordu ki bu ordu dağınıktı bir haldeydi.

Kader Değiştiren Yıllar

14 kasım 565 yılında Bizans'ın 87 yaşındaki Kayseri Jüstinyen'in vefatı üzerine yerine yeğeni II. Justinus geçti ve ertesi gün yeni bir dış siyaset politikası izleyeceğini açıklayıp kendisine "Pacifucus" ismini aldı. Böylece eski Roma'nın izinden gideceğini Pax Romana'yı yeniden canlandıracağı ilan ediyordu. Eski Roma'da Pax Romana dönemi 200-250 yıl sürmüştür. Bu dönemde ülke içinde barış ve huzur varken tehlikeli gördükleri komşularla savaş yapmışlardır. Onların iç barış dedikleri dönem M.S 27 yılında başlayıp 235 yılında kadar devam etmiştir. Bizans 565 yıllarında maddi zorluklar

yaşamaya başlıyor. Halk mutsuz fakat saraylar altın ve gümüşle süslüdür. Eski ölen Kayserleri komşularla savaşmak yerine haraç ödeyerek masrafları düşük tutmuştur çünkü savaşlar hem pahalı ve hem de savaşın sonunda zafer garantisi bulunmaz.

Yeni Kayser tahta çıkınca Bizans sarayına Kağan Bayan'ın elçileri çağırılınca takdimlerinde söylenen sözler kelimesi kelimesine kadar bugüne kadar belgelerde gelmiştir. Kayserin adamları, Avar elçilerini tahta çıktıktan yedi gün sonra elçilerin duymayacağı biçimde şu sözlerle takdim ediyorlar: "Korkunç bir millet, yılan gibi uzun saçları olan kaba ve ürkütücü görünümlü sert savaşçılar, sizin hizmetkârınız ve size hizmete hazırlar. Örgülü saçlarını açtık ve huzurunuzda kabul odasına barış görüşmeleri için mütevazi bir şekilde getireceğiz." Kayser önceden hazırlanmış kabul odasına geçerek onları etkilemeyi amaçlamıştır.

Aslında Bizanslılar, İstanbul'a Targitios veya Targites isimli Avar elçisini kendileri çağırmıştır. Kaysere kendi isteği ile geldiği bilgisini veriyorlar. Yeni Kayser kabul odasına geçip geniş ve gösterişli, özenle tasarlanmış tahtına oturdu. Oturduğu tahtın iki tarafında iki kanatlı zafer tanrısının bayrakları, tanrıların kafalarında altın renkli defne çelengi vardır. Bu şekilde onlara göre barbarları etkileyip korkutacaktı. Kendisi beyaz, pembe renkli, parlak bir kaftan giymişti. Elbisesinin kenarları altın sırma işlemeliydi. Ayaklarındaki çizmeler pembe renkliydi. Bütün salon büyük savurganlıkla altın, değerli taşlarla kaplanmıştı. Yerlerde kıymetli halılar, farklı desenlerde kilimler vardı. Kayser'in iki tarafında senatörler yer almıştı. Onlar da çok parlak ve süslü giyinmişti. Kapının girişindeki muhafızlar, Avar elçisini etkilemek için yine kıymetli elbiselerle kapıyı bekliyorlardı. Avar elçisini odaya aldılar. O belki ilk defa bu kadar savurganlık içinde yaşayan insanlar görüyordu. O bunu savurganlık ve gereksiz yaşayış tarzı olarak mı gördü yoksa bunların ne kadar güçlü olduğunu mu çıkardı bilemiyoruz. Tek bildiğimiz onun çok etkilendiğidir. Bizans geleneğine göre saraya gelen elçilerin üç defa ayağa kalkıp Kayser'in önünde eğilmesi gerekiyor. Avarlar bunu istemeden yapmak zorunda kalıyor. Kayser, Avar elçisinden onlar hakkında bilgi istedi. Elçi, geldikleri yerlerin çok karlı olduğunu gelirken Fırat veya Dicle nehrini görmediklerini anlattı. Buradan onların Hazar Denizi üstünden geldiği ve iddia edildiği gibi onlar ne kaçan köleler olduğu ne Gobi çölünden getirilmiş olduklarını ne de Göktürk kağanı ile savaşta olduğunu görüyoruz. Kendi başlarına göçüp geldiklerini anlayabiliyoruz. Geldikleri yerlerin karlı olması Altay Dağları'ndan geldiklerini göstermektedir. Avar elçisi sözlerine şunları ekledi: "Bizi hiçbir güç yenmedi, biz yenilmeyiz. Perslerin Kralları bile bize haraç ödüyordu 559 yılında yaptığımız anlaşmaya göre haraç ödemeniz gerekiyor fakat ödemeler kesildi. Bayan Kağan yıllık haracını istiyor.".

Bizans Kayseri, Avar elçisini dinledikten sonra ona ve yanındaki adamlarına şunları söyledi: "Bundan sonra Jüstinyen'in verdiği haracı size ödemeyeceğiz. O, size gönüllü ödeme yapıyordu. Bundan sonra yok. Eğer bize saldıracak olursanız kendimizi nasıl savunacağımızı biliyoruz. Gerekirse Türk Kağanı Scaldor/Askel/İstämi'den yardım alacağız. Bizim onunla güçlü ilişkilerimiz var." Burada Göktürklerden söz ediyordu. Avar elçisi, Bizans'ın yapılan anlaşmalardan vaz geçmesi üzerine yeni talepler öne sürdü ve Göktürklerden korkmadı. O, bundan sonra yıllık haracın yanında altın zincirler, dinlenme yatakları ve lüks eşyalar talep etti ve üstüne başka bir şart ekledi: Hunlar döneminde olduğu gibi Kayser'in bir oğlu gidip Avarlarda esir olarak kalacak, karşılığında Kağanın bir oğlu Bizans'a gönderilecek böylece barış kalıcı olacaktır. Bunun üzerine hiddetlenen Bizans Kayseri elçi ve yanındaki on adamına hakaret etmeye başladı. Yanındaki senatörlere şöyle dedi: "Avarlara en iyi hediye, korku vermektir. O korkuyla asla Romalılara saldırmazlar, sonu ne olursa olsun.". Şair Johannes von Ephesos'un yazdıklarına göre Avar elçilerine şöyle cevap verdi: "Sizi ölü köpekler, şimdi hepinizin saçlarını kestiririm.". Elçiyi ve yanındaki adamları yarım yıllığına hapse attırdı. Avar Kağanı bunun intikamını almak için fırsat beklemeye başladı ama sabırlı davranacaktı. Bizans Kayserinin bu çıkışı, kendi halkı ve adamları arasında mutlulukla kutlandı çünkü yine güçlü bir yöneticileri ortaya çıkmıştı.

Kayserin sözleri, Avar Kağanını etkilemedi. O, onlarla savaşacak kadar güçlü ve bilgi sahibidir. Onun korkusu, diğer Türk hanlıklarının Bizans tarafından üstlerine gönderilmesidir. İkinci bir sorun da Macaristan ovasından binlerce asker ve atla yola çıkınca orduları ikmal sorunları yaşıyordu çünkü yollar çok uzaktı. 566 yılı çok soğuk ve 5 ay karlı geçiyor.

Avarlarla müttefik olan ve Atilla'nın eski topraklarında ortaya çıkan Güney İtalya'daki Langobard Devleti ile Frenkler bir savaş yapıp Frenkleri yeniyorlar. Atilla'nın ölümü sonrası bugünkü Romanya sınırları içinde kalan Sibenbürgen denen bölgede, o zaman Almanların Gepid boyu yaşıyordu. Bunlar Atilla'dan sonra kendi krallıklarını kurdular. Yönetim merkezi bugünkü Belgrad şehri yakındaki Sirmium şehriydi. Atilla'nın bir zamanlar aldığı şehir, onların eline geçmişti. Avarların müttefiki Langobardlar ile Gepidler arasında, Bizans'ın kışkırtması ile bir savaş çıktı. Bizans, Gepidleri destekliyordu. 565 yılında Gepidler, Sirmium şehrini ele geçirdiği halde Bizans sahiplendi. Bunun üzerine Langobard Kralı, Bayan Kağan'a elçiler gönderip Gepidlerle savaşa çağırdı. Avarlar, bu savaşta müttefikleri Langobardların yanında yer aldı. Gepidlerin ikinci savaşta yenilmesi, Bizans'ın yenilmesi demekti. Böylece onlardan ilk intikamı almış olacaklardı. Aynı zamanda yeni bir plan yaptılar. Bu savaştan sonra bütün Balkan illerini ve Trakya'yı ele geçirip Konstantinapol'ü dahi kuşatarak Bizans İmparatorluğunun sahibi olabilirlerdi. Avarlar, Bizans tehlikesinin farkındaydılar. Ya bizzat ya başka devletleri onların üstüne salıp hepsini yok etmeden rahat durmayacaktı. Şimdi ellerine bir fırsat ve müttefik geçmişti. Savaş başlamadan pazarlıklar devam ederken Avar Kağanı Gepid ülkesini paylaşmayı teklif etti. Diğer müttefik de bu paylaşımı kabul etti.

Gepidlerin Kralı Kunimund başına bir bela almıştı. Savaşı kazandığı halde Bizans sözünde durmayıp şehri ona vermiyordu. Aynı anda Avarlarla müttefik olan Langobard elçileri Bizans'a ittifak teklif ediyorlardı. Bizans Kayseri gelecek olayları kendi kaderine bırakıp müttefikleri Gepidlere tutmayacağı sözler verdi. Gedipler bir taraftan Bizans tarafından kandırılmıştı. Diğer taraftan karşılarında eski düşmanları daha duruyordu. Langobard Kralı yenilgiyi kabul etmeyerek savaş hazırlıklarına başladı. İki krallık arasında 567 yılında tekrar savaş çıktı. Gepid Kralı Kunimund, İtalyan kralı Albonis tarafından öldürülüp ve ordusu yenildikten sonra kralın kızı Rosemunde ile evlendi, öldürdüğü kralın kafatasından bir şarap kadehi yaptırdı. İnancına göre, ölen kralın bütün enerjisi kendisine geçecekti. Bir gün aynı kafatasıyla yeni eşi kralın kızına zorla şarap içirmeye çalışması üzerine Rosamunde onu öldürtüp Romalılara sığınmıştır. Gepidlerin ortadan kaldırılmasıyla Avarlar onların topraklarını ele geçirdi. Lombard kralı bu bölgeyi Avarlara bıraktı. Elimizdeki kaynaklarda Avarların savaşa katılıp katılmadığı yönünde bilgi yok fakat beraber savaşmış olmaları gerekir çünkü ön anlaşmaları öyleydi. Batılı tarihçiler ön anlaşmaları dikkate almayarak onların savaşa katılmadığı fikrinde diretiyorlar. Peki neden Avar Kağanı savaş yapmadan Orta Avrupa topraklarının büyük bölümüne sahip oldu? Tarihçilere göre Bayan Kağan diplomasi bilen, sinirleri sağlam bir yöneticiydi. O, Lombard elçisini kış aylarında haftalarca kendi yönetim merkezinde bekletip kabul etmemişti. Bu davranışı karşı tarafa korku vermişti. O dönem Avrupa içinde yeni bir kavimler göçü başladı. Gepid ülkesindeki bir çok kavim Gepidler, Sarmatlar, Süevler, Pannonlar, Noriker, ve Sachsenler İtalya'ya göçtü. Avarların karşısında düşman olarak bir tek Bizans kalmıştı. 568 yılında kavimler göçü bitti. Orta çağ başladı. Bu gelişmeler Avarlar haricinde kimseyi memnun etmemişti çünkü tek kazanan Avarlar olmuştu.

567-590 Yılları Yeni Bir İmparatorluk

Gepidlerin Orta Avrupa ve Tuna boylarından çekilmesi, Almanların doğu topraklarının ellerinden çıkması demekti. 2. Dünya Savaşı sırasında Hitler'in büyük Alman İmparatorluğu hayalleri bu toprakları da kapsıyordu. Avarlar artık bütün orta Avrupa'da söz sahibiydiler. Kavimler göçüne rağmen onların hakimiyetine giren topraklarda, birçok millet köylerini ve evlerini terk edip gitmedi. Avar yönetimi altında yaşamaya devam ettiler. Atilla'nın mirası Sirmium şehri artık Bizans hakimiyetindeydi. Şehir, 125 yıllık Alman hakimiyetinde güçlü kale surlarıyla çevrilmişti. Burada para basılıyordu ve ticaret canlıydı. Halkı Hristiyan olmuş ve çok sayıda kilise ve manastır kurulmuştu. Avarlar, bu şehri ikinci kez kuşatmaya geldiler. Birinci kuşatma sırasında, Ortodoks Piskopos şehir savunmasına akıl vermiş ve yönlendirmişti. Surlara dayanan Avar kuvvetleri, halka ve savunmaya korku vermek için bu iş için özel kurulmuş davulcu birliği ile gürültü çıkarmışlardı. Yüz yıllar sonra Osmanlı da buna benzer bir Mehter takımı kurmuştu. Bizans komutanı Bonus, kendi askerlerine onların da su mataralarına vurarak gürültü çıkarması emrini verdi. Savaş hakkında ne yazık ki hiçbir belge bulunmuyor. Halk çatılara çıkmış, uzaktan olup biteni takip ediyordu. İki komutan arasındaki karmaşık pazarlığı dönemin şairi yazmıştı. Bizans komutanı Bonus yaralıydı. Oradaki bir hekim onu tedavi edip yarasını sardı. Böylece surların dışına çıkıp Avar Kağanı Bayan'la pazarlık yaptı. Pazarlıklar sonucu Avarların geri çekilmesi sağlandı. Savaş başlamadan Avarlar Bizansın iki elçisini zincire vurmuştu çünkü şehri savunan komutan pazarlığa şahsen gelmiyordu. Savaştan sonra komutanın kendisinin pazarlık için gelmesi gerekti. Avarlara göre bu şehir onların hakkıydı. Bonus farklı düşünüyordu. Avarlar, Bizans topraklarına girmiş ve suç işlemişti. Ayrıca haraç ödemelerinin kesilmesi için yine onları suçluyor, tehditleri ve üstünlük iddiaları yüzünden bu ödemelerin kesildiğini iddia ediyordu.

Avarların, şairin deyimiyle "Barbarların", şehir için daha fazla savaşmaya meyilli olmadıkları kısa sürede pazarlıkları bitirip çekilmek istedikleri düşünülüyordu. Bonus`a şu pazarlıkların gidişatını kesinleştirmek üzere Kayser'e bir elçi gönderilmesi teklifi geldi. Kağan gerçekten de şehir için fazla uğraşmak istemiyordu ama şöyle bir haber göndermişti: "Arkamdaki ordularla hiçbir zafer elde etmeden çekilmek benim için gurur kırıcı ve utanç vericidir. Hiç bir şey elde etmeden çekilmem, boşuna savaşa geldik demektir.

Skayten (eski geniş Trakya topraklarının bir parçası) üzerinden geçerken kimseye zarar vermedik ve yağmalamadık. Buradan bir başarı elde etmeden çekilemeyiz."

Büyük topraklar ele geçiren büyük bir ordunun komutanının böyle bir pazarlığa girmesi bugüne göre tuhaf gelebilir fakat savaşların bir masrafı vardır. Kazanan taraf onu bir şekilde almak zorundadır.

Avar Kağanının, Trakya bölgesinden geçip gelmesi onun İstanbul önlerine kadar büyük bir alana hâkim olduğunu kanıtlamaktadır. Bizans komutanının "Hiçbir şeyimiz yok, silahlardan başka. Onlar da sizde de var" demesi üzerine Avar Kağanı hiddetlenip yeni bir ordu ile bütün Bizans topraklarını işgal ederek yağmalatacağı tehdidini savurdu. Bizans komutanının bu tehdidin kötü sonuçlar doğuracağını cevabına karşılık da "Ben ölümden korkmayan on binlerce Hun ve Kutrigur askeri size karşı toplayacağım." cevabını veriyor. Bu tarihten sonra Kutrigur ismi kaynaklarda geçmiyor. Onlar kendilerine sonra Avarlar demeye başlıyorlar.

Pazarlıklar sonucunun ne olduğu bilinmiyor. Avarların çok büyük bir coğrafyada ele geçirdiği toprakların güvenliği ve sınırlarını genişletmesi daha önemlidir. Bu şehri şimdilik kendi haline bırakıp çekiliyorlar çünkü kolay teslim olmayacakları için kuşatma uzun sürecek ayrıca surları yıkmak ya da aşmak için gereken kuşatma araçlarına sahip değiller. Avarların Kralı Bayan eksiklerini görüp daha modern bir ordu ve silahlar geliştirmeye ya da edinmeye devam ediyor. Bizans'ı tehdit edecek güce ve silahlara sahip olmaya başlıyorlar.

Barış ve Savaş Arasında

570-571 yıllarına kadar Bizans ve Avarlar arasında sürtüşmeler devam ederken Bizans, Doğu Türkleri ile 568-669 yıllarını kapsayan barış anlaşmasına güvenerek kendisini güvende hissediyordu. 572 yılından beri Bizans, Persler ile savaştaydı ve ordularını istediği gibi yer değiştiremezdi. Karadeniz boylarındaki birkaç Türk hanlığı Kırım ve çevresi boyunca varlığını Hunlardan beri devam ettiriyordu. O hanlıkların isimleri 600 yıllarından sonra ayrı ayrı ortaya çıkmıyor fakat onlar daha sonra karşımıza çıkacaklar. Bu yıllarda ve gelecek 200 yıl Orta Avrupa'da bugünkü gibi Slavlar yoktu varsa bile sayıları çok düşüktü. Slavlar bugünkü Ukrayna topraklarında yaşıyorlardı Bizans ve Avarların hâkim olduğu topraklara büyük gruplar halinde baskınlar yapıp yağmalayarak ele geçirdikleri ganimetler ile kaçıyorlardı. Avarlar bunlarla sürekli meşgul olmaya başlamıştı ve onların kendi toprakları dışında tutmanın yollarını arıyordu. Slavları daha çok sık görüp duyacağız.

Sirmium'a Seferler

Avar Kağanı bir taraftan Slav yağmaları ile mücadele ederken diğer taraftan ordusunun başında kalabilmesi için başarılar göstermesi lazımdı. Başka türlü başarıya alışmış ve savaşmayı seven askerlerinin dizginlerini elinde tutması zordu. Sirmium seferi, ilk defa başarısız geçmişti. Bu durum komutanları arasında eleştirilere ve hoşnutsuzluklara sebep olmuştu. Avarların Orta Avrupa'ya yerleşmesi ve büyük topraklar ele geçirmesinden sonra Bizans'la yalnız birkaç küçük savaşları olmuştu. Kağan Bayan bu şehrin kendi hakkı olduğunu birkaç kez dile getirip elçiler gönderdiği halde Bizans ona bırakmamış yerine haraç ve hediyeler göndermişti. 579 yılında Avarların elçileri yıllık haracı almak için Bizans sarayına gittiklerinde yeni bir Kayser seçilmiş ve ordularını Mezopotamya'ya savaşa göndermişti.

Bizans Kayseri kendisi çok güvende hissederken Avarlar Save Nehri'ne gelip iki şehri ayıran ırmak üstüne bir köprü kurmaktaydı. Bu köprü o dönem birçok kaynakta yer almış ve bütün tarihçileri ilgilendirmiştir. Köprüden karşıya geçmek, Bizans topraklarına girmek ve savaş demekti. Dönemin ünlü tarihçilerinden Johannes von Ephesos iki köprüden söz eder: biri, Tuna nehri, diğeri Save nehri üstüne.

Nehir üzerine taş köprüler kurmak Avarların yapacağı iş değildi. Bunun için mühendisler ve mimarlar gerekliydi. Kendilerinin geldikleri topraklar, çöller ve dağlardan

86

oluşmaktadır. Orada azgın ve geniş nehirler olmadığından bu zanaatı öğrenmemişlerdi. Önce Bizans'tan bir saray ve hamam yapımı için bir ekip istediler. Gelecek olanlar para karşılığı çalıştığından gelmeleri olağanüstü bir davranış değildi. Gelen mühendisleri, Bayan Kağan aslında köprü yapmak için çağırdığını anlattığında mimar ve mühendisler bunun mümkün olmadığını söylediler. Bunun üzerine o kılıcını çekerek ölümle tehdit etti. Yapsalar ölecekler, yapmasalar ölecekler gibi bir seçim arasında kalınca iki köprüyü inşa etmeye ikna oldular. Köprü olmadığı için Kağanın orduları nehirleri ancak kış aylarında donduğunda geçebiliyorlardı. Bizans, köprülerden haberdar olunca paniğe kapılıp elçiler gönderip sebebini sordu. Avarlar gönderdikleri cevapta Slavlara karşı sefere çıkaçaklar cevabını verdiler ve kılıçları üzerine ant içtiler. Bizans kaynaklarında Avarlar ve Hunların neden hamam yapımı için yardım istedikleri sorusunun cevabı böylece anlaşılmış oluyor. Hamam kurmak için kimsenin yardıma ihtiyacı yoktu fakat büyük yapılar için var. Ustalar işe başlayıp taş ve ahşaptan oluşan iki büyük, geniş ve sağlam köprü kurdular. Avarlar, Busas isimli bir başka ustayı iş vermek için çağırıp onu da rehin alarak kuşatma silahları kurmayı öğreniyorlar. Köprüler bitince Avar Kağanı, yeni Bizans Kayseri Tiberius'a elçiler göndererek Sirmium şehrinin kendilerine verilmesini talep etmesine rağmen kabul etmediler. Bunun üzerine iki ülke arasında savaş başlasa da Bizans asker gönderemedi. Karadeniz boylarındaki Türkler, Bizans'a bağlı Kırım'ı kuşatmışlardı. Bizans o sıralarda Ortadoğu'ya büyük bir ordu göndermişti.

Bu sırada Bizans'tan gelen mimar karısının başka birine kaçtığını haber alarak Avarların yanına daimî şekilde yerleşmiş ve daha önemli işlere yardım etmiştir.

Avar Kağanı yalnız köprüler kurmakla kalmamış müttefiki İtalyanlardan yardım alarak yüzlerce nehir gemisi inşa ettirmiştir. Birkaç yüz kilometrelik nehir boyunca gemiler askerlerini taşımıştır. Sefer boyunca bazı gemilerin batması üzerine yüzmeyi bilmeyen kimi askerleri Tuna'nın sularına karışmıştır. Süvari birlikleri kara yoluyla gidiyordu. Avar

Kağanı, Bizans Kayserine bir elçi göndererek şehri savaşsız teslim etmesini isteyip nehir ve karayoluyla on binlerce askerin yola çıktığını ve bunu hiçbir gücün durduramayacağını bildirdi. Avar Kağanı, Bizans'ın Perslerle savaşı bitince kendilerine bütün gücüyle saldıracağını bildiğinden onlara bu fırsatı vermeden harekete geçmişti. Bizans bu şehri elinde tutmak için her yıl Avarlara haraç, altın ve değerli ipek kumaşlar gönderiyordu fakat burası bununla yetinilmeyecek kadar stratejik bir önem taşıyordu. Su yollarının kesiştiği bir noktadaydı. Burası Balkanların anahtarıydı. Bizans Kayseri, bir kızını Avarlara verir yine de bu şehri savaşsız vermezdi. Avarlar ise bu şehri ellerine geçirerek hem sınır güvenliklerini sağlamlaştırmak hem de önlerindeki topraklara giden yolu açmak istiyorlardı. Bizans bunun farkında olduğu için onlara burayı vermek istemiyordu.

Avarlar yeni sahip oldukları gemilerle nehir ve kara yollarını kapatıp Bizans'ın buraya bağlantısını kopardı. Bizans baskı altına olduğunu biliyordu ancak Adriyatik üzerinden yardım gönderebilirdi. Bunun üzerine Bizans, Kırım'ı kuşatan Türkler ve Avarların müttefiki Langobard ve diğer kavimlerden yardım istese de kimse gelmedi. Fakat 567 yılında şehrin surları tekrar güçlendirilmiş, yeterli gıda maddesi depolanmış şehir, bir türlü ele geçirilemedi. Kuşatma, 3 yıl sürdü. Şehirde gıda maddeleri azalmaya başlayınca ne kadar hayvan varsa kesip yemeye başladılar. Bunların arasında atlar ve kediler bile vardı. Geçtiğimiz yüz yılda tespit edilen bir duvar yazısında şöyle yazıyordu: "Tanrı İsa, şehrimize yardım et, Avarları geri çevir. Romalıları ve bunları yazanı koru.".

Şehir savunması çökmeye başlarken Bizansların ülkesinde Slav akınları hız kazanarak devam ediyordu. Geçtikleri yerleri yağmalayıp arabalara doldurup gidiyorlardı. Hepsi piyadeydi ve atları yoktu ancak atların koşulduğu arabaları vardı. Geceleri ormanlık alanlarda, sazlıklar ve dar vadilerde saklanıp gündüz ortaya çıkıyorlardı.

Bizans-Pers savaşları on yıldır devam ederken Avrupa'nın orta kısmı kargaşaya düşmüştü. Sonunda Bizans şehri teslim etti. Avarlar şehri teslim almakla kalmadı. Yıllık 80 bin soldi haraç devam ederken birikmiş borçlar da ödenecekti. Şehir teslim edilirken bir anlaşma yapıldı: göçüp gitmek isteyen herkes göçebilir, kalmak isteyenler kalabilirdi. Kimseye adaletsiz davranılmayacak ve zulmedilmeyecekti. Bayan Kağan, bir talepte daha bulundu: bir şaman, eşlerinden birini baştan çıkararak kaçıp Bizans'a sığınmıştı. Onun yakalanıp ve geri gönderilmesini talep ediyordu.

Avarlar şehrin kapıları açılıp içeri girdiklerinde kimseye zarar vermediler. Askerlerin karşısına sur duvarlarının arasında aç kalmış bir halk çıktı. Onlara yiyecek dağıtmalarına rağmen birçok insan yine ölüyor. Avarlar halka bol miktarda değişik gıda ve şarap dağıttı. Uzun süre aç kalanlar, o kadar çok yedi ki bir kısmının karnı patlamış ve ölmüşlerdir. Bu şehri aldıktan sonra Avarların kontrol ettiği bölge, Belgrad önlerine kadar genişlemiştir. Fakat şehirde bir yıl sonra çıkan yangında bütün şehir yanıp kül olmuştur. Bu sırada Bizans Kayseri ve Avar Kağanı artık yaşlanmıştır. Kayser şehir düştükten birkaç ay sonra ölmüştür. Bayan Kağan arkasında dev topraklar bırakmış ve akıllı oğullar yetiştirmişti. O da çok yaşlanmış ve bir müddet sonra ölmüş veya çekilmiştir. Onun yerine geçen oğlu daha savaşçı ve atılgan olacaktı. Yeni Bizans Kayseri, Mauricius barışçıl komşuluk hakkında iyi niyetli değildi, o da tahta çıkınca güç gösterilerine başlıyor.

584 Yılı Semboller Savaşı

Bizans Kayseri, Tiberius ölmeden önce arkasından gelen yeni Kayser Mauricius'a Avarlarla yaptığı anlaşma gereği yıllık 80 bin altın soldi ödeme şartı bırakmıştı. Bu altın para değil değerinde gümüş ve renkli kumaşlar verecekti. Bu aşağılayıcı anlam yeni Kayser ve danışmanlarının hoşuna gitmiyordu. Kendi aralarında Romalıların olimpiyat ruhunu tatmaları gerektiğini düşünüyordu.

Avarların başında da yeni bir Kağan vardı. Avarlara gönderilen Bizans elçisi döndüğünde çok efendi ve onu iyi karşılayan yeni bir Kağan ile görüştüğünü bildirmiştir. Yeni

Kağan güç gösterisi yapmak için şartlarını sıralamaya başladı. Savaşsız geçen iki yıl sonra Avar Kağanı İstanbul'a çok büyük ve garip hayvanlar getirildiğini duymuştu. Kağan o hayvanlardan birini istiyordu. Gerçekten de Bizans o fillerden bir tane Macaristan ovasına gönderdi. O dönem diplomatlar arasında yapılan pazarlıklarda, hediyeler gönderilmesi süre gelen bir gelenekti. Hint filleri, Bizans'ın eline Perslerle yaptığı savaşta düşmüştü. Kağan, fili kendi sarayının önünde görünce beğenmediğini belirtip geri gönderdi. Bu hediyenin yerine kenarları altın kaplı, taşlarla ve motiflerle süslü bir kral yatağı istedi. Bizans Kayseri görülmemiş güzellikte bir yatak yaptırdı. Kenarları altın kaplı, desenli, üstünde pırlantalar, değerli taşlar olan yatak Karpten havzasına yola çıktı. Kağan sarayında yatağı inceledikten sonra beğenmediğini belirtip onu getirenlerle geri gönderdi. Aynı zamanda yıllık haracı 80 bin altın soldiden 100 bine soldi çıkardı. Bugünün okuyucuları onun tehditkâr, gözü aç, görgüsüz olduğunu düşünebilirler fakat o dönem öyle değildi. Kağan kendi adamlarına ve komutanlarına Bizans'ın kendisinden güçsüz olduğunu, istediği gibi onunla oynayabileceğini kanıtlamış oluyordu. Bizans onun her isteğine boyun eğmek zorunda kalarak görüldükleri gibi güçlü olmadıklarını açığa vuruyordu. Kağan, Bizans'ın kendilerine karşı savaşacak durumda olmadığını iyi biliyor ve yeni topraklar ele geçirmek için savaş bahaneleri arıyordu. Kağan'ın aklında çevresi güçlü surlarla çevrili, canlı bir ticaret merkezi olan Belgrad şehrini fethetmek vardı. Bu şehrin halkı o zaman bugünkü gibi Slav değildi, burası bir Bizans şehriydi. Bu yılın yaz ayında Avar Kağanı, babasının köprüleri sayesinde kısa sürede şehir surlarından içeri girip Belgrad şehrini hiçbir karşılık görmeden ele geçiriyor. İddiaya göre halk, surların dışında tarlalarda çalışıyordu. Avarlar çok hızlı bir şekilde surlara yakın bir yerde karargâh kurup beklediler ve kapılar açılınca hızla hücum edip şehre girdiler. Şehrin surlarının içinde karşılık veren muhafızların hepsini kılıçtan geçirip halka dokunmuyorlar.

Avarların hızı durdurulamıyordu. Aynı yıl Bizans'ın iki şehri; Viminacium/Kostolac ve Augusta'yı daha ele geçirdiler.

Buraya kendilerinden yöneticiler ve muhafızlar koyup vergilerini bundan sonra Avarlara vereceklerini ve huzur içinde yaşayacaklarını anlattılar. Ele geçirdikleri Belgrad için aynı uygulama söz konusudur. Bu şehirleri daha önce Atilla fethetmişti fakat onun ölümünden sonra kurduğu büyük imparatorluk dağılmış, Bizans bu kentleri tekrar eline geçirdikten sonra kentlerin savunması için yüksek surlar ve sağlam şehir kapıları kurdurmuştu. Bu şehirlere yakın Bononia/Vidin ve Ratiaria/Arcer isimli iki kenti daha alabilecekken onları almadan yoluna devam etti çünkü kış yaklaşıyordu ve onun bu şehirlere ayıracak vakti yoktu. Buradan ordusunu Trakya bölgesindeki Anchialos/Anhialo isimli bir limana sürüyor. Bu şehrin çok güçlü surları vardı, kuşatmayı göze alamadılar. Trakya bölgesini boydan boya inceleyip Bizans sarayının adamlarının geldiği kaplıcalarda yıkanıp dinlendiler. Önce Kağan ve eşi kaplıcalara giriyordu. Onlardan sonra sırayla komutanları ve askerleri. Kağan savaşa gidince Katunu onunla geliyordu.

Trakya bölgesinde Kayserin ve eşinin yıkandığı hamamlarda Avarların yıkanması, Konstantinapolis'te büyük korkuya yol açtı. Ne kadar eli silah tutan insan varsa hepsini silahlandırıp surların başına diktiler. Bunlar arasında din adamları bile bulunuyordu. Çok kalabalık gözükmek istiyorlardı. Bizans İstanbul'u savunmakla meşgulken Slavlar, Bizans topraklarına saldırıp yağmalamaya başladı. Kiliselere girip ne bulsalar götürüyorlardı. Bazı kiliselerin içinde gece kalıyorlar. Slavlar, o zaman henüz Hıristiyan değillerdi. Avarlar, Slav yağmalarını kendi topraklarında durdurmayı başarmış fakat Bizans çaresiz hiçbir şey yapamıyordu.

Din adamı ve tarihçi Johannes von Ephesos, 80 yaşına geldiği halde günlük notlar yazmaya devam ediyordu. O, kendi gördüklerini değil İstanbul'dan gelen haberleri yazmıştır. Onun yazdıklarına göre Bizans, bugünkü Ukrayna topraklarında yaşayan Anten kavmine para vererek onları kışkırtmış ve Slavların üstüne salmıştır. Bundan dolayı Slavlar, Bizans'ın hâkim olduğu veya Orta Avrupa'yı ele geçiren

Avarların topraklarına yağma akınları düzenliyorlardı. Büyük bir hırs, kin ve nefretle geçtikleri yollarda önlerine gelen köyleri kasabaları ve yakıp yıkarak ilerliyorlardı. Bizans'ın Anten denen kavimle müttefik olduğu dönemin tarihçileri tarafından kayıtlara geçmiştir. Bizans, Antenleri 600 yılında Avarların hâkim olduğu topraklara yağma ve talan için gönderdi. Bizans'ın planı şöyleydi: Avarlar, Antenlere karşı sefere çıktığında kendi topraklarını koruyan asker sayısı azalacak ve rahatça Avarların ülkesine girip ele geçireceklerdi. Avarlar bu oyunun farkındaydı çünkü Bizans, Antenleri 572 yılında Slavlara karşı kışkırtıp göndermişti. 582 yılında, Bizans, Avarlara elçiler göndererek barış anlaşmaları yaptı ve haraç miktarındaki artışı da kabul ettiler. Savaşlar gelecek üç yıl, 585 yılında kadar duracaktı fakat aralarında yine savaş başladı. Avarlar Türkistan'la bağlarını koparmamıştı. Onlar hakkında kaçtılar, köleydiler, çölden getirildiler iddialarının yalan olduğu 584 yılında tekrar ortaya çıktı.

Avar kağanı, Trakya'dan ayrılmadan ona bir haber gönderildi: üç kardeşin komutası altında 30 bin İskit savaşçısı Bizans'a yardıma gelecekti. Avarlar, bu haber üzerine önceden ele geçirdikleri Sirmium şehrine çekilip güvenliğe aldılar. Eski kaynaklarda İskitler için parantez içinde Türk yazılmıştır. Avarların geri çekilme sebebi Bizans'a yardıma gelen Türkler değil kış vaktinin yaklaşmış olmasıydı. Avar kağanı, İskitlere sekiz Kentenaria altın gönderip onları geri çevirdi. Bizans bu arada Karadeniz boylarındaki Türk hanlıkları ile tekrar iyi ilişkiler kurmuştu ve onları Avarlara karşı kullanmak istiyordu. Kırım'ın o dönem kimin eline geçtiği elimizdeki kaynakta belli değil.

Bizans kaynaklarında Avarlara karşı yola çıkan 30 bin İskit savaşçıdan 10 bininin gelip onlarla katıldığı geçmektedir. Bu Türk boylarının isimleri o dönem şöyle yazılmıştır: Tarniach, Kotzagir, ve Zabedar. Fakat aynı kaynak yine bunlardan Kotzagir'in Kutrigurlar olduğunu yazmıştır. Birinin açıklaması yoktur fakat 30 bin İskit ve parantez içinde Türk yazdıklarına göre hepsi Türk'tür. Avarlara karşı savaşa gelen 30 bin askerin başında üç kardeş var. Onar bin kişilik orduları bu üç kardeş yönetiyordu. Birisi Kuzey Kafkasya Bulgarlarıdır. Diğeri büyük ihtimal İdil-Ural Bulgarlarıdır. Diğer 20 bin asker Avarlarla savaşmayıp tekrar geri dönmüştür. Bu isimlerin anlaşılması için tekrar açıklamalar karşınıza çıkacak.

585, Avar Değil Hunlar

Avar Kağanının evine dönmesi, onlar için nefes almak demek olsa da Bizans için savaşlar bitmemişti. Onların başında şimdi bir zamanlar kendilerinin sebep olduğu Slav yağmaları vardı. Bizans, Slavların durup dinlemeden topraklarına büyük guruplar halinde saldırıp yağmalamasını Avar Kağanına bağlıyorlar. Onlara göre Kağan, Slavları kışkırtıyordu ve onların topraklarına gönderiyordu. Oysa 582 yılı anlaşmasından bir yıl önce Bizans topraklarında Slav yağmaları başlamıştı. Din adamı ve tarihçi Johannes von Ephesos günlük notlarını yazmaya devam ediyordu. Eski Suriye takvimine göre 895 yılında (583/584) söyle yazmıştır. "Slavlar, Roma ordusundan korkmadan yağmalayıp öldürüp yakarak zengin oldular. Onların şimdi altın ve gümüşleri var. Birdenbire at sürüleri ve silah sahibi oldular. Onlar savaş nedir bilmiyordu. Şimdi savaşmayı öğrendiler. Romalılardan daha iyi savaşıyorlar.". Slav saldırıları toplam 4 yıl sürdü. Onların çoğu yerleşecek bereketli topraklar aramak için yola çıkmamış, zenginlik ve para peşinde koşan yoksul köylülerdi. Tarihçiler Slavların o dönem az bile olsa Orta Avrupa'da kalıp kalmadığına emin değillerdi. Bazıları kaldığını iddia ederken, bazıları da hepsi geri döndü ve 250 yıl sonra göçler tekrar başladı diyor.

Bir Bizans yazar ve tarihçisinin o dönem yazdığı bilgiler Avarlarla ilgili bütün iddialara açıklık getirmektedir. İsmi Theophyalakts olan bu kişi Avar sarayında yaşanan bir skandalı anlatır: Bookolabras isimli bir büyük Şaman ölen eski Kağanın çok sayıdaki eşlerinden birinin güvenini kazandıktan sonra güya onu baştan çıkarmıştır. Olayın duyulması üzerinde bu bir devlet meselesi haline geldi. Şamanın canını kurtarmak için kaçması gerekiyordu fakat uzak yolları tek başına gidemezdi. O, 7 Gepid ile kendini doğuya bugün adına Türkistan dediğimiz, Avarların geldiği topraklara götürmesi için anlaşır. Şöyle demiştir: "Beni Hunların arasına, Pers topraklarına yakın geldiğim yere bazılarının Türk dedikleri eski halkımın içine geri dönerken koruyacaklardı.". Bu bilgileri okumak sizi şaşırtmış olsa bile Bizans o zaman İskitler ve Göktürklere Türk diyordu. Şamanın anlattıklarına göre Avarlara batılılar bu isimle birlikte ayrıca Varchoniten demiştir. Bunlar Hunların bir alt koludur. Türk kaynakları Avarlara zaten Hunları bir kolu Apar demektedir. Şaman burada açıkça kendilerine Türk ve Hun diyerek geldiği yerin Pers sınırına yakın olduğunu söylemiştir.

Dönemin Don Juan'ı olan Şaman, Don Nehrini geçip yanındaki 7 Almanla Bizans topraklarına geçince Libidinon isimli bir yerde Bizans askerleri tarafından yakalandı. O, kim olduğunu ve sihirli güçlere sahip olduğunu anlatıyor. Askerler onun sihirli gücüne inanarak korkup inandılar ve onu Konstantinapol şehrine gönderdiler. Bu olaylar 582 yılı Sirmium, kuşatması yaşlı Kağan döneminde yaşanmıştır fakat olaylar yeni gün ışığına çıktı. O dönem kağan kaçan şamanın yakalanmasını ve teslim edilmesini istedi fakat büyük topraklarda onu bulmak zordur. Yaşlı Kağan için mesele kıskançlık değil onun zedelenen gururu ve itibarıdır. Bizans 582 yılında şamanı yakalayınca şehre getirip bırakmıyor. Ellerine kullanabilecekleri bir koz geçmiştir. Fakat olaylar anlatıldığının tersi olmuş. 585 yılının ilk baharında iki ülke arasında barış anlaşması olduktan sonra Şaman, Bizans Kralının huzuruna çıkıp olayları anlattı. Aslında Avar kağanın sarayında böyle bir ihanet olmamıştı. Bizans aldatmak için bir oyun kurmuştur. Avarlar, Bizans'ı başka işlerle meşgul ederken sürekli yeni savaşlara hazırlık yapmıştır. Şamanın bu cesareti ve aklı, Bizans Kayserini çok etkiliyor ve ona dokunmazlar. Peki nasıl bir oyun kuruyor Avarların akıllı Kağanı?

Şaman Bizans'ın eline düştükten 7 gün sonra, ki zaten belki de en baştan yakalanmak için böyle bir plan yapmıştı, Bizans askerleri, onu ganimet gibi İstanbul'a gönderiyorlar. Bizans onu Türkistan topraklarına göndermeyip Avarlara karşı kullanmak için elinde tuttu. O şunları anlatıyordu: "Avar kağanın gönderdiği Targitios, 100 bin soldi haracı almak için gelirken Kağan yeni savaş planları yapıyordu. Kayser Mairkios iki hata yaptı. Siz hiddetlenip Targitios'u İstanbul önündeki adalarda bir zindana attırınca Avar Kağanına gönderdiği elçi Komentiolos'un da aynı şekilde muamele göreceğini sanmıştı. Fakat ona kötü davranmadıkları gibi Avar elçisi, 6 ay zindanda kalıp döndükten sonra sizin elçiyi geri gönderdi. Burada Bizans kendi kanunlarını hiçe sayarak bir elçiyi hapse attırmıştı. İkincisi bilerek Avarlara bu şekilde savaş açmış oldunuz.".

585 yılının yaz aylarında barış anlaşmalarına rağmen Avarlar, Bizans şehirlerine akınlar düzenlediler. Bizans'ın çelik kapılarla kapalı şehirleri, Avarlar kısa sürede almaya başladı. Bunlar arasında Akys/Prahovo, Bononia/Vidin, Ratiaria/Arcer bunlar gibi çok sayıda şehir Trakya bölgesine kadar Bizans'tan Avarların eline geçiyor. Bir Bizans tarihçisi Theophylact bu şehirlerin İskitler tarafından çok kolay fethedildiğini yazmıştır. Justinian'ın yüz yılın eserleri dediği kaleler bir işe yaramadan ellerinden çıkmıştır.

586 Yılı Trakya Savaşları

586 yılında gelindiğinde Avarların sonbahar 585 yılında gösterdiği başarılar, gelecekte olacakların habercisiydi. Bizans Kayseri Maurikos Slavları durduran ve yenen komutan Komentiolos'u genelkurmay başkanı yaptı. Diğer bir komutanları Philippikos hala Perslerle savaşmaktadır. Yeni genel kurmay başkanı Avarlara karşı 10 bin kişilik bir ordu toplamayı başardı. Bunlardan 4000 kişi savaşacak durumda değildi, onların cephe dışında beklemeleri gerekiyordu. Avarlar kışı Bizans topraklarında geçirdi fakat nerede oldukları belli değildi. Karadeniz sahillerinde oldukları tahmin ediliyor. Yaz başlayınca şehirleri kuşatıp bazılarını aldılar, bazılarının güçlü surlarını görünce bırakıp diğer şehirlere gittiler. Avarlar, Edirne şehrini de kuşattı. Surları o kadar güçlüydü ki ağır mancınıklara rağmen kendileri kuşatmayı kaldırdılar. Bizans orduları onların karşısına çıkmak yerine gece baskınları düzenleyip ağır hasar vermeye çalışıyor fakat başarılı olamıyorlar. Karşılaştıkları bir cephede 500 Bizans askerini öldürülüyor. Geri çekilen ordularla

Bizans halkı alay etmeye başladı. Avarlar aynı yıl 586 yılında Bizans topraklarından kovulan Slavları geri çağırıp onlarla müttefik oldular. Onlara Selanik kuşatmasını başlatıp ikinci bir cephe açtılar. Şehirde veba başlamıştı bu yüzden şehrin çabuk düşeceğini tahmin ediyorlardı. Kağan kendi çekik gözlü ordusunu oraya göndermedi. Kuşatma sonrası yazılan bilgilerde hiçbir çekik gözlü askerden söz edilmiyor, bir savunma birliği aç kalan Slav saldırganlardan söz ediyordu. Slavlar, Avarlar gibi savaşmayı, ok atmayı, zırhlı elbiseler giymeyi bilmiyordu. Slavlar ganimet için Bizans topraklarına giriyorlardı. Atları yoktu, olsa bile çok azdı. Ellerindeki mızrak ve kalkanla savaşıyorlar. Kıyafetleri çok kötüydü, geniş bir pantolon giyiyorlar, üstlerinde çoğu kez gömleğe benzer bir bez parçası vardı. Selanik'i kuşatan binlerce Slav'ın birkaç gün sonra yeterli yiyecekleri olmadığı için aç kalmaya ne bulsalar yemeye başlıyorlar. İlk acemi Avar ustaların kurdukları kale kuşatma silahları Slavlar için işe yaramıyor. Bizans askerleri surlardan attıkları ateşli oklarla hepsini ateşe verdiler. Aç kalan acemi askerler aslında yağmacılardı. Yeni topraklar kazanıp kalmaya değil, gelir elde etmeye gelmişlerdi. Aç kalmaları üzerine tekrar geri çekildiler. Bizans'ın din adamları, bunu kutsal ilan ettikleri Tanrının keramet sahibi adamlarına bağladı. Onlar kendilerini bu dar günde kurtarmıştı. Slavların düşmanı Anten kavmi aslında Slavlarla aynı dili veya farklı bir lehçeyi konuşuyordu. Onlar biraz daha gelişmiş, siyaseti öğrenmişlerdir. İkisinin de asıl vatanları, Ukrayna'daki Dinyeper Nehri kıyılarıdır.

Maurikos'un Balkan Savaşları 592-602

Bu dönemde Bizans ve Avarlar arasında yeni savaşlar başlamıştı. Bizans onları kılıçla değil altınla durdurmaya çalışıyor ve bazen başarılı oluyordu. 591-592 yılları arasında Bizans'ın Perslerle savaşı bitmiş Kayser yüzünü batıya Avarlara çevirmişti. Bizans tarihçisi Teofilakt, o dönem yaşananları cephelerden gelen mektup ve belgelere dayanarak sekiz ciltlik Bizans'ın Pers ve Avarlarla olan savaşlarının tarihini yazmıştır. Elimizdeki bilgilerin büyük kısmı ondan alınmadır. O, çoğu yerde elindeki belgelerin eksikliğinden ötürü bilgi ve yerleri birbirine karıştırmıştır. Buna rağmen yine o dönemin birçok olayını çözebiliyoruz. Bu yıllar arasında yapılan savaşların kaderini tesadüfler belirliyor. Maurikos döneminde yapılan büyük bir savaş ve zafer yoktu. Küçük çatışmalar geri çekilen Bizans orduları ve halkın bu olaylara şaşırıp alay etmesi daha çok öne çıkıyor. Onun kitaplarında Barbar Avarlar daha insani davranıp savaşırken Hristiyan Bizans Kayseri ve generalleri çok daha gaddar ve acımazsızdır. Hangi çatışmaların nerede olduğu anlaşılmıyor çünkü eline gelen belgelerde yeterli bilgiler yerine daha çok gelişen olaylar yazmaktaydı. Onun kitaplarında Kayser Maurikos'un 602 yılında tahtan indirildiği tartışmasızdır. Onun bilgilerine göre Perslerle barış antlaşması 591/592 yılları arasında meydana geldikten sonra Kayser Avarlara karşı geri çağırdığı ordularla savaş başlattı. Bu savaşları 600 yılında kadar yayılmış ve en çok çatışmalar o yıl yapılmıştı. Perslerle savaşa başlamaları, Balkanların savunmasız kalması ve Avarların bir kısmını ele geçirmesi Bizanslılar arasında tartışmalar yaratmıştı. Bizans'a gelen haberlere göre Avarlar, Trakya bölgesine tekrar yola çıkmış, onların önemli bir liman şehri Anchilos'a doğru geliyorlardı. Burası Atina ile Selanik arasında Ege Denizi'nde bir yerdi. Bunun üzerine Kayser Maurikios'un kendisi ordunun başına yola çıkmaya karar verdi. Danışmanları onu ne kadar vazgeçirmeye çalışsa da dinlemedi. O, güç gösterisi istiyordu: Kayser ordularının başında.

Kayser yola çıktıktan sonra garip bir şey oldu. Hebdomon ilindeyken aniden güneş tutuldu ve her yer karardı. Bunun kötü bir işaret olduğunu düşünüp geri dönerek saraya gelen Pers elçilerini kabul etti. Bir müddet sonra hazırlanıp tekrar yola çıktı. Bu sefer daha garip bir olay oluyor. Hz. İsa'nın gerildiği çarmıhın bir parçası Bizans'ın elindedir. En önde bu ağaç parçasını, bir uzun mızrağa takıp taşıyorlardı. Bu ağaç parçasının onları koruyacağına inanılıyordu. Yolda büyük bir yaban domuzu gelip onun atına saldırdı. Kayser atından düşecek gibi oluyor ve karayolundan vazgeçip gemilere biniyorlar. Gemide yol aldıktan kısa bir süre sonra büyük bir fırtına başlıyor ve batma korkusundan panik başlıyor. Gemiler tekrar karaya yanaşıp ona hiç görmediği bir çocuk getirdiler. Limanda bir kadın dünyaya getirmişti. Bu çocuğun balık gibi kuyruğu vardı ve gözleri yoktu. Kayser yanlış istikamete gitmişken Avarlar onun beklemediği bir yerde ortaya çıktı. Eski ismi Herakleia olan Marmara Ereğli'ye giriyorlar. Burada Bizans'ın görkemli bir kilisesi yanıyor. Fakat bu kilise şimdi mi ateşe verilmişti yoksa 586 yılı savaşlarında mı belli değildir? Bizans Kayseri atına binip yoluna devam ederken atı yolda yıkılıyor. Bunun sebebi zaten ağır zırhlı atın, yine görkemli bir zırh giyen binicisini taşımakta zorlanıp çatlamasıdır. Kayser bataklıkları geçip hedefine koyduğu Anchialos limanına ulaşıyor. Ortada beklediği Avarlar yok fakat sarayına yeni elçiler gelmiştir. Bir Pers ondan iki gün sonra iki Alman elçisi onu bekliyordu.

Bizans Kayseri ilk önce Frenklerin iki elçisiyle iyi görüşmeleri olmuştu. Bizans'ın Almanlarla ilişkileri sorunsuzdu. Yıllarca Bizans Almanlara elçiler göndermişti. Bu görüşmelerin beşi biliniyor. Bizans, Avarların müttefiki Langobardlara savaş açmak için Almanların yardımını istedi. Frenkler, Avarlara karşı savaşmaya hazır olduklarını kralları II. Childebert kendilerini bu yüzden para talep etmeye gönderdiğini belirttiler. Bizans Kralı Almanların para almadan bile Avarlarla savaşabileceğini söylüyordu. 596 yılında, Avarlar kaybettikleri Singidunum şehrini geri almaya uğraşırken bir Alman Kralı olan II. Childebert araya girip Bizans'a yardıma geldi. Avarlar, Alman ordularını kuşatıp bir kısmını kılıçtan geçirip diğer kısmını ise fidye karşılığı serbest bıraktılar. Bu savaştan sonra Avar orduları, bugün Thüringen bölgesi olarak bilinen Almanya'nın ortalarına kadar akınlar düzenlediler. Bayern Kraliçesi Brunhilda, onlara para karşılığı geri çekilmeyi kabul ettirdi. Bu akınlar sonrası Avarlar, gelecek 15 yıl boyunca Almanya'ya yeni seferler düzenlemediler.

Alman Krallıklarından yalnız Frenkler Avarlarla savaşmaya hazır değildi, aynı zamanda bir Alman Krallığı daha var. Diğeri Bayern Kralı Dux Tassilo'dur. Onun Slavlarla sorunu vardı ve Avarlar onları koruyordu. Slavlar bugünkü Hırvatistan,

Slovenya bölgesinde Kärntner denen bölgeyi yağmalamaya başlamışlardı.

Avar Baskınları

Bizans Avar baskınlarını beklerken onlar, akıllı davranıp kendi ordularını harcamayarak Slavları, Bizans illerine gönderdiler. Kağanın amacı Bizans'a rahat nefes aldırmamaktı. Bu arada Bizans boş durmamış, Kayser, Anadolu orduları başında duran Priskos isimli bir generali, Avrupa orduları başkomutanı yapmıştı. O, Anadolu'da daha fazla para isteyen kendi ordularını bile dağıtmayı başarmış başarılı bir komutandı. Avar Kağanı kendi hızlı atlı ordularını sefere gönderdi. Onlar o kadar hızlı yol alıyor ki 5 gün içinde 300 kilometre uzaklıktaki bugünkü Bulgaristan'da bulunan Bononia/Vidin bölgesine geldi. Avarlar önceden Bizans'ın 1000 kişilik atlı ve sayısı bilinmeyen birlikler hazırladığı haberini almıştı. Avarların Balkan illerine inen yollarını keseceklerdi. Kağanın ordusunda 8000 atlı asker vardı. Başlarında bir Türk ismi taşıyan komutan Samur (Eski erkek ismidir. Azerbaycan'da bu isimde bir nehir bulunmaktadır) bulunuyordu. Dağlık bölgede, Avarlar ilerlemeyip arkadan yardım kuvvetlerini beklediler. Kağan yardım kuvvetleriyle yola çıkınca Bizans, toplam 4 gün bekledikten sonra savunmadan geri çekildi. 5 gün içinde Avar birlikleri Drizipera Lüneburgaz, kasabasına iniyor. Avarlar, kısa sürede kaleyi yıkmak için mancınıklar kurdu. Bunu gören şehrin yöneticileri, kapıları açarak yıkımdan kurtulmak istiyorlar. O sırada uzaktan, sayısı çok yüksek Bizans birlikleri göründü. Avarlar burada savaşa girmek yerine Marmara Ereğli'ye doğru yola çıktılar. Bizanslı komutan Priskus onları korkutup yendiğini düşünürken Avarların başka planları vardı ve bu sürprizi Bizans'a yaşatacaklardı. Avarlar Bizansları uzaktan takip edip tuzak kurmanın yollarını arıyorlardı. Aradan 4 gün geçtikten sonra ellerine ilk fırsat geçti. Gece, Çorlu civarında yaptıkları bir baskınla Bizans ordusuna ağır bir darbe indirip sayıları belli olmayan askerlerini öldürüp bütün atlarına el koyuyorlar.

Haber kısa sürede İstanbul'a yetişti. Kayser General Priskos'a acele haber gönderip "Onlarla anlaşın. Karşılığında para verin. Ben gemilerle nehir yoluyla Avarlara karşı yeni askerler gönderiyorum. Onları ve ailelerini yok edeceğiz.". Mektupta Avarlarla edilen küfürleri, Mısırlı tarihçi şöyle yazmıştır: "alçak ve lanetlikler.". Bizans'ın sağ kalan atlı askeri yaya yollara düşerken birkaç yıl iki ülke arasında büyük savaşlar olmadı sadece küçük bazı çatışmalar vardı. Buna bakılırsa aralarında yeni bir barış anlaşması yapılmıştır. Avarlar, Bizans topraklarından çekilince onlar, kendi topraklarına giren Slavlarla uğraşmaya devam etti.

Bizans'ın Tuna Slavlarına Karşı Çalı Savaşları

Avar savaşlarının durmasıyla nefes almaya başlayan Bizans Kayseri Maurikos nerden ne zaman çıkacakları belli olmayan ve Tuna'nın karşı kıyılarına karargâh kuran Slavları yok etmek için harekete geçti. Kayser ordularına şöyle bir emir verdi: "Trakya ancak Tuna boyları güvenlik altına alınabilirse güvenliktedir. Bunu sağlamak için Slavlara asla rahat vermeden savaşıp sınırlarımızdan uzak tutmalıyız.". Slavlar daha basit silahlarla savaşmaya başlamışken şimdi ok atmasını öğrenmeye başlıyorlardı. Bu arada Avarlar silahlarını özellikle kale kuşatma gereçlerini çok geliştirmişlerdi. Bizans'ın birçok önemli şehri onların eline geçmişti. Bizans'ın hedefi bellidir: Slavları kökünden koparmak ve böylece Kağanın bir müttefikini elinden almak. 4. yüzyıldan beri Bizans Don denen Tuna nehrinin karşı kıyılarına geçmemişti. Şimdi yeni bir cephe açılıyordu. Sınırın karşı tarafında Slavları yöneten Ardagast adlı bir kralları vardı. 593 yılında Bizans komutanı Priskos piyade askerlerin komutanı Gento ile 20 günlük bir yürüyüşe çıktılar. Düşmanın olduğu topraklar bu uzaklıktaydı. Avarlar, Bizans'ın hareketlerini izliyor ve onların nehri geçecekleri Duro storum adlı yerde elçileri gelip Bizans ordularını bekliyordu. Karşı karşıya geldiklerinde pazarlığa girip onları sorguya çektiler.

Avar elçilerinin başında asıl mesleği aşçı olan çok akıllı ve bilgin biri bulunuyordu. Adı kaynaklarda geçmemektedir. Avar elçisi, Bizans askerlerinin barış antlaşmasını bozduğunu ve Avar topraklarına girdiğini söylüyordu. Avar elçisi şöyle devam etti: "Slav barbarlarına kötülüğü siz öğrettiniz. Biz asla yaptığımız anlaşmaları bozmayız. Yalancılığın ustaları olarak ilk defa sizlere tanıştık.". Bu sözler üzerine onları dinleyen Bizans askerleri şaşkınlık içinde kaldılar. Priskos soğukkanlılığını bozmadan kağanın elçisi ile tartışmaya başladı: "Sizinle yaptığımız anlaşma sizinle savaşların bittiği demektir. Bu sizin sınırlarınızdan geçip Getler'e (Slavlar) karşı koymayacağız demek değildir.". Bu sözler Avar elçisini rahatladı ve onların yollarına devam edebileceklerini söyledi.

Priskos, nehir kıyısında ağaçları kestirip yanında getirdiği marangozlara karşıya geçmek için tekneler yaptırıp kısa sürede karşı kıyılara geçti. Bizans'ın habercileri Slavların kaldığı yer hakkında önceden istihbarat almış fakat Slavlar kimseyi beklemiyorlardı. Gece vakti Slavlar, içmiş sızıp uyurken baskın yaptılar. Slavların lideri, atına atlayıp son hızla kaçmaya başladı. Bizans süvarileri onu takip etti. Atların gidemeyeceği bir yere gelince atından atlayıp yaya koşmaya başlayınca ayağına takılan bir ağaç parçasından dolayı yere düştü. Tam yakalanacakken bir mucize olmuş gibi tekrar kalkıp kaçmaya başladı. Yakın olan küçük bir nehre kendisini atarak suya dalıp gözden kayboldu. O şimdilik kurtulmayı başarırken onun adamlarının şansı yoktu. Yakalananların hepsi kılıçtan geçirilip mızraklarını karınlarına sokup öldürüyorlar. Onların yerleştiği bütün alanları ateşe veriyorlar, ağaçları kesip yaşam alanı bırakmıyorlar. Ele geçirdikleri bütün Slavları, kadın-çocuk demeden köle olarak Konstantinapol şehrine gönderdiler. Sayısı belli olmayan kölenin yanında Bizans askerlerinin eline çok büyük miktara ganimet geçmişti. Slavların yağma ile elde etmiş olduğu bu ganimetler, askerler arasında tartışmaya neden olmuştu. Bu kadar altın, gümüş, değerli taşlar ve kumaşları gören Bizans askerleri, bu ganimeti ellerinden vermek istemiyor. Gösterdiği pek başarısı olmayan General Priskos askere ganimeti dağıtmak yerine Kaysere göndermeye karar verdi. Böylece Kayserin gözüne girmek istiyordu. Onun bu fikri askerler arasında hoşnutsuzluğa ve söylentilere yol açıyordu. Sabah güneşi doğmadan General Priskos komutanlarını çadırına çağırıp onlara ordu yeminini tekrarlattı: "Biz onur ve şeref için savaşıyoruz, ganimet için değil". Bu yemin geçici olarak sakinlik yaratıyor fakat uzun vadede askerlerin savaş moralini yıkmıştı.

Slavların hazinesini başkente göndermek için 300 asker yola çıktı. Yol yaya ve kayıklarla geçtikten sonra 20 gün sürdü. Yolculuğun altıncı gününde Slavlar karşıya geçmiş onları bekleyip saldırıya geçmişti. Askerlerin komutanı Tatimer aslında o Alman asıllıdır, savaş sırasında yaralandığı halde hazineyi İstanbul'a getirmeyi başardı, saldırganlar kaçtı. Kayser hazineye çok sevindi. Halk onları alkışlıyordu. Ayasofya kilisesinde komutana dua okundu. Nehrin karşı tarafında kalan askerler Slavları arayıp yok etmeye devam ediyorlar. Bir bataklık bölgede onların izini bulup çevreyi ateşe verdiler fakat yağmurlar dindirdi. Ele geçirdikleri birkaç Slav işkenceye rağmen diğerlerinin nerede saklandıklarını söylemediler. Bizans'ın şansından ellerine geçen biri konuşmaya başladı. O, Alman asıllı Gepidlerden eski bir Hristiyan'dı. Slavların arasına gidip karışmış ve iyi bir düzen kurmuştu. Slavlar o dönem daha Hristiyan olmamışlardı. Aleksandır isimli bu Alman, Slavların dilini ve Avar dilinde şarkılar söylemesini öğrenmişti. Slav Kralı Musukios, ona güvenerek 150 kürekçi ile kayık teslim etmişti. Kralın kendi, nehir boylarına yaklaşık 165 kilometre uzaklıktadır. O zamanın ölçüsüyle 30 Parasangen denilmiştir. Taraf değiştiren Alman, yeni liderleri için çalışmaya hazır olduğunu bildirdi. Slav Kralı Musukios'a bir tuzak kurup onu yakalayacaklardı. Eğer yardım eder başarı gösterirse büyük mükafat alacaktır.

Priskos yakaladığı Slavları öldürürken, taraf değiştiren Alman Slavların Kralı Musukios'a doğru yola çıkıyor. Ondan kayık ve kayıkçılar istedi ve şöyle bir yalan uydurdu: Komutan Ardagast'ın kaçan adamlarını Paspirion Nehri üzerinden karşıya geçip yakalanacağız.". Alman, Slav Kralının yanından ayrılıp nehir kenarına gidip saklanmış 200 Bizans askerine işaret verdi: durup dururken bir Avar şarkısı söylemeye başladı. Kayıkçıların hepsini öldürüp karşıya geçerek 3000 askeri bu tarafa taşıdılar. Slavların kralının kardeşi ölmüş ve o da çok şarap içmiş ve uykuya dalmıştı. 3000 asker köye girince evlere girip önlerine geleni kılıçtan geçirmişlerdir. Kanlı bir gecede kral dahil bütün köy halkı öldürüldü. Sabaha karşı Bizans askerleri ele geçirdikleri şarabı içip kutlama yaptılar. O arada başka Slavlar haber almıştı ve Bizans askerleri ile hesaplaşmaya geldiler. Piyade birliklerin bir komutanı durumu fark edince alarm verip Bizans askerleri savaş pozisyonu alınca gelenler kaçtılar. General Priskus bundan dolayı nöbetçilerden sorumlu askeri kazığa oturup diğer nöbetçileri kamçılatıyor.

Bizans Kayseri Maurikios, Slav topraklarındaki General Priskos'a haber göndererek kışı orada geçirmesini sular donup ağaçlardan yapraklar dökülünce ortaya çıkan barbarların hepsini yok etmesini emretti. Askerler Kayser gibi düşünmüyordu. Soğuk iklimde, çadırlarda ve sürekli düşman tehlikesi altında ailelerinden uzakta bir kış geçirmek istemiyorlardı. Askerin isyan riskini göze alamayan general, kayserin emrine rağmen geri dönme kararı aldı.

Küçük diplomasi savaşları

Avar Kağanı, gönderdiği elçinin başarısından memnundur. Bizans'ın Slavların ülkesine girmesi onun için aslında umuttu. Belki Bizans ordusu bataklıklara batar diye sabırsızlıkla haber bekliyordu oysa öyle olmadı. 593/594 yıllarında olup bitenleri büyük bir devlet adamı olarak uzaktan izlemişti. Bizans Generali Priskos, Don Nehri'ni geçip dönünce Avar elçilerini onu beklerken buldu, gelecek planları hakkında bilgi istiyorlardı. Priskos'un Avar Kağanına gönderdiği haber onu pek mutlu etmemişti. Kağan iki sorunla karşı karşıya kaldı. Bizans, onun topraklarından geçip Slavlara saldırdıktan sonra tekrar Slavları Bizans'a karşı gönderme imkânı kalmamıştı. Ayrıca Bizans Generalinin onun müttefiklerini yenmesini kalben kabul edemiyordu. Savaş tehlikesi masadayken Avarların Bizans daimî elçileri Targitios ve Logande Kağanı yeni savaşlardan vazgeçirdiler.

Avar Kağanına aslında doktor olan Theodor isimli bir elçi gelip kabul istemişti. Gelen elçi yanında o dönem ve bugün bulunmaz iki hediye getirmişti: ilki, bir tekerlek fakat ne işe yaradığı kaynaklarda belli değil, ikincisi Mısır Firavunu Sesostris'in at arabası. Bu at arabası altın ve değerli taşlarla süslüydü. Avar kağanı bu arabayı çok beğendiğini belirtip şöyle buyurdu: "Ben büyük bir halkın Kağanıyım. Bizim topraklarda güneş hiç batmaz. Her zaman güneş bir yerinde yeniden doğar" ve devam etti: "Ben Barbar halkları, kendi bahçemin arka tarafında barındırmam. Barbarların ülkesi benim topraklarıma dahildir. Madem orayı yağmaladınız getirdiğiniz ganimetin yarısı benimdir.". Aslında Kağan haklıydı; onun toprakları, Altay dağlarından başlayıp Baltık Denizi'ne kadar gidiyordu. Sibirya ve Çin Seddine kadar onlarındır. Bizans'ın sınırları bellidir eski Türklerin sınırları yoktu. Duruma göre sınırlarını değiştirip güvenliğe alabiliyorlardı, işlerine yaramayacak toprakları bırakabiliyorlardı. Aynısı Atilla için de geçerliydi. Kaynaklarda adı belli olmayan bir ada halkı, ona yıllık haracını gönderiyordu diye geçmektedir. Bugünün tarihçileri orayı İngiltere olarak tahmin etmektedir.

Aslında Bizans ve Avarlar için onlara göre anarşist ve barbar Slavların yenilmesi gelecekte ikisi içinde faydalıydı. Slavların Avarlardan silah kullanmayı öğrenmesi onların zararınaydı. Avarlara güçleri yetince belki yüzlerini onlara çevireceklerdi. Sonunda şöyle bir anlaşmaya varıldı: Bizans generali Priskos getirdiği ganimetin yarısını Avar kağanına gönderdi. Bu savaşın kaybedeni iki büyük güç arasındaki Slavlardı. General Priskus ganimetin yarısını Avarlara gönderince kendi askerleri arasında sorunlar çıktı. Ganimet aslında onların hakkıydı, Avarların değil. Yalnız ganimet değil 5000 Slav köle de Avarlara gönderiliyor. Böylece bir savaşın önü alınıyor. Priskos'un tek başına kararlar vermesi Kayseri rahatsız ediyor bunu kabul etmeyip onun görevden alıp yerine kendi kardeşi Petros`u geçirdi. O, belki kendi ailesinin içinde başarılı kişiler görmek istiyordu. En çok kendi ellerine gecen 5000 bin kölenin Avar kağanına gönderilmesine hiddetlenip bunu aptallık olarak görüyorlardı. Onun Avrupa içinde planladığı savaşlar bu şekilde yürütülemezdi. Eski Türklerin kölecilik yapmadığı çok kaynakta geçmektedir. Avar Kağanı bu köleleri ne yaptı ne yazık ki elimizde bu konuda bilgi yok.

594 yılında Kayserin umutları hüsranla bitmişti. Ne Priskos'un Slav ülkesinde yaptıkları baskınlar, ne de Avarlarla aralarındaki anlaşmalar Slav yağmalarını ve saldırılarını durdurabilmişti. Beklediklerinden daha kötü gelişmeler olmuştu. Slav akınlarını durdurmak için Kayserin yeni başkomutan ilan ettiği kardeşi karargâhını bugünkü Bulgaristan Varna önlerine kurarak buradan Slavları durdurmaya çalışıyordu. General Petros Tuna Nehri'ni geçip Slavlara karşı baskınlar yapıyordu. Bütün bunlar Avar Kağanının gözü önünde gerçekleşirken o şimdilik buna müsaade ediyordu. İstediği zaman bu akınları durdurabilirdi. Bu gelişmeler Bizans ordusu içinde huzursuzluk yaratmaya başlıyor isyanı andıran tartışmalar çıkıyor.

Kayser ve kardeşi ordunun moralini düzeltmek için hiçbir şey yapmazken aksine bozuyordu. Bunun üzerine yeni bir karar çıkarttılar. Askerlerin aylıklarının üçte biri nakden geri kalan kısmı silah ve elbise olarak ödenecekti. Bunun üstüne askerler arasında Kaysere karşı küfürler ve itirazlar başladı. Kayser bir adım geri atıp sakat kalan askerlere kimseye muhtaç olmayacakları şekilde bakılması, ölen askerlerinin oğullarının babalarının yerine orduya girebilmeleri kararlarını aldı. Bunun üzerine ordu sakinleşmeye başladı.

Bizans orduları tekrar Tuna'yı geçtiler. Yolda yağmacı Slavları gördüler. Hepsi yük arabalarını doldurmuş gidiyorlardı. 1000 kişilik Bizans öncü süvarileri bu yağmacıları görünce saldırmak istemediler. Alman Komutanları Aleksandar askerlere saldırmaları için yalvarmak zorunda kaldı. Slavlarda onların uzaktan geldiklerini görmüş, herkesin bir kovboy filmde görebileceği gibi arabalarını çember şeklinde dizip bir savunma duvarı oluşturarak çocukları ve kadınları ortaya alıp kendileri ellerinde mızrakla gelecek düşmanları bekliyorlardı. Slavlara saldıranların bu arabaların üstünden atla atlaması gerekiyordu ki bu durumda çoğu vücuduna uzun mızrakları yiyecekti.

Askerler, atlarından inip arabaların önünde çarpışarak dar alana girdiler. Kayıp vermelerine rağmen orduya karşı Slavların şansı yoktu hepsi teslim oldular. Kayserin kardeşi büyük bir savaş kahramanı olarak kendisini kutlatırken Kayser ona bir mektup gönderip saldırılara hız kesmeden devam etmesini istedi. Petros nehir boyu yoluna ordular ilerlemeye devam etti. Tuna boylarında Zaldapa ve Latrus, Novae/Svistov isimli şehirlere ulaştılar. Bunlar Bizans'ın kendi şehirleriydi. coşkulu kutlamalar yapıp 22 Ağustos'ta yapacakları şehitleri Luprus'un kutlama günü için kalmalarını teklif etseler de ordu yoluna devam etti.

Komutan Petros, benzer bir karşılamayı oraya yakın şehirleri Asimos'da yaşadı. Şehre gelen ordu, büyük coşku ve sevinçle karşılandı. Şehir kapıları açılıp askerleri içeri aldı. Petros, şehri savunan askerlerden o kadar çok etkilendi ki hepsini savaşa götürmeye karar verdi. Şehir halkı, buna itiraz edip surları eski Kayserleri Justin'in Slav yağmacılarına karşı yaptırdığını söyleyip kabul etmediler. Bizans generali zorlayınca muhafızlar kaçıp kiliselere girdiler. Onların inancına göre kiliseye sığınanları çıkarmak günahtı. Petros günahı dinlemeyip piyade birliklerinin komutanı Gentzon'a kiliseden çıkarması emrini verdi. Gentzon da bir Almandı ve o Tanrıdan korkuyordu ve çarpılmamak için bu emri getirmedi. Bunun üzerine Komutan Petos sabahleyin şehrin piskoposunun tutuklanması emrini verdi. Bu emir bütün şehirde ayaklanmaya sebep oldu. Yeni gelen askerleri, şehrin surları dışına kovup kapıları kapattılar. Halk surların üstüne çıkıp uzakta olan Kaysere ilahiler söylerken, gönderdiği kardeşine beddualar ettiler. Buradan da görüldüğü gibi başkent ve taşra halkının hayatı birbirinden farklıdır ve her zaman boyun eğmezler.

Bir hafta sonra başka bir olay yaşandı. Petros yine 1000 kişilik süvari birliklerini Tuna karşısına, Slavların olduğu bölgeye öncü olarak gönderdi. Burada karşılarına yine kendileri gibi yaklaşık 1000 kişilik Bulgar Türk süvari birliği çıktı. Bulgarlar Avar Kağanı ve Bizans Kayseri arasında barış olduğunu bildikleri için yollarına oldukları gibi devam ettiler.

Bizanslar onlara yaklaşınca saldırıya geçtiler. İşaret ederek gelenleri Bulgarlar durdurup aralarında barış anlaşması olduğunu söyleyerek savaşmaya gerek olmadığını açıkladılar. Bizans askerleri cevap olarak "yakında hepinizi kılıçlarımızla doğrayacağız." dedi. Bunun üzerine iki birlik savaş pozisyonu aldı. Aralarında savaş çıktı. Bizans, kısa sürede yenilip kaçtı. Bu çatışma sonrası Bizans generali Petros mahcup edici bir yenilgi yaşadı. Olayın duyulması, Avar Kağanını harekete geçirip Bizans sarayına elçiler göndererek şiddetle kınamasına neden oldu. Petros, Bulgarları tanımadığını iddia ederek suçsuzluğunu savundu fakat Avar Kağanına büyük miktarda savaş tazminatı ve hediyeler göndermelerine neden oldu. Buradan şunu görüyoruz. Bulgar Türkleri, Avarların arasındaki bir parçadır. Onlar hem büyük Kağana bağlıdır hem istedikleri yerlere seferlere çıkmaktadırlar. Belki büyük kağanın kendisi onları bir sefere göndermişti.

Bütün bu mahcubiyetlerden sonra Petros bir başarı göstermeye kararlıydı. 20 askerini Slav bölgesine gönderip onları aramaları için görevlendirdi. Onlar ancak gece hareket edip gündüzleri saklanıyorlardı. Bir gece uyurken Slavlar onları uzaktan görerek bir baskınla hepsini esir aldılar. İşkence altında Petros'un planlarını açıkladılar. Slavların lideri Periagast, esirlerden Bizans askerlerinin gelecekleri yolları öğrendi ve onlara bir tuzak kurdu. General Petros bir hata daha yaptı. Gönderdiği 20 kişilik birlikten haber gelmediği halde bin kadar piyade ile Tuna nehrini geçip Slavların topraklarına girdi. Slavları Bizans askerlerini bekliyorlardı ve ormanlık bir alanda pusuya düşürdüler. Bu askerlerin hemen hepsi öldürüldü. Kayıklarda bekleyen askerlere haberi ulaştıranlar oldu. Onlar yardıma gelince ok atışları başladı. Slavların büyük bölümü ve liderleri Peiragast ölüyor. Bizans askerleri tuzağa düşen ormanlık alandaki diğer askerlere çok uzak değillerdi. Atları büyük nehir gemilerinden indirmeden yardıma gittiler fakat yaya oldukları için kaçan her Slavı yakalayamadılar. Büyük bir bölümü kaçıp kurtuldu. Kayserin orduları toparlanıp bütün gücüyle Slav topraklarına hareket etmeye devam ederken Beregan Stepleri denen bir yerde susuz kaldılar. Burası bugünkü Romanya sınırları içinde Karadeniz'e yakın bir bölgedir. Askerler susuz kalınca susuzluklarını gidermek için şarap içtiler ve sarhoş olarak yollarını kaybettiler. Ellerindeki bir Slav tutuklu Helibakios şehrinden eski ölçüye göre 4 parasangen (22 km.) uzak olduklarını söyledi. O istikamete doğru yola çıkan ordu, bir nehir kenarına gelince su içmek acele ederek birbirini itekleyerek su kıyılarına yanaşırken bu nehrin kenarında yaşayan başka bir Slav gurubu tarafından saldırıya uğradı. Askerlerin büyük bölümü öldürüldü, sağ kalanlar karşıya geçmeye çalışırken çoğu boğuldu. Bu Bizans Kayseri için bardağı taşıran son damla oldu ve kardeşini görevden alıp Priskos'u tekrar Avrupa Kuvvetleri başkomutanı yaptı. Priskos'un da gösterdiği fazla başarısı yoktu. Burada suçlu komutanlar değil, Slavların çok kurnaz olması ve düşmanlarını iyi tanımalarıdır.

595 İlirya Savaşı

595 yılında Türkistan'dan yine yeni göçler başladı ve gelip Avarların arasına yerleştiler. Onların sayıları hakkında hiçbir bilgi kayıtlara geçmemiştir. 592 yılında Bizans, Avarları Konstantinapol civarından büyük güçlükle geri gönderebilmişti. Hayal kırıklığı yaşayan Kağan, buna rağmen gelecek yılları için silaha sarılmamıştı. Savaş yapmak için onun elinde çok koz vardı. Bunlardan birisi onun söz hakkı olan Slav topraklarına Bizans'ın düzenlediği yarı illegal seferler düzenliyordu. Avarlar neden bu üç yıl çekingen davranmıştı? Bizans'ın yeni başlattığı savaşlar hiçbir yenilgi yaşamayan Kağana korku mu veriyordu? Aslında Kağan ordularını yıpratmak ve büyük savaş harcamaları yapmak istemiyordu. 598 yılında Avar orduları büyük birliklerle Bizans topraklarına tekrar girecekti. Priskos'un Avarlara karşı koyacak hiçbir gücü yoktu. Bizans bu yıl ordularını kurtarma derdine düşmüş oklu Avar süvarilerinin karşısından hep kaçmıştı. Avarlar yaptıkları bir sefer sonrası birkaç yıl ordularını dinlendiriyor cepheden cepheye sürüp yormuyor, askerlerin moralini bozmuyordu. Sürekli savaş halinde olan ordular, çabuk yıpranıyor hatta isyan çıkarıyorlardı. Avarlar için bunlar söz konusu değil. Avarların

elinde tüm güç ve imkân olduğu halde karşı birlikleri asla yok etmiyorlar. Belirli bir darbe vurduktan sonra pazarlıklar yapıp karşı tarafı savaş tazminatı ve haraç ödemeye mecbur edip çekiliyorlardı. Bir tarafın ordularının yok olması o topraklarda yeni güçlerin ortaya çıkıp kurulu dengelerin bozulması demektir. Onlar dünya düzenini ve siyaseti iyi biliyorlardı. 595 yılında Avarların silaha sarılmaları için çok sebepler olduğu halde onlar olayları uzaktan izleyip savaşı Bizans'a bırakmışlardı. Avarların batı bölgesinde haraketlilik başlamıştı. Slav savaşları, Bizans için hüsranla sonuçlanmışken görevine 595 yılında geri dönen General Priskos ordudaki büyük kayıpları ve çöküşü görüp ordunun eksiklerini gidermeye başlıyor. Priskos tekrar Tuna boylarını yukarı doğru çıkıp Avar sınırını geçince Avarlar tekrar onların karşısında dikildi. Bizans generali onlara oyun oynar gibi cevap verdi: "Burası avlanmak için çok güzel bir yerdir ayrıca çok sulaktır, ava çıktık.". Avar elçisi bu cevabı kabul etmeyip neden geldikleri konusunda sert durup açıklamalar bekliyordu. Doğu Roma ordusu yabancı ülke sınırlarına girip anlaşmayı bozmuştur. Romalı general tekrar şöyle cevap verdi: "Bu toprakların barbarların olduğunu kabul etmiyoruz. Burası imparatorluğun topraklarıdır." Cevabını verdi. Tartışılmalardan bir sonuç çıkmayınca Avarların elçisi "Kim kimin toprağına girmiş onu yapacağımız savaş gösterecek" diyerek cevap verirken Priskos bir cümle daha ekledi. Bu uğursuz cümle bugüne kadar dilden dile farklı anlatılarak gelmiştir. Avarlar Türk mü değil mi tartışmaları 1500 yıldır bundan dolayı kapanmamıştır. Priskos şöyle diyor: "Siz Türk Kağanlığından kaçıp geldiniz. Sizin yeni devletiniz başından beri sakat doğmuş bir çocuktur.". Evet onların Türk kağanlığından geldikleri doğrudur fakat hangi şartlardan dolayı geldiklerini tahmin ediyoruz. Bu sözleri Bizans tarihçisi Theophylakt yazarak bitmeyen tartışmalara sebep olmuştur. Avar Kağanı daha önceleri onların topraklarının üstünde güneşin hiç batmadığını söylerken Baltık Denizinden Çin seddine, Altay dağlarından, İdil nehri boyu, Ural dağlarına kadar onların yani Türklerin toprakları olduğunu vurgulamıştı. Ayrıca onlar Türk olmasaydı 10 bin Kutrigur savaşçısı yanlarına yerleşmez ve Bulgarlar onlar için savaşmazdı. Onlar da sonradan ailelerini ve çocuklarını yanlarına alacak ya da Avarların bekar kızları ve dul kadınları ile evlenecek ve kendi kızlarını onlara vereceklerdi. Avarlar hakkındaki bu iddia burada çürütülmüş oldu. Onların Türk olduğuna dair artık hiçbir şüphemiz kalmıyor.

Bu tartışmalar ve Bizans'ın küstahça cevap vermesini Avar Kağanı kabul etmedi. Çünkü Bizans gelecekte eline fırsat geçerse Avarları ortadan kaldırmaya niyetliydi. Kağanın ordusu dinlenmiş on binlerce savaşmaya gönüllü askeri ve onların şimşek gibi hızlı atları vardı. Aradan on gün geçince Bizans'a haber geldi: "Avarların önceden aldığı ve sonra ellerinden çıkan Singidunum tekrar onların ellerine geçti. Halkı kendi topraklarına götürmekle tehdit ediyorlar.". Bunun üzerine General Priskos hareket edip iddiaya göre o şehre 30 mil uzaklıkta bir yere karargâhını kurdu. Avar Kağanı atının üstünde, yanında bir büyük bölük asker olduğu halde Bizans generali ile konuşmaya geldi. Bizans generali ona yaklaşmak yerine nehirdeki bir büyük teknede oturdu ve pazarlıklar ve karşılıklı suçlamalar başladı. Kağan, Priskos'a kelimesi kelimesine yazılmış konuşmasında şunları dedi: "Tuna nehri size yabancıdır. Bu bölgeden ordunuzu alın ve çekilin. Siz Doğu Romalılar ile benim ülkem arasında hangi bağlantı var? Size ait olmayan topraklara neden bir adım atıyorsunuz? Bu toprakları biz silahlarımız ile kazandık. Burası sizin değildir.". Bizans ordusu Tuna boylarını Karpat havzasına kadar çıkmıştır. Burası önce Hunların sonra Avarların asıl yerleşim alanıdır. Priskos, Kağandan ele geçirdiği şehri tekrar geri istedi. Kağan Bizans'ın dört şehrini daha ele geçirdiğini açıkladıktan sonra nehir kıyısının yakınına kurduğu çadırına geçti. Ertesi günü ilginç olaylar oldu: Avarlar ele geçirdikten sonra şehre muhafızlar bırakıp çekilmiş ve halkı buradan göçürmemişler. Boş şehrin onlara bir faydası olmayacaktır. Bizans orduları, şehre yaklaşınca halk şehirdeki Avar askerlerine saldırmış, bunun üzerine Avarlar şehri geri bırakmışlardı. Yıkılan surları bir gün içinde tekrar tamir edeceklerdi.

Avar Kağanının yeni fethettiği şehir elinden çıkınca onun intikamını başka türlü almaya karar verdi. Yolunu değiştirip arkasındaki dev orduyla Adriatik denizi boyunca Dalmaçya bölgesine girdi. Burada bir kısmı dağlık bölgelerde olan 40 şehri ele geçirdi. Hepsini askerlerine ganimet olarak yağmalattı. Yağmalanacak yerler zaten belliydi: kiliseler ve manastırlar. Priskos'a arkadan gönderdiği 2000 gözcü askerle eli kolu bağlı olup bitene izlemek dışında bir şey kalmadı.

Alp Slavları ve Avarların Batı Siyaseti

Tuna nehrinin aşağı boylarında Bizans, Slavlara karşı mücadele ederken Avar Kağanlığının batı sınırlarında da buna benzer çatışmalar başladı. Burada yine araya sıkışan Avar Kağanı oldu çünkü o gerektiği zaman Slavların koruyucusudur. Alp dağlarında bugünkü Slovenya kısımlarında kendi başlarına Kağanın izni olmadan yağmalamak için yollara çıkan Slavlar karşı saldırıların başlamasına sebep olmuşlardı. Kağan bu duruma göz yumamazdı. Ne onların yağma için bu kadar yukarı çıkmasını kabul edebilirdi ne de onların yok edilmesini görmezden gelebilirdi. Kağan her iki tarafa adamlar gönderip büyük bir savaş çıkmasını durdurmayı başardı. Bayern sınır komutanlarından Dux 592 yılında Slavların üstüne Alp dağlarına bir ordu gönderdi ve onların ele geçirdiği bütün ganimetlere el koyup kendi ülkesine gönderdi. Çıkan savaşta bir kısmını öldürdüler. Bu yıllarda bugün adına vekalet savaşları denen savaşlar var. Slavlar, Avarlar için savaşırken Almanlar, Bizans için savaşıyordu. Bu iki büyük güç olup biteni uzaktan izliyor gerekirse müdahale ediyordu. 595 yılında Avarlar Singidunum şehrini kuşatırken Bizans'ın isteği üzerine Avarların üstüne gelen büyük Bayernli Alman ordularından 2000 asker savaş yerinde öldürülmüştü.

Avarları Ancak Veba Durdurabilir

598 yılına kadar yaklaşık 3 yıl boyunca Bizans'ın Avarlara karşı ve onları kışkırtacak olan saldırıları durmuştu. Bizans tarihini yazan dönemin tarihçisi, Theophylakts yeni savaşların Bizans'ın yaptığı anlaşmalara uymamasından

111

kaynaklandığını yazar. Kağan, bu yıllar içinde batı komşuları ile birçok anlaşma yaptı, ordusunu güçlendirdi. 598 yılında, Tuna boylarını takip ederek büyük bir orduyla Trakya bölgesine indi. Bizans tarihçisine göre Kağan'ın orduları, 597 yılının son baharında yola çıktı. Avarlar, Karadeniz boylarına geçip Tomis/Constanta şehrini kuşattı. Doğu Romalı General Priskos şehri kurtarmak için yola çıktı. İki ordu Tomis önlerinde birbirine karşı savaş açmadan kış başladı. Bu şehirde 550 yıl önce dönemin ünlü Romalı şairi Ovid, sürgün yıllarını yaşayıp ölmüştür. İki ordu karşılıklı karargâhını kurup kışın geçmesini bekliyordu; ya savaş çıkacak ya da anlaşma olacaktı. Kışın soğuk ayları geçip ilk bahar daha başlamadan Bizans ordusunda açlık başladı. Yardıma kimse gelmedi. Yakın köylerde herkesin ancak kendisine yetecek kadar yiyeceği vardı. Hristiyan Bizans'ın kutsal Paskalya bayramı 30 mart tarihindeydi. O gün onlara bir mucize geliyor. Kağan Bizans komutanına bir elçi gönderip isterlerse yiyecek yardımı yapabileceklerini söyledi. Bu teklif Priskos'u önce şüpheye düştü bu yüzden aralarında bir yemin anlaşması yapıldı: Hiç kimse karşı tarafa 5 gün saldırmayacaktı. Kağan, arabalar dolusu onlara yiyecek gönderdi. Hristiyan Bizans askerleri mutlu bir paskalya bayramı kutluyorlar. Tarihçi Theophylakt, Kağanın bu davranışını çok överek 8. ciltlik eserinde anlatmıştır. Aradan 4 gün geçtikten sonra Kağanın elçisi tekrar Bizans komutanına gelip ondan Hint baharatları istedi. Bunlar o dönem İstanbul'a kervanlarla geliyordu. Bunların arasında Biber, Folium denen bir bitkinin yapragi, indikum, baharat kabuğu, costum denen bir kök Kağan'a gitti. Baharatlı yemekler Kağanın çok hoşuna gidiyordu. Kağanın bir Türk olarak aşçısından baharatlı yemek pişirmesini istediğini düşünmek yanlış olur. Muhtemelen o, Bizans askerlerini gönderdiği yiyecekleri karşısında mahcup etmemek için karşılığında biraz baharat istemişti. Yemekten sonra Hristiyanların bayram kutlaması kontrolden çıktı ve iki ordu arasında ortak oyunlar başlayıp hep beraber eğlendiler. Bütün kış boyu birbirlerini izleme ve takip etmenin ardından aralarında bir kardeşlik ve dostluk duygusu oluşmuştur. Artık kimse birbirinden korkmayacak ve savaş olmayacaktır. Son yüzyıldaki 1. ve 2. Dünya savaşında bile buna benzer olaylar, tüm nefret ve kin propagandalarına rağmen farklı cephelerde yaşanmıştır.

Avar Kağanın davranışı, onların barbar ve acımasız olduğu, yakıp yıkmak için yola çıktığı yalanlarını bugüne kadar devam ettiren yalancıların hikayelerini yıkmıştır. Kağanın bu davranışının altında Türklerde hep olan merhamet, düşmana saygı ve yiğitlik yatmaktadır. Bizans, bugüne kadar bunları değil, kendi görmek istedikleri Barbarları görmüştür. Bizans'ın onlara haraç ödemesi, onlar soyguncu ve açgözlü olduğu için değildi. Bir güç göstergesiydi ve sizinle aynı güçteyiz demek içindi. Ayrıca bugün olduğu gibi o dönemde zengin devletler daha az zengin devletlere maddi yardımda bulunuyordu. İki ordu birbirinden kardeşlik duyguları ile ayrıldı. Buna rağmen büyük savaş yoldaydı. Priskos'un orduları, 6. gün savaş meydanından geri dönerken Avar habercileri, atlarını dört nala sürerek haber getiriyorlardı: Komutan Komentiolos büyük bir orduyla Iatrus/Krivina önlerine kadar gelip karargâhını kurmuştu. Bunun üzerine Kağan, ona doğru ordusuyla yola çıktı. Priskos ile yaptıkları barış anlaşmasını ona yenileyecektir.

Tarihçi Theophylakt, Bizanslı komutan Komentiolos'i vatana ihanetle suçlamaktadır. Ona göre bu davranışı ile Avar kağanı ile barış anlaşmasını hiçe sayıyordu. Bunun üzerine anlaşma görüşmeleri bitti ve sabah saatlerinde Novae/Svistov denen bir yerde Avarlar şimşek hızıyla saldırıya geçti. Belki savaş meydanı olarak burayı seçip gelip karargâh kurdular fakat ilk görüştükleri yere çok uzak olmamaları gerekir. Avarlar akşama kadar Bizans ordusunu perişan etti. Onlar ne kadar düzen kurup yeniden saldırıya geçmeye çalışsalar bile akşam saatlerinde Bizans komutanı savaş meydanından kaçtı. Arkada bıraktığı askerlerin onun kaçışından hiç haberi yoktu. Karanlık çökünce savaş bitti. Ertesi günü hava ışıklanınca aslında yeniden başlayacaktı çünkü bir barış görüşmesi yapacak komutan yok. Sağ kalan Bizans askerleri gece karanlığında Latrus/Jantra nehrini geçip canlarını kurtardılar. Avarlar onları uzaktan izleyip onları beklemedikleri bir yerde tuzağa düşürerek ikinci kez saldırdı.

Sağ kalanların büyük bir bölümü burada öldürüldü. Küçük bir parça askerin sağ gitmesine izin verildi ki yaşananları anlatabilsinler. Ordunun kaçan komutanı Drizipera şehrinin kapılarına dayanıp onu içeri almalarını söyledi. Kapılar açılmadı. Surlardan ona taş atıp hakaretler ederek lanetler okudular. O bir vatan hainiydi, tek başına ordusunu bırakıp gelmişti. Çaresiz buradan başkent Konstantinapol'e doğru yola çıktı. Burada tutuklanıp vatana ve orduya ihanetten yargılandı. Kayser Maurikos, hakimleri değiştirip onu serbest bıraktırdı. Kayser gelecek yaz ayında kaçan komutana tekrar eski görevini ve unvanlarını geri verecekti. Phokas yönetimi ele geçirince onu hemen öldürttü. Buraya daha sonra geleceğiz.

Bu olayları başka bir Bizans tarihçisi Johannes Antiochenus, şöyle anlattı. Kayser kaçan komutanın ordusundan nefret ediyordu. Onları başından atmak için bu komployu kurup hepsini Avarlara yok ettirdi. Kayser'in komutan Komentiolos'a gönderdiği mektup ele geçmişti. Bunun üzerine onu korumaktan vazgeçti. Askeri mahkemeye çıkarılmasına izin verdi fakat mahkeme sırasında hakimleri değiştirip onu beraat ettirdi. Bu olaylar sonrası Kayser, Trakya bölgesi komutanlığına damadı Philippikos'u tayin etti. Kayserin damadının da Türklerle çekişmeleri olacağı için onun adını şimdilik not edelim.

Bulgar Türkleri, İdil kıyıları, Kuzey Kafkasya, Astarhan bölgesi ve Karadeniz boylarına kadar geniş bir alanda yaşıyordu. Trakya bölgesini ele geçirmeye niyetliydiler. Türkler burada henüz yaşamıyordu. Trakya bölgesinde Bulgarlara karşı Kayserin komutan ilan ettiği damadı karşı koyacaktı. Damat hiçbir başarı gösteremediği için bir yıl sonra görevinden alındı. Bulgarların, Avar Kağanın emri altında hareket etmeleri lazımdır çünkü daha önce Slavların topraklarında karşımıza çıktılar ve o zamanda Avarlar haberdardı. Biz tekrar kaçan komutanın yaşadığı döneme dönelim. Çünkü bu bilgileri sıralama yapmadan Bizans tarihçisi böyle yazmış, bizde çevirirken istemeden bu şekilde yazmaya devam ettik.

Kaçan komutan Komentiolos'u Avarlar takip ediyordu. Onun Dirzipera (Lüneburgaz/Büyükkarıştıran) önünde ortaya çıkmasından sonra şehri hemen fethedip ele geçiriyorlar. Burada Bizans'ın şehit ilan ettiği Aleksandar yatıyordu ve güya onun anısına inşa edilmiş Aleksandar kilisesini ateşe vermişlerdi ve gümüş kaplı mezarı açıp kemiklerini sokaklara atmışlardı. Bu kilise aslında daha önceleri 586 yılında yanmıştı burayı tekrar yanmış gibi anlatıyorlar. Şehit mezarlarının tahrip edilmesi, Avarlara bir uğursuzluk getirdi ve Avar ordusunda veba salgını çıktı. Kağanın kendi bile hastalandı. Yanında getirdiği 7 oğlu da bir gün içinde öldü. Bu iddialar ortalıkta dolaşırken Bizans başkentinde büyük korku ve panik yaşanıyordu. Avarların yenilmez olduğu ve gelip şehri ele geçirecekleri dilden dile yayılıyordu. Bu panik o kadar yükseldi ki Avrupa kıtasındaki bugünkü İstanbul'u terk edip karşı kıyılardaki Üsküdar'a topluca taşınmayı bile düşünüyorlar. Kayser ne kadar gücü varsa hepsini surlara çıkarıp Avarlara güç gösterisi yaptı. Senatörler toplandı. Avar Kağanına elçi göndermeyi kararlaştırdılar.

Avar Kağanı Lüneburgaz şehrini ele geçirdikten sonra buraya karargâhını kurup gelişmeleri takip etmeye başladı. Kayserin gönderdiği elçi Harmaton şehrine gelince onu 12 gün bekletip kabul etmedi. 12 gün sonra Kağanın büyük çadırına yanındaki danışmanları dururken elçiyi içeri aldılar. Onun getirdiği büyük hediyeleri, Kağan kabul etmedi hatta görmek dahi istemedi. Elçi getirdiği hediyelerin kabulü için bütün dil becerisini kullanarak kabul ettirmeyi başardı. Ertesi gün, Kağan barış görüşmelerini kabul etti. Kağan bu görüşmede Bizans'ın barış anlaşmalarını bozduğunu Komutan Priskos'un sınır ihlalleri yaparak savaşa sebep olduğunu anlattı ve Tanrı'yı şahit olarak gösterdi.

Kağan barışa razı oldu. Bizans'ın ödediği haraç yıllık 20 bin soldi artarak 120 000 soldiye çıktı. Bizans şöyle bir kazanç elde etti. Tuna boyunca yeni sınır hatları belirlendi ve Slavlara karşı nehri geçmeleri artık savaş sebebi kabul edilmeyecekti. Bu anlaşmaların kaybedeni, iki ülke arasında sağa sola savrulan Slavlardır. Buradaki anlaşmalarda ortaya başka bir pazarlık çıktı. Avarların eline çok sayıda esir asker düşmüştü fakat Bizans Kayseri bu askerleri zaten ölmeleri için kurban göndermişti. İsyancı bir birlikten kurtulmak istiyordu. Kağan bu askerlerin her biri için o zamanın çok düşük bir parası olan bir Nomisma ücret istiyor fakat kabul edilmiyor. Miktar yarı fiyatına düşürüyorlar. Cimri elçiler bunu da kabul etmedi. Askerlerin fiyatı gittikçe düşerek bir siliqui'ye indi. Yine Bizans bunu kabul etmedi. Bunun üzerine hiddetlenen Avar Kağanı hepsinin öldürülmesi emrini verdi. Bu olaylar, iki ülke arasına geçici barışı getirmiş olmakla beraber bu barış kalıcı değildir. Aynı zamanda Bizans Kayseri Maurikios kendi askerleri arasında nefret edilen birisi olmuştu. Bu olaylar Bizans başkentine ve bütün illerine yayılıyordu. Halk, bu Kayser'e karşı bütün güven ve sevgisini kaybetmişti. Her yerde nefretle anılıyordu.

Salgın Kağan ordusuna ne kadar zarar verdi bilinmiyor. Fakat dönemin yazarı bile "İddiaya göre 7 oğlu bir günde öldü" diye yazmıştı. Veba salgını aslında hemen öldürmez, birkaç gün sonra ortaya çıkar ve ölüm süresi birkaç günü bulur. Yazar duyduklarını yazmıştı ve orada bir günde 7 oğlunun ölmesi veya bu kadar oğlunu yanında götürmesi o dönem olduğu gibi bugün de kafaları karıştırıyor. Bu salgın çıkmamış olsaydı belki Avarlar o tarihte İstanbul'u alabilirdi. Askerler ve halk bu Kayserden hoşnutsuzdur ve kurtulmak istiyorlardı. Bu yıl yeni savaşlar olmadı ve Bizans orduları bir savaştan çıktıktan sonra bir yıl geçmeden tekrar savaşa girmiyorlardı. Bizans tarihçisi şöyle yazmıştır: "İskitler öyle değil, gerekirse savaş üstüne savaşa gidiyorlar.".

599 yılı Kağanın Zorlu Yılı

Avar Kağanı ülkesine döndükten sonra Priskos arkasından yola düşüp kış günü karargâhını Belgrad yakınlarındaki Singidunum şehrine kurdu. Burası hem Avarlar hem Bizans için Avrupa'nın dört bir tarafına rahat hareket edebilecekleri bir kavşaktır. İki defa Avarların eline geçtiği halde ellerinden çıkmıştı. Bizans Kayserinin kurtardığı diğer komutan Komentiolos, bu yıl tekrar komutan ve strateji uzmanı olarak görev almıştı. O kendisini General Priskos'un üstünde ve komutanı gibi görüyordu. Yaz sıcakları başlayınca Priskos'un yanında gelip Kayserin emriyle ordu komutanlığını istiyor ve Avarlarla yapılan anlaşmaların bittiğini açıklıyordu. Ordu, Tuna boyunca Viminacium/Kostolac isimli Tuna içinde bulunan bir adaya geldi. 584 yılında yakılıp yıkılan bir şehrin ismini bu adaya vermişlerdi. Bu adanın olduğu yerde Tuna birkaç kola bölünüyordu. Yakınlarında Avarların orduları vardı ve Kağanın diğer 4 oğlu bu orduların başında gelecek düşmanları her zamanki gibi bekliyordu. Aralarındaki barış antlaşmasına rağmen Bizans gemileri suyun üstünde yan yana dizerek bir köprü oluşturup ordusunu Avar toprağına geçirdi. Komutan Komentiolos bu arada yolda hastalanmış Viminacium şehrinde kalıp yerine başka birisini tayin edip orduyu göndermişti. Tehlikeli Avarlarla aslında savaşmaya istediği yoktu. Bizans ordularını gören Avarlar, ilk saldırıları başlattılar. Mevziiye yatan Bizans askerleri Priskos'a yardım için adam gönderdiler. O da hemen yola çıktı. İlk günkü büyük savaşta iki ordunun galibi yoktu fakat Bizans askerleri kaçmaya meyillidir. Bunun üzerine Priskos kendi ordusunun kaçmasını önlemek için nehir yollarını kapattırdı. İki ordunun karşılamasından dört gün sonra Avarlar mevzilere sığınan Bizans askerlerine hücuma geçti. Bizans üç parçaya bölünmüşken Avarlar 15 parçaya bölünüp dalga dalga saldırı düzenledi. Akşama doğru güneş batarken sözde Bizans'ın 300, Barbarların 4000 bin kaybı vardı (Sözde kelimesini ve bunun yalan olduğunu dönemin tarihçisi bizzat yazmıştır). Hatta Bizans bunu daha da abartmış ve ilk gün Avarların 9000 kayıp verdiğini yazmıştır. Aradan 10 gün geçtikten sonra iki ordu bir savaş meydanı belirdi. Burası Kubin ve Alibunar arasında bataklık bir yerdi. Generallerin yazdığı rapora göre hiçbir Avar canlı kalmamıştı ve bir günde 15 bin savaşçı ölmüştü. Bu rakamlara bakılırsa Avarların hiçbir askerinin kalmamış olması gerekiyordu. Bu olayları o günkü belgelerden derleyip yazan Bizans tarihçisi Theophylakt şöyle devam ediyor: sözde Kağan bile bu savaşa katılmış ve son anda kurtulmayı başarmıştı. Yüzyıllardır hiçbir Batı ve Doğu Roma askerinin ayaklarını basamadığı topraklara Bizans askerleri girdiler. Burası Banat isimli bir şehirdi ve Tissos isimli bir nehre yakındı.

Bu savaştan bir ay sonra Avarların yaşadığı merkezin Viminacium bölgesinde yeni bir savaş çıktı. Bu savaş bir şövalyelik savaşı gibi yürütüldü. Kağan ordularını 12 tabura böldü. Bizanslar üç büyük alay kurdu. Her alayın başında ayrı bir komutan vardı. Priskos savaşı bir satranç oyunu gibi yönetti ve üst üste zaferler kazandı. Şimdiye kadar Bizans'ın Avarlara karşı galip geldiği tek savaş budur. Buna rağmen Bizans ordusu, Avarların asıl merkezine yürümedi. Onların yönetim merkezi bugünkü Macaristan sınırları içindeki Balaton gölü kıyılarıydı. Bizans komutanı, savaşın süvarilerin hızlı hareket ettiği step bölgesinde karşı kazanılmayacağını bilmiyor. Avarlar buradan çekildi ve Bizans generali onları takip etmeleri için 4000 kişilik piyade askeri takip etmesi için gönderdi. Bunlar Avarların hakimiyetine yaşayan Gepidler denen Alman kavmiydi. Orası bugünkü Romanya sınırları içinde kalmıştı. Adı Sibenbürgen'dir. Savaş tarihçisi Theophylakt'e göre üç büyük köyün halkı bir gün önce büyük bir bayram kutlamış ve savaş onları hiç ilgilendirmemişti. Hepsi çok şarap içmiş ve uyuyorlar. Barbarların köylerine giren 4000 Bizans askeri, 30 000 kişiyi çocuk-yaşlı demeden kılıçtan geçirip öldürdü. Köylerini yağmaladı. Ele geçirdikleri bütün ganimeti arabalara doldurup alıp gittiler. Bu katliam dönemin Alman tarihçileri tarafından da ayrıca yazılmıştır ve doğrudur. Hatta bazı tarihçiler Bizans'ı temize çıkarmak için bu katliamı Anten denen başka bir Slav kavminin yaptığını yazmıştı. Konstantinapol'e cepheden güzel haberler lazımdı. Bizanslı tarihçiye göre üç köy halkın katledildiği doğruydu. Diğer sayılar ve savaşlar gerçekleri yansıtmıyordu. Çünkü Avarların düşmanla kılıç kılıca savaşmasına gerek yoktur. Hepsi 300-400 metreden attığı okları hedefine indiriyordu. Bizans askerlerinin büyük bölümü piyadeydi. Avarların savaşı, Hunlar gibi o döneme göre çok gelişmişti. Yine aynı tarihçi, Gepidlerin 567 yılından bu tarafa çok rahat, özgürlük ve huzur içinde yaşadıklarını doğu Romalıların bu huzuru bozduklarını üzülerek dile getirmiştir. Avar Kağanı, ele geçirdiği hiçbir şehirde halka zulüm yapmamış ve canlarına kıymamıştır. Bizans ise savaşlar sırasında asla merhametli olmamış, uykudaki sivil halkı kılıçtan geçirmeyi zafer saymıştır. Avarların, Bizans'a "biz kötülüğü sizden öğrendik" sözünün ne kadar doğru olduğu bu yılda ortaya çıktı.

Cepheden gelen haberler şöyle devam ediyordu: Avar Kağanı, üç hafta içinde eli silah tutan herkesi savaşa çağırdı. Aynı zamanda Slavları da harekete geçirdi. Priskos, Theiss nehri kıyısında gelecek düşmanları karargâh kurup bekledi. Bu savaş, önceki savaşlar gibi yine acımasızdı. Bizans, gelen bütün düşmanları nehre döküyor ve Slavların çoğu burada boğuldu. Çok büyük miktarda esir ele geçirdi. Komutanların verdiği raporlara göre tarihçi Theophlakt, 3000 Avar, 4000 yine başka Avar, 2200 yine Avar, 8000 Slav öldüğünü söylüyor. Dönemin diğer bir tarihçisi Theophanes, toplam 3000 Avar, 3200 Gepid savaşçı, 2000 başka barbarlar onlar Bulgarlardır ve 800 Slav sayıyor. Fakat Bizans'ın o dönemki tarih kitaplarını Almancaya çeviren Viyanalı tarihçi Prof. Walter Pohl'e göre Avarların ve Bulgarların ölü sayısı gerçekleri yansıtmıyordu çünkü onlar süvariydi ve düşmanın önünde durmalarına gerek yoktu. Piyade olan Slav ve Gepidlerin öldürülmesi gerçek olabilir. Onlar gerçekten Slav mı yoksa Karpat havzasında yaşayan başka bir millet mi o da belli değil. Priskos zaferi sonrası esirleri Tomis şehrine getiriyordu. Kağan bütün ordusunu kaybetmiştir ama dirayetini ve sinirlerini kaybetmemiştir. Güya Kağan, Kaysere elçiler göndererek esirlerin hemen serbest bırakılmasını istedi. Kayserin o ana kadar daha savaşın nasıl bittiği hakkında bilgisi yoktu. Kayser bu şaşırtma oyununa inanıp bütün esirleri serbest bıraktı.

Kış başlamış savaş dönemi bitmişti. Priskos, kazandığı zaferin bir faydasını görmedi. Onun gibi diğer komutan Komentiolos hiçbir işe yaramadan acele İstanbul'a dönmek için yola çıktı fakat o kışı Plovdiv denen bir şehirde geçirmek zorunda kaldı. Priskos, Novae/Svistov denen Balkan dağlarında 90 yaşında bir yaşlı adama yolu sordu ve tek bir yol olduğunu fakat yüz yıldır kullanılmadığını öğrendi. Adamın bütün uyarılarına rağmen komutan ordusuyla o yola girdi. Dağlık alanda bir müddet sonra kar yağışları ve fırtına başladı, ordu mahsur kaldı. Buraya karargâh kurup baharın gelmesini beklemek zorunda kaldı. Bu arada ordunun büyük bir kısmı soğuktan donarak öldü. İlk baharda ordudan geriye sağ kalan bir avuç askerle başkente ulaştı. O dönemin savaş raporlarının ne kadar abartılmış olduğunu gördük. Belki de savaş meydanında Bizans komutanı kendi kayıplarının üstünü kapatmak için dağlık bölgede mahsur kalıp askerlerinin donarak öldüğünü uydurmuştur. Neticede iki komutan Kayserin önünde saygı kazandılar. Avarların yenilmez olduğu bir gerçektir ve Bizans'ın başlattığı büyük savaşın onlar için sonucu yoktur.

600 Yılı Olayları

Priskos'un heyecan uyandıran başarıları Kaysere nefes almak için bir fırsat olmuştu. 600-601 yılları Maurikios iktidarının 19. yılında Tuna nehri boylarında yeni savaşlar olmadı. Tekrar komutan olan uğursuz Komentiolos'un Kaysere bir faydası dokunmadı. Priskos'un başarısı sonuçsuz kaldı. Bizans yeni bir İmparatorluk siyasetine başladı. Avar Kağanı da bu süre içinde boş durmamış 599 yılı sorunlarını diplomatik baskınla yerine oturtmaya çalışıyordu. Avar Kağanı, komşuları güney İtalya devleti Langobardiya'ya elçiler göndererek zaten dost ve müttefik oldukları bu devletle, yeni ve kalıcı bir barış antlaşması yaptı. Elçiler buradan Galya'ya geçip Frenk kralı ile yeni anlaşmalar yapmak istediler. Böylece Bizans izole edilecekti. Langobardlar daha önce Avarlara gemiler yapımı için marangozlar göndermiş, onların gemileri ile Avarlar, Ege bölgesinde bir adayı ele geçirmiştir. Avarlar Tuna nehri kıyılarındaki Singidunum şehrini kuşatırken yine İtalyan ustalar gemiler kurmuştur. Slavların gemileri yoktu. Onlar tek parça odunun içini oyarak kayıklar yapıyorlardı ve nehirleri karşıdan karşıya geçmeye yetse de savaş ve fetihler için elverişsizdir. Avarlar için inşa edilen yeni gemiler, 601 yılında hedeflenen savaşa hazırdı. Avar elçileri bütün krallıkları dolaşıp müttefik toplarken kendi orduları yanında Slavlar ve Lanogobardlar Bizans'ın Istrien yarımadasına girip ele geçirdiler. Burası bugünkü Hırvatistan sınırları içinde kalan Paula denen bir tatil yeridir. Oraya gidinceye kadar bütün yollar dağlıktır. Karşılık olarak Kağan, Slav birliklerini, İtalya Kralının Cremona savaşına yardıma gönderdi. 603 yılında şehir onun eline geçti. Kağan, Batı Avrupa'dan sırtını sağlama aldıkça Bizans titriyordu ve sallanmaya başlıyor.

Maurikios, 601 yılında Konstantinapol'de sıkışınca kendisini kurtarmak için yeni savaş kararları aldı. Bu savaşlar yine Tuna boylarına yapılacaktır. Bu sefer kendi kardeşini komutan yapıp başarısız Priskos'u görevden aldı. Kardeşi sayesinde kendi yıldızı parlayacaktı. Yeni komutan Petros, 602 yılında kadar bir şey yapamadan bekledi. Sonbahar başlayınca Avar komutanı Apiş, Katarakten çevresinde çelik kapılar denen Tuna boylarına ordusunu toplamıştı. Avar Kağanın kendisi yerine bir komutan göndermesini Bizans iktidarının güç kaybetmesi olarak yorumlamıştı. Oysa, Kağan artık yaşlanmıştı ve yerine genç bir komutan göndermişti. İki ülke arasında bu yıl savaş olmadı fakat Avarlar, Ukrayna sınırları içinde kalan Anten Slavlarına bir akın düzenledi. Bunlar, Bizans'ın en yakın müttefikiydi. Bizans tarihçisi Johannes von Ephesos'a göre komutan Apiş bu kavmi yok etmişti. Bundan dolayı 602 yılından sonra hiç bir kaynakta isimleri geçmez.

Her şeye rağmen bu yıl olağan üstü olaylar oldu. Avarlar arasında bir anlaşmazlık çıktı. Bir grup Avar kendi topraklarını bırakıp Bizans topraklarına göçtü. Kağan Bayan, elçiler gönderip kaçanların acele geri gönderilmesini talep ediyor. Bunu daha önceleri Atilla da yapmıştı. Güya bir grup Avarın Bizans topraklarına sığındığı haberinden Kağan çok etkilenip üzülüyor. Bizans Kayseri bu haberleri bir zafer gibi görüp Avarların çok zayıfladığını düşünerek sabırsızlanmaya başladı. Kardeşi Petros'a emir verip Tuna nehrini karşıya geçmesini istedi. O, yerine Yüzbaşı Phokas'i gönderdi. Zayıf olan Slavların içine girdikten sonra öldürdüklerini öldürüp büyük ganimetler ele geçirdi. Fakat geri dönerken yüzbaşının üstündeki bir başka komutan Guduin, ordunun ve onun geri dönmesine müsaade etmeyerek kışı Slav topraklarında geçirmesini kararlaştırdı. Sonradan ortaya çıkan olaylar Bizans ve Perslerin yaklaşık 30 yıllık savaşlarına yol açtı. Bu savaşlar sonrası Arapların karşısında hiçbir düşman kalmadı. Bütün Ortadoğu'yu ve gelecek yüz yıllarda kuzey Afrika'yı ele geçireceklerdi.

Kayserin emri ile ordunun Slavlar ülkesinde kalması sistemin yıkılmasına yol açtı. Bu emir aslında yeterli buğday olmadığı için askerlerin başka bölgelerden yiyecek bularak Bizans illerinde kıtlığa yol açmasını önlemek içindi. Askerler bunu kabul etmedi. Ele geçirdikleri ganimetler onların işine yarayacak malzemeler değildi. Yeterli atları yok çoğu piyade askerdir. Düşman Slavların sayısı çok yüksekti. Kış aylarında baskına uğramaları onların ölümü demekti. Kayser, bunları düşünmeden emirler yağdırmıştı. Askerler isyan edip Tuna nehrini geçip geri dönüyor. Askerler Palastolon, Asimos ve Carisca üzerine geri dönerken Kayser mektup gönderip geri gitmesi için orduyu uyardı. Askerler bu emiri kabul etmedi ve başkente girdiklerinde Kayser kaçıp bir manastıra sığındı. Yüzbaşı Phokas, 27 Kasım 602 tarihinde bir saray darbesi yapıp Kayseri bütün ailesiyle birlikte öldürülüyor. Bu cinayet sonra 602 yılında Avarlara karşı başlatılan Balkan savaşları son buldu. Bizans'ın yaptığı hesap umduğunun tersine kendisine zarar olarak geri döndü. Dış savaşlarla ya da Avarlara saldırarak ülke içinde çok güçlü görünüyordu fakat sonucu hüsranla bitti.

Eski Türkler

Avarlara karşı bu sonbaharda savaşlar bitmişti. Onlar kış günlerini sıcak ocaklarının başında geçirirken onları ve diğer eski Türkleri biraz tanıyalım. Savaşlar sonradan tekrar daha şiddetli karşımıza çıkacaktır.

Avarların bir kısmı Tanrı Dağı eteklerinden çıkıp geldiklerini anlattıkları kayıtlara geçmiştir. Türklerin hakimiyet alanı Çin'in asıl sınırı olan Çin seddinden Viyana'ya kadar dayanıyordu. Bugün Türkiye veya bütün halkı Almanca konuşan Almanların her bölgesinde ayrı lehçe ve gelenek görenekler olduğu gibi eski Türklerde böyledir. Hepsinin ortak bir noktası buna rağmen vardır. Türklerin dilleri farklı lehçelerle ortaktır. Birbirleriyle rahat anlaşıyorlardı. Zaten ana dili Türk olmayanlara Türk denmez. Kullandıkları silahlar Oğuz Han döneminde geliştirilmiş gittikçe güçlü ve rahat kullanılır hale gelmiştir. Türk savaşçıları Çinliler, Persler, Doğu ve Batı Romalılar gibi büyük ölçüde piyade değildi, hepsi atlıydı. Değişik bölgelerde Türk boylarının kurdukları devletler ve hanlıklar vardı. Bunların birbiri ile savaşları çok görülmüştür fakat mecbur olmadıkça savaşmıyorlardı. Genellikle yabancı devletler buna sebep oluyordu. 30 000 İskit savaşçının Avarlara Bizans tarafından gönderildiğini görmüştük. Türklerin en az üç bin yıldır buğday ekip biçip öğüttüğünü biliyoruz. Dünyada ilk defa tekerleği icat edenler yine 5000 yıl önce Orta Asya Türkleri olmuştu. At üstünde savaşan Türklerin karşısında hiçbir kuvvet duramıyordu. Onların bütün boyları birer savaş makinesidir. İlk önceleri çok sayıda Türk boyları dağınık ve birbirine rakip gibi yaşarken bunun kendilerine bir faydası olmadığını anlayıp büyük devletler kurarak bir kağanlık altında toplanmaya başlıyorlar. At üzengisini ilk defa batı Avrupa Hunlardan sonra Araplar Türklerden görüp öğrenmiştir. Onluk ordu sistemi, yani ordunun onbaşı, yüzbaşı, binbaşı gibi on ve katları şeklinde bölerek düzenlemek de Türklerin keşfiydi. Türk orduları kullandıkları renkleri, sembolleri yaşadıkları bölgeye ve şartlara göre seçiyorlar. Savaşçıların farklı sınıflandırmaları vardı. 6. yüzyıl Çin kaynaklarına göre Türklerin 28 savaşçı ve bürokrat sınıfı vardı. Bir bölgeyi yöneten hanedanın sonu gelince, yeni hanedan kendi ismini yeni kurulan devlete veriyordu. Bu yüzden sürekli yeni isimler çıkıyor. Göktürk devleti Uygurlar, Karluklar ve Oğuzlar tarafından yıkılınca yerine başka isimli Türk devletleri çıktı. 1000 yıl sonra yine İran Türklerinin yönettiği İran'ı göz özününe getirirsek Safeviler, Avşarlar, Kacarlar gibi sürekli ülkenin ismi hanedana bağlı olarak değişiyordu. Moğolistan ovasında bulunun taş yazıtlarda ilk Kağanlardan birisinin sözleri şöyle yazılmış: "Dünyanın dört tarafı biz Türklere düşmandır. Biz dünyanın dört tarafına sefer çıkıp hepsini yendik, önümüzde boyun eğip diz çöktüler.". Moğolistan bozkırlarında bulunan eski Türklerin yazdığı taşlar üstündeki Orhun yazıtlarında kağanın yazdırdığı şöyle önemli bir cümle var: "Akıllı, yiğit ve bilge kağanlar tahta kalabilir. Akılsız ve açgözlü beyler, o milletin felaketi olur.". Eski Türkler bugünkü gibi kendi ahlak sistemlerine yine töre diyordu. Kağanın meşruiyetine ise Kut-ülüg. Kağanın karizmasına daha doğrusu onun bilisine kut deniyordu. Bunu daha açıklayacak olursak bugün Anadolu ve Azerbaycan'da çok bilgili halk aşıklarına "bade içmiş" deniyor. Bade içmişin karşılığı o dönem için kut verilmiş demekti. Kağanın gökyüzünden tayin edilmesine ülüg deniliyordu. Kağanlar halk yerine budunları yönetiyordu. Bugün halk dediğimiz kelime, eski Türkçede Budun olarak geçmektedir. On bin kişilik ordulara bugün olduğu gibi o dönemde Tümen deniyor. Kağanın arkasından giden askerlere Buyruk deniyor. Orduya savaş alanlarında çadır kuranlara el-kün deniyor. 50 büyük çadırda 300 asker geceliyor her çadırda 6 askerin kalması yerlerinin rahat olması demektir. Barış birliğine Aul deniyor. Aul bugünkü dilde köy olarak kullanılıyor.

Onların Hayatı Savaştır

Açık meydan ve hafif dağlık tepelik bir alanda, atlarına kadar zırhlı Avar savaşçılarının karşısında Bizans dahil hiçbir düşmanın zafer şansı yoktur. Ellerindeki uzun mızraklar, karşıdaki askerlerin zırhını teneke gibi gelip geçiyordu. Bizans, Avarları taklit edip onlardan öğrenmeye çalıştı fakat Avarlar kısa sürede yeni taktikler geliştirdi. Bütün Avrupa savaşçılarından çok üstünlerdi. Bizans döneminin strateji uzmanları Avarların savaş tekniğindeki üstünlüğünü büyük övgüyle yazmışlardır. Hunlar, İskitlerin ok ve yaylarını geliştirmişlerdi. Avrupa yaylarından ortalama bir metre daha kısa olduğu için kullanımı kolaydı. Avarlar, aynı yayları ve okları kullanıyordu. At üstüne öne veya arkaya doğru, bir dakikada 20 ok atıyorlardı. Bir yayın üretimi on yıl sürüyordu. Tek dezavantajı yağmurlu havada veya ıslanınca işe yaramıyor olmasıydı. Avrupalılar çok uğraştıkları halde bu yayların kopyasını üretemediler. Avarlar yalnız okla savaş meydanına çıkmıyordu, aynı zamanda hepsi ağır zırhlıydı. Fakat onlar zincirden üretilmiş hafif bir zırh giyip atlarını da bu şekilde koruyorlardı. Silahları arasında kılıç, mızrak, kalkan vardı. Çin kaynakları, kendileri ile savaşan Türkleri aynı Avarlar gibi tarif etmiştir. Oğuz Han döneminde üretilen ilk ıslık çalan oklar, düşmana ayrı bir korku veriyordu. Bu okların ucundaki demirler delikliydi. Havada giderken o deliklerden giren hava ıslık sesi çıkarıyordu. Türk savaşçılarının hepsinin kemerinde veya çizmesinin içinde bir hançer asılıydı. Hunlar döneminde çizmelerinin içine hançer yerleştirdiklerini görmüştük. Avrupa'da Avarlardan sonra ortaya çıkan zırhlı askerler onlardan kopya edilmiştir. 600 yıllarından sonra Bizans ilk zırhları üretmeye başlıyor. Bizans, o dönem Avarlarla silahlanma yarışına girmişti. Onların kullandığı bütün silahların kopyasını yapıp 600 yılından sonra askerlerine dağıtmaya başladı. Bizans, aynı zamanda ordularına Avarların kullandığı yurt dediğimiz yuvarlak çadırlardan yaptırmaya başladı. Onların çadırları koyun yününden, keçe denen bir malzemeden üretilmişti. Yağmur ve soğuğa karşı koruyucudur. Bizans, yine Avarlardan tekneleri yan yana dizip üstünü ağaçla kapatılarak hemen kurulan nehir köprülerini de öğrenmiştir. Avarların diğer Türk boyları ve Bizans'a göre İskitlerden öğrendiği başka bir savaş taktiği dava vardı. Önde belirli sayıda atlı askerler vardı. Asıl güçlü birlikler arka planda bekliyordu. Düşman hatları belirli bir kıvamda bozulduktan sonra arkadan dolaşıp son darbeyi vuruyorlardı. Savaş taktikleri arasında boş meydanlar vardı. Önce kaçıp kurtulmak için bir oyun kuruyorlar. Düşman askerleri peşlerine düşünce tekrar geri dönüp at üstünden oklarını onlara indiriyorlardı. Her savaşa uzun hazırlıklar yapıyorlar ve hiçbir savaş plansız ve yeterli birlik olmadan yapılmıyordu. Avarların, Bizans ve Perslerden başka bir üstünlüğü vardı. Onlar düşmanı yenince yağma yapmak, onlarla eğlenip alay etmek yerine savaşa devam edip ele geçirdikleri bütün düşmanları öldürüyorlardı. Orduları dağılsa bile geri çekilip tekrar toparlanarak yeniden saldırıyorlardı. İlk baskının başarısız olması onları yıldırmıyordu. Kağanın yenilmesi onun itibarin zedelenmesi demekti. Bunun için savaş meydanında pes etmek nedir bilmiyorlardı. Avarlar diğer Türkler gibi yaya yürüyemiyorlardı.

Çabuk yoruluyorlardı çünkü bütün hayatları at üstünde geçtiği için bacaklarının şekli değiştirmiştir. Ata binince tek bir beden, tek bir canlıymış gibi oluyorlardı. Almanlar gibi göğüs göğse mücadeleyi yapamıyorlardı bu yüzden de bu tür savaşlara hiç girmiyordular. Zaten at üstünde yaşamaktan normal yürümekte zorlanıyorlardı. Mızrak ve ok onların asıl silahıdır. Alman tarihçileri o dönem Avarlar için Bizans gibi İskitler veya Hunlar demek yerine Altaylılar yazmıştır.

Avarların en büyük sorunları, savaş sırasında yanlarındaki binlerce ata, yem ve ot götürmek veya gittikleri yerlerde o kadar ata otlak bulmaktı. Avarlar, aslında atlarla Bizans'a korku da veriyordu. Uzaktan on binlerce at görünce, on binlerce savaşçının geldiğini düşünüp korkuya kapılıyorlardı. Avar topraklarında bir müddet sonra bir otlak kuruyup yeterli otlak alan kalmayınca atları düşman topraklarına götürüp oralarda besliyorlardı. Bizans bazen bundan dolayı saldırıya geçse de çobanlar o kadar hızlıydı ki kaçıp atlarını kurtarıyorlardı. Kaleleri kuşatmayı Avarlar başka milletlerden görerek ve Bizans mühendislerine kuşatma silahları yaptırarak öğrendiler. 579-582 yılları arasında surları yıkacak silahları olmadığı için Sirmium şehrini 3 yıl kuşatıp halkı aç bırakarak kapıları açtırdılar. Orada halka kötü davranmak yerine aç kalan insanlara yiyecek dağıttılar. Bir yıl sonra ellerinde geçen bir Bizans esirinden kuşatma silahları kurmayı öğrendiler. Selanik kuşatmasına Avarların kendisi katılmadı fakat onların ilk acemi ustalarının ahşap kuşatma silahları kurduklarını 586 yılında surlardan görmüşlerdi. Bizans, Avarlardan öğrendiği gibi onlarda Bizans'tan öğrenmiştir. Eski kaynaklarda ilginç bir bilgi daha vardır, bu ne kadar doğrudur bilemiyoruz. Avarlar Bizans'la silah ticareti de yapıyordu. Bizans'ın kendi düşmanına silah satması biraz gariptir. Kendilerinin demirci ustaları, yay, ok, eyer, marangoz ve o döneme göre gereken bütün iş dallarında kendi meslek sahibi adamları vardı. Savaşlarda Bizans komutanları şöyle yazmıştır: Avar orduları, aynı Göktürk orduları gibi bir askeri düzene sahipti. Bin kişilik orduya tabur on bin kişilik orduya tümen diyorlar ve askeri anayasaları aynıydı. Çinliler eskiden Türklere T`u-küe demişlerdir. Eski

Türkler kabul etmedikleri zaman kağanlarını ve ülkelerini terk edip başka yerlere göçmüşlerdir. O dönem bazı Türkler Çin'e yerleşip Çinliler için Türklere karşı savaşırken Hunlardan Batı Roma ordusuna katılıp Almanlara karşı savaşan çok asker olmuştur. Aynı şekilde Roma ordusuna katılan Almanlar da Almanlara karşı savaşmıştır. Avarlar döneminde gelindiğinde Batı Roma zaten tarih sahnesinden silinmişti. Avarlar, Doğu Roma ya da diğer adı ile Bizans'a gidip askerlik için müracaat etmediler. Elimizdeki bilgilere göre zaten Bizans'ın paralı askerleri, diğer adıyla yabancı lejyonerler olduğu buraya kadar karşımıza çıkmadı fakat altıncı yüzyılda Apiş isminde bir Hun komutanının Bizans birliklerine katıldığı bilgisi vardır. Buraya kadar karşımıza çıkan Avar Kağanlarının ismi hep Bayan olarak geçti. Bu kağanlara verilen bir unvandır. Asıl isimleri kendilerinin belgeleri elimizde olmadığı için bilinmiyor. Bayan ismini Avarlardan başka Bulgar Türklerinde görüyoruz. Onların bir kağanı olan Kuvrat oğluna bu ismi vermiştir. Türklerden yüzlerce yıl sonra tarih sahnesine çıkan Moğollar Bayan ismini çok kullanmışlardır. Cengiz Handan önce obalarının liderinin ismi Torhocin Bayan'dir. Annesinin Türk olduğu çok kaynakta geçen arkasındaki ordunun büyük kısmı Türklerden oluşan 13. yüzyılda Çin'i ele geçirip 150 yıl hakimiyetlerini sürdüren Moğol Kubilay Han'ın ordusunu yöneten komutanın adı yine Bayan olarak geçmektedir. Bay veya bayan aslında Türkçe zengin demektir. Buradan anlaşıldığına göre Bayan unvandı ve ardından kişinin asıl ismi gelmeliydi fakat belirttiğimiz gibi Avarların kendi kaynakları olmadığı için isimleri bulamıyoruz. Avarların Macaristan'a göçünden Balkan savaşlarının 602 yılında bitişine kadar üç kağan değiştiği görülmektedir. İlk Kağandan sonra arka arkaya iki oğlu onun yerini almıştır. Bunların üçü de aynı isimle Bizans kaynaklarına Bayan olarak geçmiştir.

Avarlar dönemi Atilla'nın sarayına gidip gördüklerini yazan diplomat Priskos gibi ayrıntıları ile yazılmamıştır. Elimizdeki bilgiler barış görüşmeleri sırasındaki tutanaklar ve konuşulan sözlerden ibarettir. Bizans kaynaklarında kağanlığın yönetim merkezi bile anılmaz. Tuna Nehri, Teis denen bir bölgede bugünkü Budapeşte ve Balaton gölüne çok uzak olmayan bir yerde olmalıdır. Macaristan'ı bir nehir ikiye bölüyor ve onların merkezi batıda kalıyordu.

Bizans'ın Ödediği Haraçlar

Bizans, Hunlara olduğu gibi Avarlara da sıklıkla haraç ödemeye mahkûm ediliyordu. Çoğu kez yaptığı barış anlaşmalarını bozduğu için yeniden pazarlıklar yapılıyordu. O dönem bir soldi 4,55 gramdı. 72 soldi yarım kilo altın ediyor. Bir askerin yıllık geliri 5 soldi idi. Bu para ile günde 1,5 ekmek, yarım kilo et, yarım litre şarap ve 50 gram yağ alabilirdi. Yüksek rütbeli askerlerin yıllık kazancı 400 soldi, Kuzey Afrika'da görevli yüksek rütbeli askerler 7200 soldi, önemli mevkiler elde eden görevliler yıllık 45 000 soldi alıyordu. Bu para ile küçük bir ordu bile kurmak mümkündü. Bizans'ın o dönem orduya harcadığı para yıllık 6 milyon soldiydi. Onların Avarlara ödediği haraç yıllık 80 000 soldiden başlayıp en sonra 120 000 bine kadar çıkıyordu. Bu para, iki önemli komutana ödenen para kadardı. Atilla, Avarlardan daha çok para alıyordu. O, yıllık 25 000 soldi ile başlayıp 150 000 soldiye kadar çıkmıştı fakat onun haraç aldığı yıllar çok uzun sürmedi. Bizans, 565 yılında Perslerle barış anlaşması için onlara 30 000 soldi verip anlaşmıştı. Göktürk kağanları da Çin'den haraç alıyordu. 570 yılında onlardan yıllık 100 000 almaya başladılar. 607 yılına kadar miktar yükselerek 200 bin altına çıktı. Göktürkler altın yerine bu paranın karşılığı kadar ipek alıyordu. Onları savaşa kışkırtmamak için bazen binlerce at hediye gönderiyorlardı. Haraçlar Bizans'tan 680 yılında kadar alındı fakat Avarlar aynı Hunlar gibi bu altınları eritip kadınlar için ziynet eşyaları, takılar yapıyor. Kendileri için altın hançer kabzaları, altın kemerler yaptırdılar. Kitabın bazı bölümlerinde eski kaynaklara dayanarak Bizans bütçesinin yüzde birini aldıklarını yazmıştık. Önümüze yeni çıkan rakamlara bakınca yüzde biri olamaz çünkü bu çok düşük bir rakamdır. Haraç almanın güç gösterisi olduğunu zaten anlatmıştık.

Diğer Türk devletleri Avarları nasıl görüyordu bir de o tarafa bakalım. Bunu Bizans tarihçisi Efesli Johannes yazmıştır.

Göktürk kağanı 568/569 yılları arasında giden Bizans elçisi Zemarchos'a şu soruldu: "Perslerin bana söylediği doğru mu? Roma kralı bizim itaatkârımız olmuştur. Bize itaat eden diğerleri gibi haraç ödüyor.". Bizans elçisi, Trayas anıtlarını hatırlatıp Bizans'ın Perslerden üstün olduğunu söyleyerek Avarlara ödenen haracı konuşmamıştır. Buradan Göktürk kağanının Avarlara bizimkiler dediğini görüyoruz. Onlar kimseden kaçmamış, sayıları az olan Hunlara karışmışlardır. Aynı yıllarda Göktürk kağanlarından birkaç tanesi Çinli prenseslerle evlendi. Bir kağanın kızı 568 yılında Çin İmparatoru Wu-ti ile evlenmiştir. Macaristan topraklarındaki Avarlar, diğer Türk boyları ve Bulgar Türkleri ile evlenip çoğalmaya başlıyor. Bizans elçilerinin yazdıklarına göre Göktürk Kağanı Çin'den yılda 120.000 altın haraç aldı. Karşılığında onlara büyük at sürüleri gönderdi. Ve yine Türk kağanları kızlarını Çinli Kayserlere veriyordu ve onlardan kız alıyordu. Hunlar döneminde Hunların yabancılara kız vermediğini ama aldıklarını gördük. Atilla'nın yaptığı evlilikler stratejik evliliklerdir. Kağanlık yalnız Hun eşinden olan iki oğluna geçti. Atilla'nın amcalarından birisinin annesi Hun olmadığı için ona hiçbir görev verilmemişti. Avarlar yine buraya kadar başka saraylara kız verip almamıştır. Peki Çin'den haraç alacak kadar güçlü Türkler bu haraç karşılığında onlara neden at sürüleri gönderiyordu? Türk kağanlarının strateji veya dostluk için Çin kadınları ile evlenmelerine hiç gerek yoktu. Zaten çok güçlülerdi ve Çinli kadınlar kendilerine göre çok kısa boylu ve zayıflardı. Kaldı ki o kadınlardan doğan çocukları gelecek nesiller belki tam Türk olmadığı için yeni Kağan kabul etmeyecekler. Aldıkları haraç yerine at gönderiyorlar. Belki Hunlar gibi ikinci veya üçüncü eş olarak alıyorlar ve o çocuklara hükümdarlık hakkı vermiyorlardı. Bizans elçileri, Göktürklerin çok zengin ve güçlü olduğunu hayranlıkla yazmışlardır. Bunlar arasında altın tahtlarda oturan kağanlar, altın sırmalı elbiseler ve diğer süs eşyaları geçiyordu. Bir Alman tarihçinin yazdığı bilgilere göre Böhmen denen bugünkü Çek Cumhuriyeti yakında Alman kavimlerinden kızları kaçırıp onlarla evlenip çocuk yapan Avarlar vardı. Bu bilgiler doğru olmalıdır. Sarışın güzel kızları görünce dayanamayanlar olmuştur.

Eski Türkler ve Avarların Ölü Gömme Kültürü

Eski Türkler ve Avarların ölülerini gömme kültürü birbirine çok yakındır. Türk savaşçılarının mezarına öldürdüğü düşman sayısı kadar taş/balbal konuluyordu. Talan edilen Avar mezarlıklarına bakılınca onların da askerlerinin mezarlarını işaretlediği ortaya çıkmıştır. Asker mezarları daha derin ve geniş kazılıyordu. Askerle birlikte onun silahları, altın kemeri, yanında taşıdığı hançer ve su tası mezara konuluyordu. Askeri sınıfına göre mezarlarına oklar kılıflarının içinde bırakıyorlardı. Ok sayıları birkaç düzineden altıya kadar düşmektedir. Elimizdeki kaynakta ilginç iki kelime var. Bizans kaynaklarını Almancaya çeviren tarihçi Pohl, "Altı Oku" burada Türkçe yazmış ve parantez içinde Almancasını yazmıştır. Diğer eski Türkler gibi ölen Avar komutanları da yanlarından ayırmadıkları atları ile gömülmüştür. Bulgar Türkleri ölülerini aynı bu şekilde gömüyor. 6. yüzyılda Çinliler Türklerin ölülerini yaktığını yazmışsa da bunlar uydurulmuş ve gerçek değildir. Bütün Batı ve Doğu tarihçileri Türklerin ölülerini hiçbir dönem yakmadığını yazmıştır. Türkler eskiden beri ölülerini ölenin sınıfına göre normal veya çok geniş tabutlarla gömerken İslam dinine geçince bu geleneği kaldırmıştır. Gök Tanrıya inanan eski Türklerin bir de yas tutmalarına göz atalım.

Cenaze olduğu zaman onun yas merasimi 40 gün sürüyordu. Bu süre zarfından ölenin yas tutan yakınları, saçlarını kesmezler, tıraş olmazlar, cinsel ilişkiye girmezler, iki hafta kadar banyo yapmaz, düğün, eğlenceden uzak dururlardı. Kadınlar yas tutukları dönemde başlarına beyaz veya siyah bir eşarp, erkekler bellerine yine aynı renkte bir kuşak bağlarlar. Ölenin yakınlık durumuna göre yas süresi bir yıla kadar uzatılabilir. Ölen toprağa verildikten sonra onun ruhunun memnun olması için üçüncü, yedinci ve kırkıncı gün yas evine tanıdıklar gelir ve yemek dağıtılırdı. Mezarlıkların yol kenarına yakın olmasının sebebi yoldan gelip geçenlerin onlara dua okuması ve anması içindir. Ölenlerin mezarına gömüldüğü zaman; su kapları, taze et ve çeşitli yiyecekler konulduğu gibi sonradan evlerinden getirdikleri yiyecekleri mezarların üstüne koyanlar da oluyordu. Mezarlıkların üstüne tahıl serpmek yaygındı. Muhtemelen aç kuşların, karıncaların karnını doyurması ve ölenin ruhunun yalnız kalmaması niyetleniyordu. Mezarlıkların üstüne bir tas su koyanlar, kuşların gelip burada su içerek ölenin ruhunu yalnız bırakmadığını düşünüyordu. Bazıları mezarın başına dut ağacı dikiyor; yeşeren ve boy veren ağaç, iyilik olarak düşünülüyordu. Aynı zamanda mezarın yeri kaybolmuyordu. Bugün Anadolu'da ölenin arkasından kurban kesip onun etini misafirlere yedirmek, Türklerin eski Gök Tanrı inancından gelmiştir. Bu geleneği Uygur Türkleri bugün bile eskiden olduğu gibi devam ettirmektedir. Gürcistan Türklerinde, ölen çocukların çok sevdiği meyveleri getirip mezar taşına koyma geleneğini hala devam ettiriliyor.

Avarların Yönetim Sistemi

Hunlar gibi Avarlar da iki Kağan tarafından yönetiliyordu. Birisi ölürse halk lidersiz kalmayıp devletin devamlılığı sağlanıyordu. Bizans Kayserinin Konstantinapol önlerinde adalara hapse attırdığı sözde Avarların elçisi Targitos aslında ikinci kağandır. O, bir elçi gibi kağanın isteklerini iletmek yerine bir kağan gibi yeni taleplerde bulunmuş ve Kayseri kızdırarak hapse atılmıştı. Kağanların çifte olması bir yere kadar iyi olduğu gibi bazen de kötü sonuçlara yol açıyordu. Birisi kızgınlıkla bir savaş kararı verirse diğeri bunu önleyebilirdi. Diğer taraftan ikisi arasında anlaşmazlık çıkarsa ne yazık ki iç savaşa yol açabilirdi. O dönem bütün güçlü ülkeler; Çin, Doğu ve Batı Roma İmparatorluğu ile Persler gibi köle ticareti yapıp kendileri köle tuttuğu halde, Türkler köle tutmuyordu. Savaşta öldürdükleri kadar düşmanları öldürüp ele geçirdikleri sağ kalanları küçük sembolik bir fidye karşılığı serbest bırakıyorlardı. Avarlar kendi bölgelerinden Çin'e kadar Hunlar gibi ticaret yapıyorlardı. Bulgarlara tuz onların topraklarından gidiyordu. İpek yolu üzerinden onlarda olmayan çeşitli ürünler geliyor ve onlarda kendi ürünlerini gönderiyorlardı. Atilla'nın oğlu Denizik Bizans'la 469 yılında bu yüzden savaşmıştı çünkü Bizans o ticaret yollarını kapatmıştı. Elimizdeki bilgilere göre Avarlar tuzlanmış hayvan postlarını birçok ülkeye gönderiyorlardı. Gök Tanrıya inanan Avarlarla Bizans arasında yapılan bir görüşme sonrası iki tarafında yemin etmesi gerekince Bizans tarafı bir İncil çıkarmış fakat bunu kağan kabul etmemiştir. Bir kitabın ne önemi var ki diyerek kılıç ve Ulu Tanrıya yemin etmiştir. Bizans kendi adeti üzerince İncil'e yemin etmekteydi. Alman misyonerleri o dönem Avarları Hristiyanlık dinine geçirmek için çok gelip gitmiş. Bunun mümkün olmayacağını anlayınca vazgeçmişlerdir. Avar mezarlarında bugüne kadar Hristiyanlığı simgeleyen hiçbir bulguya rastlanmamıştır. Bulunsa bile belki bir altın olarak alıp ne olduğunu bilmeden kullanmışlardı. Bizans tarihçisi Theophylakts, Hunlar ve Ogurların birleşmesi sonucu Avarların ortaya çıktığı görüşünde. Yani bu iki Türk boyu Türkistan'dan yola çıkarken birleşip Avrupa'ya gelmiştir.

Avarların Dili

Buraya kadar Avarların Türkçe konuştuğuna şahit olduk. Bu konu bizi meşgul ettiği gibi tarihçileri ve dil uzmanlarını da çok meşgul etmiştir. Viyanalı Prof. Pohl Avrupa'da Avarlar hakkında yazılmış tek kitap olan eserinde onların asla Moğolca konuşmadığını yazmaktadır. Bilindiği gibi Moğollar 1200 yıllarından sonra tarih sahnesine çıkmıştır. Avarların Avrupa'ya göçünden 700 yıl sonra. Avarların Moğolca konuşmadığı görüşünü Gombocz, Nemeth, Moravcsik gibi birkaç uzman daha dile getirmiştir. Hepsinin ortak görüşü onların dilinin Türkçe olduğuydu. Avarların ikinci Kağanı Targitios eski İskit dili konuşuyor. Bu Sibirya'da bugün bile konuşulan Yakut Türkçesidir. Avarların iki güçlü kumandanı Apiş ve Kandih, Hunca konuşuyor. Huncanın bugün Çuvaş veya Yakut Türkçesine yakın olduğunu biliyoruz. Bayan Kağan, Çuvaş Türk dili konuşuyordu. Şimdi ben okuyucuların sorularını biliyorum. O, eğer Çuvaş Türkçesi konuşuyorduysa ve onlar da Hun ise Çuvaş dili nereden çıktı. Evet, Hunlarda Çuvaş dili konuşuyordu veya Sibirya'da konuşulan Yakut Türkçesi konuşuyorlardı. Bu onların bugünkü Sibirya veya İdil kıyılarından orta Avrupa'ya göçmesi veya onların Çuvaş, Yakut olmaları demek değildir. En eski Türkçe Yakut ve Çuvaş

Türkçesiydi. O dönem halk bu iki dili ve Uygurlar kendi Uygur lehçesini konuşuyordu. Sonraki yeni lehçeler bu üç Türk dilinden gelişmiştir. Bugün İdil boylarında adına Çuvaş denen bir Türk azınlık varlığını halen sürdürmektedir. Hunlar, İdil boylarından gelmedi. Bir küçük azınlık Çuvaş Türkü, belki ilk defa Başkurtlar gibi 3 bin yıl önce bugünkü Çuvaşistan bölgeye göçtüler. Onlar kendi bölgesinde dillerini korurken diğer Türkler, Bulgarlar ve Başkurtların dili farklı yönde gelişmiştir. Çuvaş ismini ne zamandan beri kullanıyor bilmiyoruz. Onların dili, 1552 yıllarından sonra Rus işgaline uğradıktan sonra Rusçayla karışarak bozuldu. Bugün onların komşusu Tatarlar ve Başkurtlar onları kısmen anlayabilirler. Başkurt ve Tatarların dili birbirine çok yakınlaşmıştır. Bu değişim 400 yıllık İdil Bulgar Devleti döneminde veya Altınorda Devleti döneminde olmuş olabilir. Bugün tam açığa çıkarmak zordur çünkü o dönem yazılmış kitaplar olmuş olsaydı kıyaslama imkânı olurdu. 40 ayrı kaynak araştırmaya kalksak yine 40 ayrı cevap çıkacaktır. Konuyu aydınlığa çıkarmak için bütün Türk lehçeleri eski Çuvaş, Yakut ve Uygur dilinden ortaya çıkmıştır.

İlk Bayan Kağan aynı zamanda Farsça biliyordu. Bir kaynakta Moğolca bildiği de geçiyor fakat Moğollar o dönem Türkistan'da yoktu. Nereden ve ne için öğrendiğini bilmiyoruz! İlk gelen Avarlardan okuma yazma bilenlerin eski Türklerin Runik alfabesini kullandığı yapılan bir kazıda ortaya çıkmıştır. Bir kemik üzerine eski harflerle 58 harften oluşan bir yazı yazılmıştır. Ne yazdığı maalesef elimizdeki kaynaklarda bulunmuyor. Yine başka bir altın sürahi üstünde eski Runik harfleriyle yazılmış bir eser bulunmuştur.

Bulgarlar kimdi?

Sürekli karşımıza çıkan Bulgarları açıklamasak bilgimiz yarım kalmış olacak. Onların ne zaman İdil-Volga boylarına göçtüğünü kesin söylemek zordur fakat çok eski tarihlerde olması gereklidir. Komşuları Başkurtların en az 3000 yıldır orada yaşadıkları doğrudur. Belki onlarda o dönem veya daha erken veya geç o bölgeye göçtüler. Bulgarlar eski kaynaklarda 600 yıllarında karşımıza dört parçaya bölünmüş olarak çıkmaktadır. Ondan öncesini bilemiyoruz. Dört parçadan oluşmuş olmaları doğrudur. Bir parçası Avarların Macaristan'a yerleşmesinden sonra yanlarına yaklaşmaya başladı. Ondan önce bu bölgede yoktular. Bulgarların bir kısmı adına Türkçe İdil, Rusça Volga denen nehir boylarına yerleşmiştir. Diğer bir kısmı Türklerin Kaspiyen dediği Hazar'ın üstündeki Astarhan bölgesine, diğer kısmı daha aşağılara bugünkü Kuzey Kafkasya bölgesine ve hazar Denizi kıyılarına. Mahaçkaleden Derbent şehrine kadar sahil boyu onların yerleşim alanıdır. Bulgarlar, Karadeniz boylarında görünmeye başladıkları tarihte Avarların müttefiki oldular. Onlar zaten oraya Hunlar döneminde gelip yerleşen diğer Türk boyları ile dostluklar kurup aralarına girip çıkıyorlardı ve kısmen yerleşmeye başladılar. Bulgarların bir kısmı Karadeniz boylarından Avarların içine yerleşerek onlarla evlenip karıştı. Bulgarlar, Avarlar gibi Türk milletiydi ve aynı dili konuşuyordu. İkisi de Gök Tanrıya inanıyordu. Karadeniz boylarındaki Bulgarlar daha sonra Trakya bölgesine inerek Bizans'ın topraklarını ele geçirmeye ve yerleşmeye başladılar. Avarlar, Bulgarları İstanbul ve Selanik kuşatmasına çağırdı fakat gösterdikleri bir başarı yoktu ve gelenlerin sayısı kayıtlara geçmeyecek kadar azdı.

Slavlar Kimdi?

Slavlar bu kadar karşımıza çıkmışken bir de onları biraz yakından tanıyalım. Hunlar, Macaristan ovasına gelince oraları tam boş değildi. O bölgede o zaman kendi kralları olan Doğu Gotlar ve Gepidler denen iki küçük Alman kavmi vardı. Atilla, bu krallıkları yıkarak kendinden sonra gelen Avarlara bu geniş toprakları altın tepsine sunmuş gibi oldu. Bu topraklar bundan dolayı kolayca Avarların eline geçti. Karşısında onlara karşı koyacak krallıklar ve ordular kalmamıştı. Avarlar, Viyana dahil geniş bir alandaki halkları kendi yönetimleri altına alıp onları bugün otonomi denen iç işlerinde bağımsız devletler haline getirdi. Onlardan savaşlarda askerler istemiyorlar fakat ganimet için gönüllü gelenler oluyordu. İstanbul kuşatmasına onların hâkimiyeti altında yaşayan Gepidleri göremiyoruz. Slavları Bizans'a karşı ittifak için harekete geçiriyorlar onların da kendi çıkarı vardı. Slavlar bugünkü Ukrayna topraklarında yaşıyordu. Orta Avrupa'ya göçleri, 796 yılında Avarların çöküşü ile başladı. Ondan önce küçük guruplar halinde Avarların sınırları içinde yaşayıp yaşamadıkları konusunda çok farklı görüşler vardır. Slav milletleri kimlerdi? Bunların başında Ruslar gelmektedir. Onlar 900 yıllarından sonra Moskova'ya kadar yayıldılar. 1552 yılına kadar bugünkü Tataristan'ın Kazan şehrinin 100 kilo metre uzağındaydılar. İngilizlerin onlara verdiği silahlar sonucu Kazan Hanlığının yıkılmasından sonra bütün Rusya'nın doğusu eski Türk toprakları onların eline geçti. Doğu Slavlarının arasında Ruslar hariç, Ukrayna ve beyaz Rusya var. Batı Slavları Polonya, Çek Cumhuriyeti ve Slovakya'dır. Güney Slavları; Bulgarlar (bunlar zaten Bulgar Türkleri ile karışan Slavlardır ve aynı adı taşımaya devam etmişlerdir.), Slovenya, Hırvatistan, Sırbistan, Bosna-Hersek, Kuzey Makedonya ve Karadağ'dır. Aynı bölgede 11. yüzyılda karşımıza çıkan başka bir kavim de beyaz Ogurladır. Bunlar bir Türk boyu kabul edilen Onogurlar ve dilleri Fin-Ogur karışımı dilleri olan Macarların karışımıdır. Fakat bunlar hakkında sayıları çok düşük olduğundan o kadar az bilgi var ki yazılacak fazla bir şey yok. Onlar da başka kavimlere karışmışlardır belki Macaristan ovasında erimişlerdi.

Eski Türklerin İnancı

Eski Türklerin hepsi Gök Tanrıya inanırdı. Bu inanç şöyleydi: Türklerin Gök Tanrı inancı tek tanrıya inanç demekti. Hristiyanlarda Tanrı, Hz. İsa ve Kutsal Ruhtan müteşekkil üç parçalı bir tanrı vardı ve bunu Türkler anlayamıyordu. Türkler Arap coğrafyasında olduğu gibi putperestliği, Perslerde olduğu gibi ateşperestliği veya Hindistan gibi 5000 bin ayrı tanrıya inanmayı da akıllarına getirmemiş, semavi dediğimiz göklerden gelen inançları manevi hayatlarında uygulamışlardır. Tanrı yüce, ulu demektir aynı zamanda Türk dilinde 5 000 yıldan fazla geçmişi olan bir kelimedir. Tanrı:

- Tektir ve eşi yoktur.
- Yaratıcıdır; bilinen ve bilinmeyen her şeyi o yaratmıştır.
- Savaşlarda Tanrının iradesi ile zafere ulaşılır

- Buyurur ve iradesine girmeyenler cezalandırılır.
- İnsanlara kut ve uluğ (kısmet) bağışlar ama bunlara layık olmayanlardan geri alır.
- Canlılara yaşam verir.
- Ölüm onun iradesine bağlıdır.
- Varlıklara yaşam verdiği gibi dilediğinde onu geri alır.
- Göktürklerden kalan Orhun Anıtları'na göre Tanrı evrenin ilk nedenidir, yaratıcısıdır.
- Türklerin kağanlık kurması onun isteği ile olmuş Türk milletine kağanlığı o vermiştir.

Kısaca yazıtlara göre Tanrı, Türk milletinin yaşamı ile yakından ilgilenmektedir.

8. yüzyılda Arap gezgin İbn Fadlan'ın anlattığına göre; İslam dinine henüz girmemiş Türkler, herhangi bir zorluk anında başlarını göğe kaldırıp "Ey tanrım" diye dua ederlermiş. Bugün aynısını "Allah'ım" diyerek yapıyoruz.

Bugün biz Allah'ın adıyla her işe başladığımız gibi o dönem Türkler, "Ulu tanrının adıyla" işe başlarlarmış. Bunu Kaşgarlı Mahmut da eserlerinde belirtmiştir. Cennet ve Cehennem, Gök Tanrı inancında da vardı. Cennete gitmeye Uçmak derlerdi. Bunu Yunus Emre'de şiirlerinde kullanmıştır. Cehenneme ise Tamug derlerdi.

Yine eski kaynaklardan İbn-i Fadlan'ın anlattıklarına göre komşuları Moğollar domuz yediği halde Türklerin sevmediği ve yemediğini öğreniyoruz.

İslam dininde büyük günahlardan olan zina, Türklerde o dönem ölüm ile cezalandırılıyordu. Fakat burada bir açıklama gerekiyor: bu ceza evli kadınları baştan çıkaran erkeklere uygulanıyordu. Türklerin büyük suç kabul ettikleri ahlaksızlıklar, sonradan İslam dinine günah olarak girmiştir. Hırsızlık, hile, yalan söylemek ve insanları inciten davranışlar ağır şekilde cezalandırılmıştır.

Eski Perslerde adına Mani denen bir inanç ortaya çıkıyor. Bu Zerdüştlük ve Hristiyanlığın bir karışımıdır. Bu dinde ruhban sınıfı o kadar güç kazanıp söz sahibi oldu ki Perslerin Kralı daha doğrusu o zamanki Şahların Şahı bütün rahiplerini öldürtüp tapınaklarını ateşe verdirdi. Kendisini peygamber ilan eden dinlerinin kurucusu Mani'yi 70 yaşında olmasına rağmen hapse attırdı. Mani burada öldü. Mani dini İran'da yasaklanınca yerine güneşe tapmaya başladılar. Ne garip ki Mani Dini daha sonra 5. yüzyılda birden Uygurların arasında meydana çıktı. Uygular bir müddet bu inancı denedi hatta o dönem eski Göktürk ve Tibet harfleriyle dinleri hakkında yazdıkları el yazmalarını Almanlar 1928 yılında Turfan şehrinde bulup Almanya'ya Berlin müzesine getirmiştir. Onlara bu inanç pek uygun gelmedi. Tibetli rahipler Uygurların arasına girerek Budizm'i yayıp yumuşak kayaları oyarak ilk tapınak ve ibadet yerlerini kurdular. Doğu ve Batı Türklerinin dinlerinin nasıl geliştiğini kitabın sonlarına doğru göreceğiz.

602 yılı Sonrası Avarlar Dönemi

602 yılında Balkan illeri için kötü dönemler başladı. Avarlar ve onlardan bağımsız olarak Slavlar akınlar düzenliyordu, istedikleri gibi hareket etmeye başlamışlardı. Yüzbaşı Phokas'ın yaptığı darbe çoktan var olan fakat gözükmeyen Bizans İmparatorluğunun aslında sallandığını ve yıkılmak üzere olduğunu ortaya çıkarmıştı. Bizans'ın kendi tarihçileri bu dönem hakkında yazmamış fakat onları uzaktan takip eden Batı Gotlarının İspanya'daki ve Mısır'daki tarihçileri notlar almışlardı. Avarlar birkaç şehri ele geçirmişti. Pers savaşları yavaş yavaş Bizans'ın başkentine doğru bir felaket gibi gelirken ülkede açlık başlamış, halk ve ordu isyan etmiştir. Yeni Kayser ondan öncekiler gibi Avarlarla yeni anlaşmalar yaptı. Pers savaşlarına karşı sırtını sağlama aldı. Phokas Avrupa ordularını Perslere karşı kullanmak için çekti. Avarlara yıllık haracı 140 000 soldiye yükseltti. Avarlar kendi topraklarına çekilirken Slavlar boş durmayıp Bizans illerine yağmaya indi hatta tek parça kütükten yapılan kayıklarla Anadolu yakasına geçip oraları yağmalıyorlardı. Yanlarında bu kez kadınlarını da getirmişlerdi eğer yerleşebilecekleri şehirler varsa oralarda kalmaya niyetliydiler.

606 yılında Bizans'ın sınır kalesi Dara, 609 yılında Edesa ellerine geçince Persler Üsküdar'a kadar yaklaştılar. 610 yılında Avarların başlarına yeni ve genç bir kağan geçmişti. İlk kağanlarının çok genç oğullarından biri abinin yerini almıştı. Yeni kağan çok daha cesur, yakışıklı ve modern silahlar kurdurmuş ve ordusunu güçlendirmiştir. Ne yazık ki onun adı da kaynaklarda geçmemektedir.

Avarlar, Bizans ve Perslerin savaşına önce karışmayıp uzaktan izlediler fakat onlar diğer Avrupa ülkelerinin iç işlerine karışıp taraf tutacak ve siyasetlerine yön verecek kadar güçlüydüler. Avusturya Kralı, o bölge ve bu krallık o dönem Almanya'nın tam ortasındaydı, bugünkü Avusturya'da değil. O dönem birçok Alman krallığı vardı, tek bir Almanya yoktu. Bunlar birbirlerine bazen müttefik bazen düşman olup savaşıyorlardı. II. Theudebert ve kardeşi II. Theuderich arasında bir anlaşmazlık çıktı. Avarların müttefiki Langobard kralı Afiluluf 604 yılında oğlu Adaloald'i Theuderbets'in kızı ile nişanladı. Karşılığında bu kral Batı Gotlarının Kralı Witterich bir kızı ile evlenecekti. Kraldan sonra söz sahibi olan Batı Got kralının yardımcısı ve ordularının baş komutanı Brunhilde (kaynakta ne olduğu tam anlaşılmıyor) gelen gelini geri gönderdi fakat onunla gönderilen çeyizi (demek ki o zaman geline ailesi büyük çeyizler vermişti) geri göndermedi. Almanların kendi aralarında savaş çıktı. Burgund şehrinin surlara dayandılar. Kız tarafına karşı Avarlardan yardım istendi. Avarlar şehir surların önüne karargâh kurup girmeyi beklerken kralın kızı, Avar kağanına uzaktan bakıp âşık oldu. Gece kapıları açtırıp bütün askerleri içeri aldırdı. Şehre giren askerler, diğer askerlerinin hepsini öldürdüler ve güya bütün kadın ve kızları kaçırıp kendi ülkelerine götürdüler. Bu olaylardan sonra kağan, kendi halkı arasında daha büyük itibar kazandı. Batılılar gözünde imansız Avarlarla eğlenilmeyeceği anlaşıldı. Avarlar, bundan sonra Almanların kendi aralarındaki çatışmalara hiç karışmadı ve büyük bir devlet gibi siyaset izlediler. Kız bu arada ne oldu hiçbir bilgi bulunmamaktadır.

615 Yılında Büyük Saldırılar

Slavlar kendi başlarına Bizans'ın Avrupa'da zayıf düşmesini fırsat bilip Güney Almanya'ya kadar yağma yapıp ganimet topladılar. Bayern Kralı onlara karşı çoğu kez kazandığı mücadelelerle ellerine geçirdikleri ganimetleri tekrar geri götürmeyi başarıyordu. Bizans onlara karşı başarı gösteremedi. İstedikleri yerlere girip çıkıyor, yağmalıyor ve yakıp yıkıyorlardı. Avarlar bu arada yeni güçlü silahlar üretmiş ve 617/618 yılında Selanik şehrini kuşatmaya gelmişlerdi. Buna neden karar verdiler bilmiyoruz. Belki denizlere inmek, topraklarını daha çok genişletmek için yaptılar. Avar Kağanı önden hızlı süvari birliklerini gönderdi. Aradan birkaç gün sonra, büyük ordu şehir surlarına vardı. Bu saldırı Bizans Kayseri için de bir beklemediği kötü bir sürpriz olmuştu. Sahilden gemiler şehre yiyecek ve malzeme indirip onların kuşatmaya uzun süre dayanmaları için destek sağlıyordu.

Avarlar, çok yüksek surlar için tırmanma kuleleri icat etmişti. Bunların boyları surları geçiyordu. Tırmanma kulelerinin içinden yukarı doğru bir merdiven çıkıyordu ve zırhlı askerleri taşıyordu. Kuleleri tekerlerler üzerine surların dibine sürüyorlardı. Karşıdan atılan oklara karşı kulelerin önü zırhlıydı, oklar geçmiyordu. Ateş atma aletleri getirmişler ve surların içine yanan toplar halinde ateş atarak yangın çıkartıyorlardı. Yerden merdivenler kurup tırmanma kulelerini sur diplerine ittirenler için kaplumbağa kabuğu şeklinde ayrıca zırhlar üretmiş, yukarıdan atılan oklardan korunuyorlardı. O sırada kulelerden biri devrildi. Okçular 33 gün şehir surlarında nöbet tutan askeri ok yağmuruna tuttu fakat çok fayda etmedi. Hepsi sipere girmişti. 33 gün sonra getirdikleri binlerce atın ve kendilerinin yiyecekleri azalmaya başladı ve kuşatmayı kaldırmak zorunda kaldılar. Dalmaçya denen bugünkü Adriyatik sahillerini bir yıl sonra başka türlü ele geçirmeye başladılar. Avarlar kendi askerlerini Bizans askerleri gibi giydirip şehir surlarının kapılarını açtırıp içeri savaşsız girdiler. Burayı bütün Dalmaçya'yı fethetmek için merkez yapıp gelecek yıllarda Adriyatik boyunca şehirleri ele geçirdiler. Bugün adına Hırvatistan denen bölgede o dönem Hırvatlar ve Sırplar yoktu. Halkı, Doğu Romalı eski Yunanlardı. Nüfusları çok az olduğu halde büyük topraklara yayılmışlardı. Avarlar, buradan 800 yıllarında çekilince Bizans bu bölgeyi Slavlara Ortodoks olmaları karşılığında bıraktı. Slavların göçü ve Orta Avrupa'da çoğalmasının suçlusu olarak Avarlar gösterilmektedir. Avrupa kapıları, Avarlar olmasa Slavlara açılmayacaktı denir.

Avarların Kaysere Darbesi

23 Haziran 623 yılında, önemli bir barış görüşmesi başkent Konstantinapol'e 60 kilometre uzaklıktaki Silivri ve Marmara Ereğlisi arasındaki uzun surlar önünde yapılacaktı. Kayser Heraklios ordusunun büyük bölümünü Perslere karşı Anadolu'da ve Pers sınırları civarında bırakmıştı. Kendi kağanla görüşmek için başkente gelmişti. Kayser elçilerini orada bekleyen kağanın adamlarına gönderdi. Kağanın adamları barıştan yana olduklarını söyleyip kayserin kağanla şahsen

konuşması gerektiğini kararlaştırdılar. Üç gün sonra kağan ve kayser anlaşılan yere surların yanına buluşmaya geldi. Kayser onlara göre barbarları etkilemek için aklına gelen her türlü oyunu sahnelemeye gelmişti. Sırtında çok kıymetli bir cüppe, başında gösterişli bir başlık, arkasında büyük bir din adamı grubu ve senatörler, makam sahipleri, halk temsilcileri ve yanlarında onlara müzik çalıp şarkılar söyleyerek yürüyen müzisyenlerin hepsi at üstünde ağır adımlarla yürüyorlardı. Avarlar için hazırladıkları değerli hediyeleri de getiriyorlardı. Bugün bir için ayrıca bir at yarışı düzenlemişlerdi. Kayser, Avar Kağanının çadırına doğru yürürken Kayserin yanına atlılar gelerek uzun surların arkasında Avar atlılarının saklandığını haber verdi. Onların görevi Kayseri arkasından çevirip yakalamaktı. Bunu duyan Kayser üstündeki süslü elbiseyi atıp içinde halkın giydiği elbise ile atını çevirip dört nala başkente doğru sürmeye başladı. Avar atlıları yanındaki adamlarının peşine düştü. Avarlar, ilk defa İstanbul surları önüne bu kadar yaklaşmıştı. Kayser ve adamları şehir kapısından içeri kendilerini zor attı fakat Avarlar Bakırköy'de kalıp karargâhlarını oraya kurdular. Kayserin üstündeki kıymetli kaftan, başındaki başlık, müzisyenlerin aletleri ve getirdikleri hediyeler canlarını kurtarmak için atıp kaçtılar ve Avarların eline geçti. Avarlar Bakırköy'de bir kiliseyi yağmalayıp ateşe verdiler. Bu olaylar sonrası Bizanslar kiliselerde Tanrıya dua edip sağ kurtulmalarını kutluyorlar. Bayan Kağan Konstantinapol'ü diğer şehirleri gibi ele geçireceğini açıkça söyleyerek tehdit etti. Bundan korkan Bizans yıllık haracı 200 000 soldiye yükseltti ayrıca Batı Romalılar gibi ailelerinden 3 çocuğu onlara rehin verdi. Bu çocuklardan biri, onun kız kardeşinin oğluydu. Diğerlerinden biri önemli bir din adamının ve devlet işinde görevli birisinindi. Avarlar, bu çocukları kendi aralarında yetiştirip 636 yılından sonra geri gönderdiler.

Bozkırların Dizginlenemez Savaşçıları

626 yılında Göktürk kağanı 100.000 kişilik ordusuyla Çin'in başkenti Chang-an'ı kuşattı. Aynı yıl batıda Avarlar, barış anlaşmalarına rağmen İstanbul kuşatmasıyla Perslerin yanında

yer aldılar. Bizans ile aralarının neden tekrar açıldığı hakkında elimizde bilgiler yok. Fakat Bizans Göktürk kağanlarına karşı elçiler gönderip Perslere karşı yardım istemişti. Persler ise Avarlara elçi gönderip Bizans'a karşı yardım istedi. Persler Bizans'la görüşmeleri sırasında Hunlarla (Avarlar) ile müttefik olduklarını anlatıyorlar.

626 yılında dönemin bir yazarı, Avarlar için şöyle yazmıştı: Dizginlenemez halkların hayatı savaştı. Avarlar, büyük İstanbul kuşatmasına kadar beş defa şehir önlerine gelmişlerdi: 584, 585, 586, 592, 598 ve 626 yılında. Avarların 30 000 süvarisi toplam 80 000 askeri vardı. Piyade askerler, at arabalarıyla İstanbul önlerine geldiler. Bayan Kağan önden 30 000 atlı süvarisini gönderdi. Kendi 50 000 kişilik ordusuyla bir ay sonra İstanbul önlerine geldi. Avar orduları tepeden tırnağa kadar zırhlıydı. Sabah güneşinde çelik zırhları ayna gibi parlıyordu. 12 adet tırmanma kulesi ve sayısız mancınık kurdular. Bunların yanında ateşli silahlar ve Batı Avrupa'nın görmediği kale kuşatma silahlarını kendileri icat etmişti. Eski filmlerde gördüğümüz orta çağ savaşlarındaki büyük silahlar Avarların icadıdır. Kaynaklarda isim karışıklığı karşımıza çıkıyor. Bazı kaynaklarda Bayan Kağan geçerken diğerlerinde Bonus olarak geçmektedir. Bonus aynı zamanda Bayan Kağan'ın komutanı olarak geçmektedir. Savaş sırasında Bizans'ın eline üç Pers elçisi esir düştü. Bunlardan birinin ellerini kesip Avar Kağanına gönderdiler. Diğerinin başını kesip boyuna asmışlardı. Bu vahşet elçilere yapılmaz ama onlar yapmıştı. Kuşatma sırasında 1000 Avar süvarisi Galata'ya kadar ilerleyip Persleri karşıdan selamladı. Savaş başlamadan Avarların yanındaki davulcu birliği davullara vurup büyük gürültü çıkararak karşı tarafa psikolojik baskı yapıyordu. Bizanslar onları koruyacağını düşünüp yüzlerce Hz. Meryem resmi çizerek şehrin giriş kapılarına astı ya da askerlerin savunma kulelerine dağıttı. Avarlar bir kilometre boyunca surlara adına o dönem Pemptu ve Polyandreu denen taraftan saldırıyordu. Şehirde çok sayıdaki Ermeni sakin de Bizans'a yardıma katıldı. Avarların saldırıları günde 11 saat sürse de surları aşamadılar. 4000 Slav, Tuna nehri boyunca basit

kayıklarla Avarlara müttefik olarak gelmişlerdi. Avarların arasında Bulgarların olup olmadığı kaynaklarda geçmiyor fakat olmaları gereklidir. Üç ay sonra Avarlar kuşatmayı kaldırınca yanlarında getirip kurdukları bütün kuşatma silahlarını ateşe veriyorlar. Onların yanıp kül olması bütün bir gün sürüyor. Buraya kadar nasıl gelindi bir de bunu Bizans'ın kendi kaynaklarından okuyalım. Avarların kuşatmayı kaldırmasının iki sebebi var aslında. Birincisi kış yaklaşıyordu, ikincisi ise yanlarında getirdikleri sayıları belki 200 bini geçen atların yiyecekleri bitmişti.

Avarların İstanbul Kuşatması

Doğu topraklarında Persler ve Bizans iki büyük devletti. Bizans'ın o dönem güçlü bir imparatorluk olduğu tartışmasızdı. Arap çöllerinde İslamiyet dini doğduğu sıralarda Bizans ve Perslerin savaşması hem İslamiyet'in yayılmasına öncülük etti hem de Türklerin sonraki yıllarda bütün Anadolu ve İran bölgesini ele geçirmesine yol açtı.

Yıl 602, Konstantinapol'de Bizans sarayında darbe olmuştur. Kışı Tuna'nın ilerisinde geçirmek istemeyen ordu başkente isteklerini iletmek için Yüzbaşı Fokas/Phokas yüz kişilik bir delegasyonun başında geldiğinde hakarete uğramış hatta dayak bile yemişti. Yenilgiler, ödenmeyen fidyelerden dolayı arkadaşlarının öldürülmesi, uzun süre savaşmak zorunda kalma ve kışın geri dönmelerine izin verilmemesi gibi sebepler yüzünden zaten kızgın olan ordu Phokas'ı liderleri seçerek ayaklanmış ve bir manastıra sığınan Kral Mavrikios'u öldürmüştü. Fakat Fokas/Phokas'ın darbesi başından beri hüsrana mahkumdu. Bizans yönetiminden destek alamayacaktı. Bir kralı öldürmek Tanrıya karşı gelmekti ve kirli ve kanlı darbeydi. Tanrı onun cezasını yanına bırakmayacaktı. Darbeyi ve cinayeti duyan Pers Kralı 2. Hüsrev darbeci Bizans Kralı Fokas/Phokas'a karşı savaş ilan etti. Pers kralı öldürülen Bizans kralını, kendi arkadaşı ilan etti ve intikamını alacağını bildirdi. Tabii ki asıl planı Bizans'a bu karmaşa ve huzursuzluk sırasında saldırıp yeni topraklar ele geçirmekti. Persler, 603 yılında ilk saldırılarını bugünün Azerbaycan'ı olan Albania

143

denen devlete yöneltip bir kısmını işgal ettiler. Bu devletin halkı Türk'tü. Savaşlar yıllarca devam ederken 608 yılında Bizans kenti Theodosiopolis'i (Erzurum) aldılar. Persler yalnız onların doğu ve güneyindeki bölgelerde değil, aynı zamanda Mezopotamya ve Mısır taraflarında da büyük topraklar ele geçirdiler. Buraları o dönem Bizans'ın kontrol ettiği topraklardı. Bizans, dinden sapan veya onlara göre dinden çıkanlara karşı uyguladıkları engizisyonun bir cezası olduğunu düşünüp tanrılarının kendilerini ceza verdiğine inanıyorlardı. Aradan 8 yıl geçtiği halde kral katilinin tahtında oturduğu için bu mağlûbiyete maruz kaldıklarını düşünüyorlardı. Bizans'ın kontrol ettiği Kuzey Afrika'da yeni krala karşı isyanlar çıktı. Mısır'dan buğday gönderilmesi durdu. Mısır genel valisi Herakleios, kurduğu gemi filosuyla Konstantinapol'e doğru yola çıktı. Konstantinapol'de onun gelmesini bekleyenler, gemiler şehre yanaşınca yardım etti. Şehrin bir kısmını ateşe verip panik yarattılar. Darbeci kral Fokas/Phokas ve ailesi öldürüldü.

610 yılında Mekke'de İslam Peygamberi Hz. Muhammet dinini tebliğ etmeye başlamıştı. Bizans'ın başında yeni bir imparator vardı. Persler Antiochien (Antakya) Şehri'ni 611 yılında ele geçirdi. Antakya ile Perslerin eline 3. büyük Bizans şehri geçmişti. Persler Kapadokya'da Caesarea (Kayseri) kentini kuşattılar fakat Bizans onları püskürtmeyi başardı. Bizans Kralı Herakleios, 1 yaşındaki oğlunu eş kral ilan edip kuzeni Martina ile evlendirdi. Bu evlilik herkes tarafından kabul görmedi fakat kral Martina'ya âşıktı ve savaşa gittiği her yere onu yanında götürüyordu. Kralın amacı dağılmaya başlayan Bizans İmparatorluğu'nu tekrar toparlamak ve halka güvence vermekti.

Pers zaferleri devam eder; Damaskus (Şam) ve Filistin bölgesindeki Caesarea kentini alıyorlar. Hıristiyanlık o bölgede hakimdir. Bu yüzden bölgenin en önemli Hıristiyan din adamı Patriah Sergus'u, Bizans Kralı, "Genel Vali" olarak atar. Kendisi Ermenistan'a Perslere savaşmaya gittiğinden, bu bölgeyle meşgul olamaz. Persler, 614 yılında Kudüs'e girer, her yeri talan edip yağmalar, kiliselerdeki haçları yere atılıp çiğner, papazları öldürür ve halkın bir kısmını köle olarak götürür, geriye kalanları kılıçtan geçirir. Yahudiler 400 yıldır Perslerin, Bizans'ı yenecek ve Yahudiler tekrar Filistin'e döneceğini iddia etmektedir. Perslerin Kudüs kentini almasıyla Yahudilerin Perslere yardım ettiği iddiası, Hıristiyanlar arasında yayılmaya başlar. Bölgede yaşayan önemli Hıristiyan aileler ve alimler Konstantinapol ve Mısır'a göç eder, bölge boşalmaya ve sahipsiz kalmaya başlar. İlk Müslümanların Mekke'den Etiyopya'ya gitmesi veya bir kısmının hicret etmesi 614 yılındaki bu olaylara denk gelir. Persler zaferlerini uzun yıllara yayar. Karşı taraf gittikçe toprak kaybeder ve devlet dağılmaya yüz tutar. 615 yılında General Şahan'ın önderliğinde Anadolu'yu boydan boya geçen bir Pers birliği Konstantinapol karşısındaki Chalcedon (Kadıköy) şehrine kadar ilerler. Ermenistan'dan dönen Bizans kralı Herakleios paniğe kapılmak yerine talihin kendilerine döndüğünü görür. Pers generali boğazın karşısına geçemediği gibi ikmal yollarından ve desteğe gelebilecek kuvvetlerden çok uzaklaşmıştır. Orduyu doyurmakta bile zorlanmaya başlar. Bizans, onları oyalamayı ve durdurmayı yeğler. Pers generali bir müddet oyalandıktan sonra geldiği gibi döner. Ya kıtlık tehlikesi baş gösterdi ya da geri çağırıldı; belki de buradan bir zafer ihtimali olmadığını anladı. Geri dönmesinin sebeplerinden biri de Türklerin Pers İmparatorluğunu tehdit etmesiydi. 615 yılında Kafkas Türklerinden bir ordu, ülkenin içlerine kadar ilerler. Bugünkü Tahran'a yakın Rey şehrinde iki ordu arasında büyük bir savaş yaşanır. Türkler, savaşın olduğu bölgeden yine Kafkasya'ya doğru geri çekilir. 619 yılında Persler, Mısır'ı ele geçirir, Konstantinapol'e buğday ihracatı yine durur. Şehirde açlık baş gösterirken, Balkanlardan yeni bir tehdit görünür; Avarlar. Hunların halefi olan Avarlar, Slav müttefiklerle Ege denizine kadar iner, Selanik'i kuşatır. Buradan İstanbul Surları'na kadar ilerler. Avarlar, Bizans'ı surlar önünde barış görüşmeleri yapmaya çağırır. İstanbul iki ayrı surla çevrilidir; birincisi aşıldıktan sonra yine yerleşim bölgeleri gelir ve daha ilerde iç surlar yer alır. Dış surların önünde Bizans ve Avarlar görüşmeye karar verir. 5 Haziran akşam saatlerinde, surların önünde, at yarışı yapılıp ardından ziyafet verilecektir. Avar Kağanı Bonos, büyük bir kalabalıkla surların önüne gelip

145

kamçısı ile saldırı emri verir. Bizans kaçıp kapıları kapatırlar. Avarlar surların bir bölümünü yıkıp iç surlara kadar girip bulabildikleri kadar ganimet götürür fakat iç surları aşamazlar. Toplantıya gelenler arasında olan Kral Herakleios canını zor kurtarır.

Konstantinapol iç surları, Hun Türklerine karşı Kral Theodosuus tarafından kurulmuştur. Avarlar'da Hun Türkleri gibi surları yıkmayı ve kaleleri almayı bilmektedirler. Avarların Orta Avrupa'daki toprakları, sonradan Osmanlı'nın batı sınırı olan bölgeye yakındır.

624 yılında, Bedir Savaşı ile İslam Peygamberi Hz. Muhammet komutasında 305 kişi, 950 kişilik Kureyş kuvvetlerine karşı zafer kazanırken Bizans kralı Herakleios, Ayasofya Kilisesi'ndeki bütün altın ve gümüş ikona, istavroz, şamdan, çerçeve ve süslemeler gibi kutsal sayılan eşyaları toplatıp eritip sikkeye çevirtip güçlü ve az mevcutlu birlikleri, oğulları ve karısı ile doğuya doğru tekrar savaşa gider. Bizans için "ya hep ya da hiç" dönemi başlar. Başkent bakımsız, halk aç, imparatorluk toprakları Konstantinapol ve Doğu Akdeniz adalarına kadar küçülmüştür. Persleri, Anadolu topraklarından sürmek mümkün görünmemektedir bu yüzden onları kalbinden vurması gerekir. Herakleios, Karadeniz kıyılarındaki Perslerin eline geçmiş olan Lazicka şehrine iner. Persler, onu beklemediği için hazırlıksız kuvvetlerin yenilmesi çok kolay olur. Arkasından Dvin, Erzurum, İran içlerinde kalan Taht -i Süleyman şehrine kadar kaybettiği bölgeleri geri alarak ilerler. Perslerin Üsküdar önlerinde yaşadığı ikmal/yiyecek sorununu çözmek için müttefik oldukları Albanya devletinde kışı geçirirler. İlerleyen yıllarda Herakleios aynı taktiği kullanır; kış aylarında Tarsus arkalarına çekilir, yiyecek ve soğuk sorunu olmayan yaz aylarında sefere çıkar, Pers ordusunun ikmal yollarını tahrip eder. Bu savaşı, küçük ordusuyla kedi-fare kovalamacasına bir gerilla savaşına çevirir. 626 yılında, 3 ayrı çarpışmada, Türklerin de yardımıyla Persleri yener. Kış aylarını Van Gölü çevresinde geçirir.

Dönemin tarih yazarı, Moses Daskurants, Albanya Türklerinin Kralı Sat'in Perslere çok kızdığını ve kral Khosaru'ya; "Perslerin savaşı sonlandırmasını, 602 yılı sınırlarına geri çekilmesini, Sat'ın kuzeyin kralı olduğunu, aslında bütün dünyanın kralı ve "şehinşah" (şahlar şahı) olduğunu" yazdığı bir mektup gönderdiğini söyler. Pers Kralı; "Türkler ve Persler arasında aile bağları olduğunu, Bizans kralının sıradan bir serseri olduğunu ve Akdeniz adaları dışına bir söz hakkı olmadığını" yanıtını gönderir. Persler böyle meşgul edilirken 627 yılında Doğu Türkleri veya Kafkasya Türkleri, büyük bir ordu kurarak Bizans'la birlikte İberya'nın başkenti Tiflis'i kuşatırlar fakat kaynaklarda kuşatma uzun sürüdüğü için Bizans'ın çekildiği ve Türklerin tam bir başarı elde edemedikleri belirtilir. Sonra yine aynı 40.000 kişilik Türk süvari ordusu Van'a hareket eder. Bizans Kralı, artık kış aylarında saklanmaz, Türklerle beraber hareket eder. Kral Herakleios, Pers kralına muhalif generallerle gizli yazışmaya başlar. Bunlar arasında Ferruh Hürmüz ve oğullar Zad Ferruh, Rüstem ve Ipahbiudan var.

Pers kralını düşürmek için hazırlıklar yapılırken, Kudüs'ü fatihi General Şahbaraz kendi şansını denemektedir. Şahbaraz, 626 yılında, 11 yıl aradan sonra İstanbul önlerine bu sefer daha büyük bir orduyla gelir. Üsküdar'da karargahını kurar. Toplam 80.000 kişiden oluşan Avarlar, Avrupa, Persler ise Asya yakasından şehri kuşatır. Avarların yanında müttefik orta Avrupalı Slavlar da vardır. Şehir dışında, yeniden bir görüşme başlar. Bu kez görüşmeye Şahbaraz'da 3 kişi gönderir. Avar Kağanı Bonos ve Persler otururken, Bizans'ın elçileri ayakta durmak zorundadır. Avar Kağanı, Bizans'a şehri teslim etmelerini söyler fakat kabul edilmez. Temmuz ayı sonlarında, şehre iki yönden saldırı başlar fakat yüksek ve güçlü surlar karşısında başarı elde edilemez. Aynı anda Persler ve Avarlar, boğaza indirdikleri teknelerle şehri kuşatmaya çalışırlar fakat küçük tekneler bir başarı sağlayamaz. Bizans tarihçisi Avarlar hakkında "Savaş devam ederken lanetli Avar Kağanı, pazar akşamı bizden ekmek ve şarap istedi, kalenin dışına gönderildi".

147

Bizans, şehri kuşatanları, ekmek ve şarapla yola getirmeye çalışır.

Tarihçi Pascahle, pazartesi gecesi Bizans'ın kayıklara açık denizden saldırdığını ve çoğunlukta Slav olan kayıklardakilerin öldürüldüğünü yazar. Karaya çıkmayı başaran Slavları da Avarlar öldürdü. Tarihçiye göre, Slavlar ve Avarlar arasında güven yoktu ve birbirlerine düştüler. Başka bir tarihçi Sebeos, denizde ölen Persler ve Slavları 4000 olarak verir. Bu sayı dikkate alınırsa Slavların sayısı azdır. Tarihçi Paschale şöyle devam ediyor. Deniz saldırısı başarısız olduktan sonra lanetli Avar Kağanı kendi karargâhına çekildi ve kuşatma silâhlarını çıkardı fakat başarılı olmadılar. 7 Ağustos tarihinde 2-3 aylık kuşatma süresinden sonra çekildiler. Çekilirken yanlarında getirdikleri ve kuşatma sırasında kurdukları tırmanma kulelerini, ağır mancınık/katapultları ve yüksek merdivenleri ateşe verdiler. Avarların çekilmesiyle Pers generali Şahbaraz'da geri çekilmek zorunda kaldı. Haftalarca süren korku dolu günlerden sonra Bizans Bakire Meryem'e dualar ediyorlar ve dualarının kabul olduğuna inanıyorlardı.

Şahbaraz doğuya döndü, Türklerle birlikte savaşan Kral Herakleios'u bulmak ve yok etmek istiyordu. Belki de aklına Pers Şahı Hüsrev'i da ortadan kaldırmak planı yatıyordu. Şehinşah en iyi yıllarını yaşamış, 25 yıldır ülkeyi yönetiyordu. Bizans'ı yenemediği gibi Bizans, imparatorluğunun kalbine kadar girip çıkıyordu. Şahbaraz ve diğer general Ferruh bir antlaşma yaptılar; ikisinin de hedefi aynıydı. Şehinşah Hüsrev'e karşı isyan başlıyor ve General Ferruh ve Perslerin diğer zengin aileleri Bizans'la barış görüşmeleri yapmaya hazır olduklarına dair haberler gönderirler. Persler ülkeyi feodalite ile bir arda tutuyordu. Zengin aileler, şaha savaş sırasında asker veriyor, karşılığında hanlıklarını kendileri yönetiyorlardı. Zengin ailelerin Şehinşah'a asker vermeyi kesmesiyle Pers İmparatorluğu sallanmaya başladı.

Herakleios, bu esnada Dicle kıyılarında ortaya çıkar. Persler, Tiflis kuşatmasından sonra Anadolu veya Albanya'ya çekilmiş olmasını bekliyorlardı. Oysa yanındaki 40.000 Türk süvari gücüyle, Zağros dağlarını aşıp Mezatopya'ya ulaşıyorlar. Bir Pers generali Razadh, bunları takip etmektedir. Mezopotamya'nın eski başkenti Nivie bugünkü Musul'a yakın bir yerde Perslerin onları hiç beklemediği bir anda karşılarına dikiliyorlar. İki büyük düşman gücü karşı karşıya geliyor. Çıkan savaşta Türkler ve Bizans bütün Pers askerlerini imha ediyor. 26 Aralık 627 yılındaki savaştan canlı kurtulan bir tane Pers askeri kalmıyor. Buradan Pers İmparatorluğunun içlerine, başkent Ktesiphon'a kadar gidiyorlar. Yol boyunca sarayları ve şehirleri talan ederken karşılarına hiçbir engel çıkmıyor, yiyecek sorunu yaşanmıyor. Başkent Ktesiphon'u almak mümkün olmuyor. Bunun için çok daha çok kuvvet gerekiyor ve buna o anda ihtiyaç bile duyulmuyor. Çünkü Pers generalleri isyan etmişlerdi ve ülke kaos içerisindeydi.

628 şubatında, Şehinşah'ın oğlu Kubâd kendi babasını deviriyor. Asli güç General Zad Ferruh ve Şahbarz'in elindedir. Türkler ve Bizans geri çekilip pazarlık yapmak ve olup biteni izlemek için ayrılır. Bizans Kralı Herakleios mektup yazarak Konstantinapol'e gönderip Ayasofya'da olup bitenin ilan edilmesini ister. Bunları okuyup bir araya toplayan onların tarihçisi Sergius'dur. Bizans İmparatorluğunda 26 yıl önce meydana çıkan isyan ve kanlı darbeyle başlayan savaşlar artık son bulur. Pers İmparatorluğu çöküşe geçer ve barış antlaşmaları için elçiler gönderirken Şehinşah'ı tahtından deviren oğlu yeni Şehinşah olur. Aradan 3 gün geçmeden gaddarca öldürülür.

Perslerle 629 yılında barış görüşmeleri başlar, güç ve söz sahibi General Şahbaraz olmuştur. Dostlukları daim olsun diye Şahbaraz kızının birisini Herakleios'un ikinci eşi Martina'dan olan oğlu Theodoros'a verir. Ayrıca Persler Mısır, Filistin, Suriye'den hemen çekilmeye başlar. Şehinşah'ın öldürülen oğlunun yerine 7 yaşındaki oğlu Erdeşîr geçer. Şahbaraz, 4 ay sonra Erdeşîr ve adamlarını öldürüp onların yerine geçer. Aradan iki ay geçmeden bir askeri tören sırasında Şahbaraz, Erdeşîr intikamını almak isteyenler tarafından 630 yılında öldürülüyor. Taç bu sefer Boran isimli bir kadına geçer.

Bizans onunla bir antlaşma yapar; 614 yılında Kudüs'teki kutsal kiliseden sökülen haç geri istenir. Pazarlıklar devam ederken Bora'da öldürülür ve yerine diğer kız kardeşi geçer, 6 ay sonra o da öldürülür bu sefer yerine Ferruhzâde Hüsrev geçer. İki yıl zarfında yani 632 yılında kadar iktidara birçok kişi gelir, öldürülür yerine yenisi gelir. Büyük bir çekişme ve fetret dönemi yaşanır.

Son olarak 3. Yezdicerd iktidara geliyor fakat Pers imparatorluğu artık bitmiş, merkez yönetim diye bir şey kalmamıştı. Herakleios önderliğindeki Bizans, Türklerin yardımı ile yüzyıllar süren Pers İmparatorluğu'nu ortadan kaldırır. Bizans'ın geleceği de karanlıktır. Dünyanın en görkemli şehri Konstantinapol dışında Mısır, Filistin, Suriye fakirleşmiş, halkı göçmüş, yağmalanmış ve tahrip olmuştur. Konstantinapol kiliseleri, bütün altın ve gümüşlerini savaşa feda etmiş ve fakirleşmiştir. Herakleios dönemin en güçlü kralı fakat fakir ve harap toprakların. Bizans, 602 öncesi sınırları dışında bir şey istemez, barış içinde kalmak ve inançlarını yaşatmak istemektedirler. Bizans'a göre Persler, sadece düşman değil, şeytan tarafından yer yüzüne gönderilmiş gibiydi; aralarındaki mücadele gerçek inanç ve vahşet arasındaki kutsal bir savaştı. Bizans'a göre, Perslerin Kudüs'ü ele geçirmeleri ve kutsal kiliselerinin üstündeki haçı söküp götürmelerinin insanları kendi tapınaklarına gelip güneşe tapmaya yönlendirmek için olduğunu iddia ediyorlardı. Perslerin dağılmasıyla kendi inançlarına olan güvenleri artıyor ve Herakleios, Bizans için yeni Davut, büyük İskender ve yeni Konstantin olarak anılıyordu. 630 yılında Hıristiyanların ve Kutsal Kiliselerinin sembolleri, Kudüs'e ordu ve din adamları eşliğinde getirilip tekrar takılır ve Bizans kralı Konstantinapol'e döner.

İslamiyet, 630 yılında yayılmaya başlamıştır. Bizans'ın yeniden hakimiyetine geçen Filistin, Suriye, Mezopotamya, Yemen, Ürdün ve Mısır savunmasızdır. 602 yılında kadar Bizans, sınırları korumak için paralı askerlik yapan Arap Gassaniler, (Ar. الغساسنة İng. The Ghassanids) ve diğer ordularına para ödeyemez hale gelmişti. Belki de Pers tehlikesi ortadan kalktığı için ödemek istemediler. Oluşan otorite boşluğu, çeşitli Arap kavimlerince doldurulmaya başlar. Bu Arap aşiretleri çok az mevcutlu ve çok basit donanımlı bazı deve süvarileri ile bulundukları bölgelerde hakimiyet kurmaya başlamıştı. 630-632 yılları arasında hakimiyetlerine bir itiraz ya da tehdit görmeyince cinayet ve yağma gibi eylemlere başladılar. 634-635 yılları arasında Kudüs, Arap kavimlerinin kontrolüne geçer. O dönemde şehirde Yahudiler, Sâmirîler ve Hristiyanlar yaşıyorlar. Bizans, bunun da geçeceği düşünerek, Araplara sefer düzenleyemez fakat Araplar, kısa sürede organize olup ordular kurmaya başlar. İslamiyet'in hızlı yayılmasının ve Arap fetihlerinin kolay gerçekleşmesinin altında geçmişteki yıkım ve kaos dönemi ile o dönemdeki otorite boşluğu gelmektedir.

Pers-Arap savaşları uzun yıllar alır; 638 yılında Araplar, Mezopotamya'ya girer ve ciddi bir direniş görmeden başkent Ktesiphon'a kadar ilerler. Şehri kuşatırlar fakat alamazlar. Zayıflamış ve parçalanmış Persler olaylara seyirci kalmaz. 3. Yazdgird bir yıl sonra büyük bir ordu toplayıp Köprü Savaşı ile Arapları güneye püskürtmeyi ve ağır bir yenilgi uğratmayı başarır fakat birkaç ay geçmeden Halife Ömer, Suriye ve diğer Arabistan bölgelerinden büyük bir ordu kurup geri gelir. 638 yılında Kadisiye denen savaşta bu kez Araplar başarılı olur ve başkenti tekrar kuşatırlar. Şehir teslim olmaz, Araplar da surları yarıp giremez. Kuşatma 1,5 yıl sürer. Persler, yeniden ordu kurup karşı saldırıya geçemez asıl hedefleri şehirdeki altın ve önemli kişileri kaçırmaktı. Şehir sonunda düşer ve bütün Persler Mezopotamya'dan kovulur. 640 yılında Ermenistan'a ilk seferlerin ardından 642 yılında Pers orduları Nihavend'de ağır bir darbeyle ortadan kaldırılır. 3. Yezdicerd, Orta Asya'ya kaçar. 651 yılında sıradan bir cinayetle öldürülür. Persler-Bizans savaşının kazananı Araplar ve İslamiyet olur. Bu bölümde görüldüğü gibi bugün İran'da Büyük Pers İmparatorluğu olarak gösterilen coğrafyanın bütün ömrü savaş ve geçici işgal ve yağma dönemidir.

651 yılında Bulgar Hanlığı, Tong Yabgu tarafından kuruluyor geçen yıllarla Hazar Denizi'nden bugünkü Rusya'nın içleri ve

Kırım yarımadasına kadar geniş bir alana yayılıyor. Bu devlet 1048 yılına kadar ayakta kalacaktı. Hazar ismini Araplar vermiş, asıl ismi Bulgar devletidir. Başkenti bugünkü Tataristan'ın Kazan şehrinden 100 kilometre doğusundaki Bulgar şehridir. Bu devlet için sonra biraz açıklama yapmamız gerekiyor.

Avar Kağanlığında Slav Ayaklanmaları (627-658)

Avarların başarısız İstanbul kuşatması yenilmezlik efsanesi kırmıştı. Saldırıyı erken kaldırmalarının bir sebebi, 200 bin atla çıktıkları seferde atları besleyememeleridir. Seksen bin askere bu kadar at düşmesinin nedeni, atların sadece binek ve savaş için değil aynı zamanda yük arabalarını çekmek, askerlerin yemeklerini, yataklarını, suyunu, çadırlarını ve diğer ihtiyaç malzemelerini taşımak da olması yüzündendir.

Kuşatmanın başarısız sonuçlanmasından sonraki on yıllar boyunca, Slavlar, gittikçe Avarlardan ayrı hareket etmeye başladılar. Viyanalı Samo isimli bir tüccar, Avarlara karşı isyanları organize etmiş, şöyle bir yalanı halk arasında yaymıştı: "Slavlar, Avarlar için en önde savaşıp ölüyor. Avar erkekleri Slavların kadınlarını hamile bırakıyor. Doğan çocukların babaları belirsiz Avarlar ve anneleri Slav kadınlarıdır.". Önceden sözünü ettiğimiz Avusturya kralı, bundan sonra Frenk krallığına bağlanmıştı. Komşuları ile rekabet halindeydiler bu yüzden onlara bir başarı lazımdı. Bunun üzerine Samo'ya maddi destek verip Orta Avrupa'da az sayıda olan Slavların içine gönderdiler. Samo, Slavların kralı olup değişik gruplardan 12 Slav kadınla evlenerek akrabalık bağları kurdu. Bundan sonra Slavların Avarlara karşı saldırı ve ayaklanmaları başladı.

Bu iddiaların yalan olduğunu İstanbul kuşatmasında görmekteyiz. Bizans kaynaklarında 80 bin Avar askerinin yanında 4 bin Slav olduğu söylenmektedir. Onlar da beceriksiz oldukları için bir kısmını Bizans, diğer kısmını kendileri öldürmüştür. Samo'un yalanı halk arasında yayıldıkça, Avarlara bağlı olan küçük beylikler (düklükler) onlardan ayrılmaya, vergi ödememeye başlıyor. İsyancıları temsil eden ve çevresinde adam toplayan Samo ve adamları, Avar bölgesi olan Viyana olmak üzere yakın bölgeleri adamları ile yağmaladı, yakıp yıkarak çok insan öldürdü. Bu isyanlara Avar yönetici ve hanlıklardan bir kısmının katılmasıyla isyancıların üstüne 4 birlik gönderildiği halde bastırılamamıştır. İsyancıların gerilla savaşı yöntemi kullanması da bunda etkili olmuştur. Sivil katılımın da olduğu isyanlarda, birliklerin gelmesi ile isyancılar dağılmakta ve sıcak çatışmaya girmemektedir fakat imkanlar yeniden elverdiğinde tekrar toplanmaktadırlar. Samo'un ölümü üzerine isyanlar bitmiştir.

İstanbul Kuşatması Sonrası Olaylar

Avarların İstanbul kuşatmasını üç ay sonra kaldırmaları onların yenilmezlik efsanesini yıktığı gibi, hala büyük güç oldukları ortadadır. Avarların kendi aralarında anlaşmazlıklar, savaş sonrası Macaristan ovasına döndükten sonra başladı. O dönem yaşamış bir Alman tarihçi Fredegars 635/636 yıllarındaki olayları şöyle anlatmaktadır. Hunların ülkesinde (burada Avarlar değil Hunlar diyor) bir anlaşmazlık ve savaş çıktı. Yönetimin bundan sonra Hunların mı yoksa Bulgarların mı olacağı konusunda anlaşamadılar. Bunun üzerine Bulgar liderine savaş açtılar. Bulgarlar yenildi. Kağanları öldürüldü. 9000 süvarisi, kadınları ve çocukları Pannonien ovasından kovuldu. Bunlar buradan en yakın topraklar olan güney Almanya'daki Bayern krallığına sığındılar. Kışı geçirip yerleşmeye başka topraklar bulacak veya Karadeniz boylarına geri döneceklerdi. Bayern Kralı önce kalacak yer verilmesini söyledi fakat sonra tuzak kurup öldürtmeye başladı. Bu büyük kafileden Alciocus denen bir komutan 700 kişiyle kurtulmayı başardı. Buradan o dönem adına Marcavinedorum denen bir küçük krallığa sığındılar ve kendilerine dokunulmadan birkaç yıl burada yaşadılar. Bugünkü tarihçiler, 9000 atlı savaşçının nasıl bir tuzağa düştüğüne bir türlü inanmıyor ve şöyle bir açıklama yapıyorlar: çok sayıda Alman krallıkları en fazla 5000-8000 piyade asker bir araya toplayabiliyordu. 9000 atlı savaşçının sığınma talep etmesine gerek yoktu. İstedikleri yere girip kalabilirlerdi. Doğru olduğu kabul edilse bile bu olayların arkasında Almanların Frenk Krallığının olduğu düşünülüyor. Onlar gözünü Avarlara dikmişti. Kurtulan 700 savaşçı buradan Avarların müttefiki Langobard krallığına göçtü. Kendilerine toprak verildi ve aralarında yerleştiler. 662-671 yılları arasında hakimiyetini sürdüren Kral Grioald döneminde Paulus Diaconus isimli bir tarihçi şunları yazmıştır: İtalya kralına gelen Bulgarlar onların arasına yerleşip hizmet etmek istediklerini söylediler. Onlara Benevent bölgesinde bir yer verildi. Burası Napoli'ye yakın bir yerdir. Onlara Alzeco- Bulgarları deniyor 8. yüzyılın sonlarına kadar Latin dilinin yanı sıra kendi dilleri Türkçeyi konuşmaya devam etmişlerdir. Alzeco, ismi altı ok anlamına gelmektedir. Eski Türklerde altı ok, onur simgesi kabul ediliyordu. Buna bakarak belki Avarların içinden gidenlerin sayısı, yalnız 700 atlı savaşçıdır. Onları Bayern kralı kabul etmeyince komşu krallığa geçip oradan İtalya'ya geçmişlerdir. Mantıklı olan budur; Bizans bile 10.000 savaşçı bir araya getiremeyip Vandallardan yardım istemişti.

674 Yılları Sonrası Avarlar

O dönem Bulgar devleti hala Türklerden oluşuyordu. Aralarında Slavlar yoktu ve Gök Tanrıya inanmaya devam ediyorlardı. 674-678 yılları arasında Arap-Emevi devleti bir gemi filosu kurup İstanbul'u kuşatmaya geldiler. Bu gemiler, Arapların eline 641/642 yılları arasında Mısır'ı aldıklarında düştü. O gemiler zaten eski Bizans gemileriydi. İstanbul'a gelince Üsküdar'da karaya çıktılar fakat gösterdikleri bir başarı yoktu. Bu yıllar arasında Bizans'a saldırılara başlıyorlar; bazen başarılı, bazen başarısız oluyorlar. 678 yılında bütün gemilerini yok etmeyi başarıyorlar. Bu olaydan sonra Avarlar dahil bütün krallıklar Bizans'a hediyeler göndererek kalıcı dostluk istediler. Bizans kaynakları o dönem kendilerine daimî dostluk talebi ve hediyeler gönderen hiçbir krallığın adını ayrı ayrı yazmakken bütün krallıklar ve Avarlar diye yazmıştır. Buradan onlara gösterilen saygıyı görüyoruz. Bizans'ın yanında yeni yükselen Tuna Bulgar Devleti, belki onlar için bir şans veya felakettir, bunu ilerde göreceğiz. Avarlar bu devletin ortaya çıkmasına engel olmamış, belki de sevinmişlerdir. Slavlarla artık Bulgar Kağanı dostluk kurmuştur. Avarlar onlardan uzak durmaya başladı, Bizans'la savaşları ve yıllık haraçları 626 yılı İstanbul kuşatması sonucu kesilmişti. Tuna Bulgarları ile Bizans arasında 687 yılında bir savaş çıktı. Bundan daha önce Selanik şehrini Slavlarla kuşatmaya gitmiş fakat hedefe ulaşamadan geri dönerken bir tuzağa düşmüşlerdi. Avarlar bu yıllarda artık komşuları gibi yaşamaya alışmaya başlıyorlar. Büyük bölümü yerleşik hayata geçmiştir fakat bir kısmı hala tam göçebe veya yarı göçebe olarak yaşıyordu. Köylüler tarım, hayvancılık ile meşguldür. Eski kaynaklarda ilginç bir şey daha karşımıza çıkıyor: Avarlara hala az sayıda olsa bile kendi milletlerinden göçler devam etmektedir. Çeşitli süs eşyalarında kullandıkları boğa, kartal ve at motifleri, eski İskitlerde olduğu gibi aynen devam ediyordu. Avar erkekleri uzun saçlarını örüyorlardı. Bu saç bağlama modeli sonra Slavlar, Bizans, Oğuzlar, Selçuklular ve en son Moğollarda moda olmuştur. Tuna Bulgarları, Hazar kıyısındaki Bulgarlar ve Göktürklerin de saçı uzun fakat açıktır örgü örmezler. Avarlar eski silahlarını aynı şekilde kullanmaya devam ederken kale kuşatma silahlarını kendileri geliştirmiştir. Bu yıllarda savaşan askerler artık yoktu. Onun yerine sınır muhafızları vardı. Onlar ölünce bütün silahlarıyla komutanlar atlarıyla gömülmeye devam ediliyordu. Sivil erkeklerin mezarına silah koymuyorlar çünkü asker değil. Onun yerine su, içinde genellikle et olan yemek kapları ve kemerini koyuyorlardı. Peynir yapmayı o zaman biliyorlardı. Belki de bu bilgiyi geldikleri topraklardan getirmişlerdi. Yetiştirdikleri hayvanlar arasında at, her zaman olduğu gibi yine ön plandadır. Köyleri gittikçe büyüyordu. Bazı köylerde 1000-1300 kişilik mezarlıklar bulunuyordu. Bu o köylerin nüfusunun arttığının işaretidir. Köylerin evleri arasında yol boyu su kanalları vardı. Bunlar yağmur sularını alıp tarlalara götürdüğü gibi evden gelen atık suları alıp gidiyordu. Bu ince kanallar o dönemin kanalizasyonuydu. Macaristan ovasında Avarlar öncesi küçük bir Alman kavmi yaşıyordu ve isimleri Kölked idi. Onlar Avarlar arasında asimile olup erimiş, Avarların dilini ve geleneklerini almışlardır. O dönem Slavlar, ölülerini yakarken Avarlar hala gömüyorlardı. Ölü yakma adeti bütün Avrupa'da yaygındır.

Huni İmparatorluğunun Kuruluşu

Hunların batıya göçü sırasında bir grubun Karadeniz boylarında kalıp birkaç farklı isimle varlıklarını sürdürdüklerini görmüştük. Bunlar birleşerek bugün adına Bulgaristan denen devleti 680 yılında kurdular. O dönem Türk Kağanlarına verilen Yabgu veya Şad gibi başka isimler de vardı. Bulgarların o dönemki güçlü kağanı, bugünkü Bulgaristan ve Karadeniz boylarına yeni bir devlet kuran Kurvat'ın ismi Türkçe Kurt kelimesinden gelmektedir. İsmi aslında Kurttur. Batıda Hunlar sembol olarak kartalı seçerken onlar kurdu seçmişlerdir. Kurt sembolünün Türkler tarafından kullanılmaya başlaması ilk defa onlarla 680 yılında başladı. Bu sembolü Gagavuzlar hala taşımaktadır. Karadeniz'de Türk boyları birleşip büyük ve güçlü bir devlet kurarken Avarlar batıda aynı güçte bir devletin başındaydı. Avarlardan sonra Bizans'ın başında yeni bir düşman vardı. Bu yeni kurulan Tuna Bulgar devletidir. Bu iki Türk devleti kendi aralarında bir sınır hattı belirledi ve 150 yıldan fazla sınır ihlali yapmadılar. Tuna Bulgar devleti bir süre sonra kimsenin tahmin etmediği kadar güçlendi. Bizans bu yeni devlete çoğu kez Huniler diye hitap ediyordu. Karadeniz boylarındaki Türklerin Hun olduğunu zaten biliyoruz, Bulgar Türklerini, Hun olarak kabul etmiyor ve küçük Hun veya yarı Hun gibi bir isimle Huniler diye anıyorlardı. Karadeniz boylarında yaşayan Türklerin yeni kurduğu bu devlet sonrası, o bölgede adını duyduğumuz diğer boyların adı unutuldu. Hepsi artık Tuna Bolgar devletinin altındadırlar. İsimleri bir daha karşımıza çıkmadıkları için kaybolmadılar, yeni bir isimle yaşamaya devam ettiler.

Avarların Devlet Yönetim Şekli

7. yüzyılda Avarların devlet yönetim şekli eski Türklerden alınmıştı. Hunların iki Kağanla yönetildiğini gördük. Avarlar aynı düzeni devam ettirdi. Frenklerin yazarları o dönem Avarların devlet yapısını tam anlamasalar bile kısmen ışık tutup yazmışlardır. En üst makamda Kağan veya Kağanlar, ondan sonra Lugurrus denen bir makam sahibi geliyor. Tudun, Kapkan, Tarkan, Canizauci ve toplam 28 rütbe vardı. Bunlar

devletin işlerine yön veren kişilerdir. Tuna Bulgarları yani bugünkü Bulgaristan'ı kuran Türkler ve Volga-İdil kıyılarında kurulan Bulgar Devleti ayni sistemi uyguluyordu. Makam isimleri orada farklı olabilir fakat önemli olan çifte kağanlık ve 28 kişinin devlet makamında söz sahibi olmasıdır.

1930 yıllarında uzun araştırmalar yapan Andreas Alföldi ise şöyle bir teori ortaya atmıştır: çifte kağanlıkta iki kağandan biri ülkenin bir yarısını, diğeri diğer yarısını yönetiyordu. Yine ikinci kağana tarkan dedikleri ve birçok tarkan olduğu yazılmıştır. O zaman bunlar orduları yönetiyordu. Demek ki büyük orduları yönetenlere Tarkan deniyordu. Başka kaynaklarda Tudun ve Tarkan denen makam sahiplerinin bugününün valileri gibi görev sahipleri olduğu karşımıza çıkmaktadır. Bizans kaynaklarında karşımıza bugüne kadar kafa karıştıran bir olay daha görülür: 704 yılında Bizans Kayseri II. Justinian'a darbe yapılır ve kaçıp Bulgar devletine sığınır. Orada karşısında yalnız bir kağanın olduğunu görür. Bey ile Şad ayni anlamı taşımaktadır. Arap yazar İbn Fadlan, Büyük Kağanın yanı sıra, beyler ve onlardan sonra söz sahibi olanlara künde denildiğini yazmıştır.

Katun

Bizim için önemli bir isim daha var. Bu da bugün hatun/kadın kelimesinin eski şekli olan katundur. Kağanın birinci eşine Katun deniyordu. Bu ismi Uygurlar da kullanıyordu. Bir Ermeni kaynağında o dönemler Kağanın eşine Türkastank denildiği geçmektedir. Avarlar döneminde Katun isminden Cotani ismi türemiş ve bu Bayern kralı Tassilos kızına bu adı vermiştir. Avar kağanları savaşa gidince katun yanlarında geliyor ve katunlar büyük çadırlarda kalıp eşlerine manevi destek veriyorlardı. Trakya akınları sırasında ele geçirdikleri kaplıcalarda kağan ve katunun yıkandığı kaynaklara geçmiştir. Kağanın yanında onun kadar söz hakkı olduğu gerçekleri yansıtmaz çünkü kağanın birden fazla eşi vardır. İlk eşi onun yanındadır ve ona Katun dediği halde söz hakkı kendisindedir.

Eski Türklerde, evli kadınları yabancı erkeklerden korumak ilginç bir ceza sistemi uyguluyorlar. Kağanın eşlerinden birini veya diğer erkeklerin kadınlarını baştan çıkarıp onlarla beraber olanların cezası ölümdür. İbn Fadlan Oğuzlarda uygulanan cezayı şöyle yazmıştır: "Oğuzlar eş aldatmak nedir bilmiyor, eğer böyle bir şey yapan olursa onu bir ağaca baş aşağı asıp ortadan ikiye bölüyorlar.". Bu cezayı erkeklere veriyorlardı. Kadına hangi cezalar veriliyor bilmiyoruz. Bu ölüm cezasını erkeklere neden uyguluyorlar? Eski Türkler, uzun süre savaş bölgelerinde kalıyorlardı. Bazen aylar veya birkaç yıl sonra geri dönüyorlardı. Başka erkeklerden kadınları çocuk yapmasın ve onların onurunu kırmasın diye bu şekilde göz korkutuyorlardı. Bunu bilen diğer erkekler evli hiçbir kadına yaklaşmıyordu. Fakat bekar kızları kaçırıp evlenmeleri, o gün olduğu gibi bugün bile Türkistan'da sıradışı bir olay değil. Erkeklerin kadınlara bu şekilde güveni olduğu için kadınlarda rahat hareket edip eve hapsolmuyor, istedikleri güvenli yerlere gidip geliyorlardı. Bugünkü Slovenya bölgesi içinde kalan Avarların eski yerleşim bölgesi Komarno'da ölen kadınlar kendi bindikleri atlarıyla gömülüyor. Orada neden bu gelenek var bilinmiyor. Avarlar arasında yalnız kağanların değil yüksek mertebede görev yapan erkeklerinde birden fazla eşi olabiliyordu. Sıradan erkeklerin veya savaşçıların birden fazla kadını var mıydı? Bilinmiyor!

Hazar mı Bolgar mı?

Hazar Hanlığı diyelim 650/651 yılında kurulunca yönetim merkezi Kafkasya'da sahil boylarında adına o zaman Balanjar belki bugünkü Mahaçkala'dır. Burası bugün Dağıstan Cumhuriyetinin başkentidir. Bu yeni ortaya çıkan devlet aslında bir hanlıktır. Kendi başına bağımsız bir devlet değil, Göktürk devleti sınırları içinde ortaya çıkan, onlara bağlı bir hanlıktır. Göktürk devletinin sınırları, o zaman bugünkü bütün Türkistandı. Çin Seddine kadar dayanıyordu, Hazar'ın üst kısmından bugünkü Astarhan şehrinden aşağı Gürcistan sınırlarına kadar iniyordu. Kuzey Kafkasya veya Arapların verdiği adı kullanalım Hazarlar, burada 652 yılında Arap

158

saldırılarına uğruyorlar. Güvenli bir bölgede olmadıklarını anlayınca yönetim merkezlerini İdil-Volga boylarındaki Bulgarların içine taşıyıp burada bağımsız bir devlet kurdular. Çünkü burası Göktürk kağanının sınırları dışındaydı böylece devlet olabilirlerdi. Bu döneme kadar orada Bulgarlar yaşıyordu kendileri de zaten Bulgardı. Kurdukları yeni yönetim merkezi Bulgar'ın hala kalıntıları Kazan ve Ufa şehri arasında İdil nehri kıyılarında durmaktadır. Böylece Hazar Hanlığı bir yıl sonra yok olup yerine Bulgar Devleti geçiyor. Bugüne kadar Hazar Hanlığı ve Bulgar Devleti eşzamanlıymış gibi akıl karışıklığı ile anlatılarak gelmiştir. Hazar sahil boylarında bugüne kadar varlığını sürdüren Türklere bugün Kumuklar, Balkarlar ve Karaçaylar denmektedir.

659 yılında Çinliler Göktürk devletine saldırdı. Türkler bu savaşı kaybedince, İdil-Bulgar Devletine sayıları belli olmayan bir göç başladı. Bolgarlar dört bölgeye parçalanmışlardı. Hazarlar dedikleri onlardan birisidir ve Hazar boylarındadır ve kafa karışıklığı buradan meydana çıkar. Günümüzde bazıları yeni haritalar uydurmuş, Hazarlar diye bugünkü Türkmenistan topraklarının üst kısmını göstermiştir. Orası da Göktürklerin toprağıdır ve bağımsız bir devlet olamazdı.

Devletin Gök Tanrı inancını bırakıp Yahudilik inancını benimsediklerine dair çok iddia olsa bile fakat bunlar yalandır. İçlerinde azınlık bir Musevi kesim vardı. Onların büyük bölümü Sasaniler dağılınca Bulgar devletine göçmüş, saraya sık sık çıkıp görüşüyorlardı Türkçe öğreniyor ve yaşatıyorlar. Günümüzde yapılan kazı çalışmalarında İdil-Volga Bulgar Devleti içinde yaşayan azınlık fakat zengin Musevilerin olduğu kanıtlanmıştır. Bu devletin halkı gelecek yüzyıllarda İslam dinine geçmeye başladı. Ukrayna ve bazı Baltık ülkelerine göçen ve 2. Dünya savaşı sırasında katledilen Musevilerin eski Hazar Devletinde yaşamış oldukları tartışılmazdır. 651 yılında Sasaniler, Arapların eline geçince oradaki zengin bir Musevi sınıfı aynı yıl kurulan Bulgar Hanlığına göçmeye başladılar. Orada dağlık bölgelerde yaşayan dağ Musevileri varlığını bir kaç yüzyıldır sürdürüyordu. Yeni ince ve zengin Müsavi sınıfının devlet yönetimine sık gidip gelmesinden dolayı devlet Kağanların Gök Tengri inancını bırakıp Musevi olduğu iddiaları kulaktan dolma yayılarak bugüne kadar gelmiştir.

Yeni yapılan mezar kazılarında Bulgar Devleti'ni yönetenlerin ve onların topraklarında yaşayan Musevilerin mezarlıklarının birbirinden ayrı olduğu ve Kağanların din değiştirmediği ortaya çıkmıştır. İdil Bulgar devleti 731 yılında İran topraklarına girerek bugünkü Erdebil şehri önünde Emevileri ağır bir yenilgiye uğrattı. Bir yıl sonra iki ordu tekrar Musul önlerinde savaştı fakat bu defa Bulgarlar yenildi. Bu savaş sonrası her iki ülke birbirine yeni akınlar ve savaşlar başlatmadı. Bulgarlar bu yenilgi üzerine Müslüman din adamlarının onların topraklarına girip İslamiyet'i yaymasına ve anlatmasına izin verdi. Rusya Türkleri aynı Bolgarlar gibi 922 yılından sonra herhangi bir baskı olmadan İslam dinine geçmeye başladı. Onları neden mutlaka Musevi yapmak isteyenlerin amacı ise bugüne kadar anlaşılmış değildir. Eğer öyle olmuş olsaydı Kudüs'ü kurtarmak için 400 yıl içinde bir girişimleri olurdu. Bulgarlar sonra Tatarlar olarak anılmaya başlanmıştır. Onların İslam dinine geçtikleri günü kutlamak için eski başkentleri Bulgar bir nehir kıyısındadır. Oraya her yıl bir defa gidip dua okuyup ibadet ediyorlardı. 922 yılında Müslüman olduktan sonra bir cami kurmuşlar ve bu cami hala ayaktadır.

Arap seyyahı ve yazarı İbn Rusta İdil Bulgar Devleti'ni 10. yüzyılda ziyaret ederken çifte kağanlığı şöyle anlatır: 922 yılında İslam dinine geçmiş ve isimleri değişmişti. Birinci Kağan devletin itibarını ve kendisini temsil ediyordu. İkinci kağan İsa orduların baş komutanıydı. İsa gerçek ismi değil makamına verilen addır.

922 yılında İdil Bolgarlarını İslam'a davet etmek için giden Abbasi heyetinin yanında olan bir başka yazar İbn Fadlan şunları yazmıştır: Birinci Kağan Hazarlara dört ayda bir çıkıp kendisini gösteriyordu. Onun dışında yalnız Kağan Bey, (burada ikinci Kağanı anlatıyor) onun makamına çıkabilirdi. Devletin

bütün işlerinden, ikinci kağan sorumluydu. Birinci kağan dinsel işlerden sorumluydu. O yeryüzü ve gökyüzü arasındaki dengeyi koruyordu. Kaybedilen savaşlardan, doğal afetlerden o sorumlu tutuluyor itibarını yitiriyordu. Böyle olaylar sonrası halk, onun başını istiyordu. Buna benzer bilgileri, yine oraya giden başka bir Arap seyyah Al-Istachri 932 yılında yazmıştır.

Bu önemli bilgilerden çok şey karşımıza çıkar: İdil Bolgar Türklerinin neden 3 Abbasi elçisinin sözleri üzerine İslam dinine geçtiğini görüyoruz. Birinci Kağan büyük sorumluktan kurtulup işi yaratana bırakıyordu. İdil-Volga Bulgar Türklerin yönetim merkezi Bulgar şehrine giden Araplar onlara Hazarlar diyor.

Bizans kaynaklarında karşımıza bugüne kadar kafa karıştıran bir olay daha çıkıyor. 833 yılında İdil boylarından Bulgar devleti Konstantinapol'e bir elçi gönderdiler. Elçiyi Joseph isimli bir kağan göndermiştir. Güya Kağanın kendisi Yahudi'dir. Asıl ilginç olan Bulgar devletinde Musevilik dinine geçen bir kağanın olduğudur. Karşımıza kaç tane ilginç iddia şimdiye kadar karşımıza çıktı. Birisinde bu olabileceğini düşünebiliriz. Yahudi olsaydılar onlar üç Arap elçiyi dinleyerek din değiştirmezlerdi. 922 yılında sonra Gök Tanrı inancını bırakıp İslam dinine geçtiklerini biliyoruz. Museviler bütün Avrupa'da Filistin'den kovulduktan sonra büyük baskılara maruz kaldılar. Mahalleri ateşe verildi, öldürüldüler. Buna rağmen din deştirmediler. Belki Bizans'a gelen elçinin ismi Joseph idi ve o Musevi olabilir. Biz tekrar batıya geçelim ve kaldığımız yerden devam edelim.

Avar İmparatorluğu (659-739)

Avar Kağanlığı yine de çok büyük bir bölgeye hakimdir. Bugünkü Slovenya, Avusturya'nın bir bölümü, Slovakya, Macaristan, Romanya, Moldova ile Ukrayna arasındaki nehre kadar onların etki alandır. Yönettiği bölgelerde etnik ve sosyal farklıklara bu yıllar arasında kaybolmaya başlar. Göçebe halk azalmış, şehirler güvenlidir. Köyler gittikçe büyür ve nüfusu artar. Yalnız sınırlardaki muhafızlar ve askerler silahlı, halkın

161

silah taşıması yasaklanmıştır. Avarların merkez ordası bugünkü Macaristan'dadır ve diğer bölgelere göçmezler. Ancak düşman kabilelerin saldırısı olursa harekete geçip tabi milletleri ve sınırları korurlar.

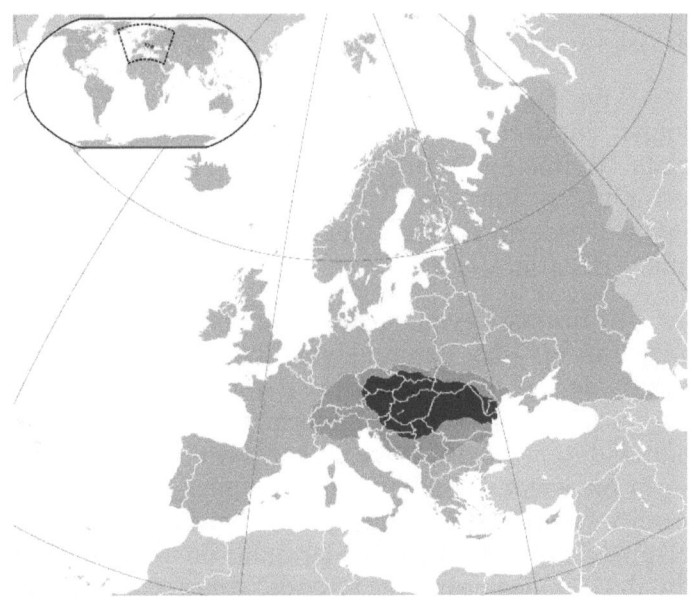

Avar devletinin 700 yıllarındaki haritası

Batıdan Gelen Saldırılar 740- 803

740 civarında Carantanyalı (Slovenya) Borut Dükü, Avarlara karşı Bavyera Dükü Odilo'dan yardım istedi. 741'de Avarlar oraya gider boy gösterisi yapar fakat geri çekilirler. Bundan sonra, Avar batı sınırında onlarca yıl hiçbir çatışma kaynaklarda geçmez. Frenklerin yeni imparatoru Büyük Karl (Karl der Grosse), Kral olduktan sonra Avar İmparatorluğu'nun siyaseti üzerinde belirleyici bir etki kazanmaya başlamıştır.

773-774 yılında Büyük Karl, Avarların İtalya'daki müttefikine karşı savaş açtı ve 9 ay süren çatışmalardan sonra kazandı. Avarların müttefiklerini ortadan kaldırması ile Katoliklerce Tanrı'nın yeryüzündeki temsilcisi sayılan

Roma'daki Papa'nın da desteğini bütün Katolik kralları çatısı altında toplayarak yeni Kayser olmuştur.

Savaşı kazandıktan sonra Lombardiya'nın başına kendi oğlunu geçirmiştir. Bu savaşla Avarlar, 200 yıldan fazla süren eski ve önemli müttefikini kaybetti. 776 yılında İtalya Lombard bölgesini işgal eden Alman kralına karşı başarısız bir ayaklanma olmuş, canını kurtarmak isteyen muhalifler kaçıp Avarlara sığınmışlardır. Avarlar, komşuları Bayern Kralı ile iyi ilişkiler içindedir. Bayern Dükü III. Tassilo, yeni Alman kralına bağlılık yemini eder. Bu Avar Kağanlığı ile iyi ilişkileri bitirip Büyük Karl'a bağlılık demektir. Bunun üzerine Avar Kağanlığı, sınıra büyük bir ordu gönderdi fakat sınırı geçmediler. 788 yılında Büyük Karl, Bayern kralı oldu. Bu tarihten itibaren Avarların güçlü ve tehlikeli komşusu, bütün bölgeyi bir elde toplamaya başlayan yeni Alman kralıdır.

788 yılında Avar Kağanlığı, savaş açmaya karar verdi. Yeni komşuların onları rahat bırakmayacağının bilincindelerdi. 200 yıllık müttefikleri Lombard bölgesini kurtarmak istediler fakat istedikleri başarıyı sağlayamadılar. Avusturya bölgesinde adına Yebbsfeld denen Alp Dağları eteklerinde, Tuna kıyılarında, Almanlarla tekrar savaş başladı. Bu savaşı, Avarlar kazanamadı. Bunun üzerine Kağan ordusunu tekrar Bayern bölgesine gönderdi. Burada yine bir başarı elde edemediler. Avar Kağanlığı, felç olmuş gibi başarısız seferler düzenledi. Onların yeteneksizliği, bu sefer Almanların iştahını kabarttı ve kendilerine öz güven geldi; Avar Kağanlığının Enns Nehri'ne kadar geri çekilmesini ve yeni sınırların belirlenmesini talep ettiler. 790 yılına kadar Avar elçileri Frenklerin Worms şehrine gelip gitti ve Almanların taleplerini kabul etmediler. Peki neden Almanlar birdenbire Avar Kağanlığı'na düşman oldu ve Avarlar artık başarısızdı?

Alman Kralının Cihadı

791 yılında Alman Frenklerin Kralı Karl Avarlara karşı savaş açınca Enns nehri kıyılarında üç gün karargâh kurup ordusu ve yanındakilerle dua etti. Bayern Krallığı ile Hunlar arasında sınır anlaşmaları vardı. Belki bu anlaşma 100 yıldır böyle durdu. Bu yüzyıl zarfında Avarların kimseyle herhangi bir savaşı olmamış, kendi aralarında barış içinde yaşamışlardır. Batı Avrupa'da hala devam eden Hun korkusu, Almanların güçlenen Kralı Karl'ı onların halefleri Avarları yok etmek için harekete geçirdi. Bunun birçok sebepleri vardı. Birincisi Hun korkusu ve onların devamı yeni Hunlar, Avarlar ortadan kaldırılacaktı. İkincisi onların elinde büyük hazineler olduğunu biliyorlar. Üçüncüsü onlar imansızdırlar, Hristiyan değillerdir. Dördüncüsü kendi ülkesinde iç huzursuzluk ve çekişmeler vardı ve onlara bir başarı lazımdı. Avarlara karşı giriştikleri bütün misyonerlik savaşları sonuçsuz kalmıştı. Bütün bunların yanı sıra eski Alman krallığı Gepidlerin Avarların eline geçmesidir. Savaş çıkacağı haberini alan başka bir Alman kavmi Sachsenler, Avarlara elçiler göndererek onların yanlarında olduklarını bildirdiler. Endülüs'ten Kurtuba Sultanı, Avarların Almanlara karşı savaşı kazanacağını düşünüp aynı şekilde onlara destek mesajları gönderdiler. Savaş başlamadan Kral Karl, büyük bir savaş sahnesi düzenleyip müttefiklerine ve diğer krallara göz dağı verip itibar kazanacaktı. Bu toplantıya Alman krallıklarından Sachsenler, kuzeydeki Frislenderler, Bayern, Tühringenliler ve onların yeni müttefikleri Slavlar katıldı. Bunlar Regensburg şehrinde 791 yılında toplanıp savaş kararı aldılar. Sachsenlerin bir kısmı Frenkleri tutarken bir kısmı düşmandır. Bunlar topluca Lorch şehrine gelip karargâhlarını 5 ekimde kurdular. Karl, eşine mektup yazıp şöyle diyordu: "Üç gün burada kalıp dua edeceğiz. Bu arada yanımızdaki din adamları bize şarap içmeyi ve et yemeyi yasakladı. Oruç tutuyoruz. Şarap içmek isteyenler günahlarına karşı günde bir solidus ödeyip günahlarını rahiplerden satın alıyor.". Alman birliklerine Avarların içine girip çıkan Voynimir adlı bir Slav yol gösterip danışmanlık yapmıştı.

164

Cihadı bugüne kadar Müslümanların başlattığını duymuştuk. Alman Kralı, Müslümanları örnek aldı. 711 yılına kadar Batı Gotlarının yönetimi altında olan bugünkü İspanya ve Portekiz'i Müslümanlar Cebelitarık'ı gemilerle geçerek ele geçirmiş, ilerleyen yıllarla genişleyip Fransa ortalarına kadar gelmişlerdi. Burada bugünkü Tours şehirleri yakınlarında karşılarına Frenk Kralı Karl Martell, (Büyük Karl'ın dedesi) dikilip Arapları 732 yılında durdurmayı başardı. Bu olaydan sonra batılıların yeni kahramanı olur. Hakkında çok sayıda şarkılar yazılır ve adını duymayan kalmaz.

Büyük Karl, Endülüs'te bir savaşa katılıp Müslümanlardan cihadı öğrendi. Endülüs Müslümanları, kimseyi din değiştirmediği için öldürmezdi fakat adına cizye denen kelle vergisine tabi tutardı. Hristiyan halk aslında cizye vergisi yerine eski kralların baskısından kurtuldukları için akınlarla İslam dinine geçtiler. Kral, Karl'ı Endülüs'e davet eden yine oradaki Müslümanlardır. Onlar kendi aralarında çıkan çatışmalar ve bölünmeler için Almanlardan askeri yardım istedi. Büyük Karl, Endülüs'e 778 yılında Zaragoza valisi Süleyman El-Arabi tarafından yardıma çağrıldı. Kordoba Sultanı'na karşı ayaklanmıştı fakat yeterli askeri gücü yoktu. Karl gidip iç savaşa taraftar oldu fakat gösterildiği bir başarı veya başarısızlık yoktu. Dönerken Pirene Dağları'nda Baskların saldırısına uğradı ve çok asker kaybetti.

Avarların eski müttefikleri Saksonlar, Frenklerin baskısı altındadır. Saksonlar Hristiyan değildi. Büyük Karl, 782 yılında Hristiyan olmayı kabul etmedikleri için Sakson, Allestadt şehrinde bir günde 4500 kişinin başını vurdurmuştur. Sakson kralı Widukind, Hristiyanlığı kabul ettiğini bildirip vaftiz olduktan sonra Sakson savaşları durdu. Saksonların teslim olmasıyla her tarafta kiliseler ve manastır yükselmeye başladı. Hitler döneminde idamların olduğu yere öldürülen her kişi için bir kaya konulmuştur. Büyük Karl, kendince dinsiz Avarları da aynı şekilde Hristiyanlaştırmaya niyetlidir.

Frenklerin Lombard, Bayern ve Saksonları yenip kendilerine bağlamasından sonra hedeflerini Avarlara çevirdiler. Alman kralının danışmanı İngiliz rahip Alcuin, bir mektup göndererek "Avarlar hakkında ne yapmak istiyorsun?" diye sormaktadır. O dönem dinsiz Avarlara karşı savaşmak için cihat (holly war, kutsal savaş) yeterli sebeptir. Ya Hristiyan olacaklar ya da yok olacaklar. Frenklerin saldırısı, 791 yılının Sonbahar ayında başladı. Alman kaynakları kendi kralların sayısız ve ağır zırhlı çok askerle gururlu ve onurlu sebepsiz yere Avarlara karşı sefere çıktığını yazmışlardır. Almanlar üç koldan Avar Kağanlığına girdi. Bir kısmı kuzeyde Tuna boyunu izliyor, Kralın kendisi güney hattını takip ediyordu. Bayern ordusunu yöneten komutan, su yolu ve küçük gemilerle nehirden bu iki orduyu destekliyordu. Viyana önlerinde ortaya çıkan ilk karşılaşmada iki tarafında kayıpları vardı. Avarlar 150 esir vermişlerdi. Almanların kayıpları hakkında açık bilgi bulunmamaktadır. Almanlar ilerlemeye devam ederken halk korkup bataklıklara, dağlara kaçmaya başladı. Almanlar girdikleri köyleri yağmalayıp, ateşe verip yakalayabildiklerini kılıçtan geçirdiler. Avar orduları onların zırhlı ve kalabalık ordusuna karşı duramayacaklarını anlayınca, uzaktan onları izleyip karşılarına çıkmadılar. O arada yağmurlardan dolayı Almanların yiyecek sorunları ve bir salgından dolayı Almanların atları ölmeye başladı. Bu ilk saldırı sonrası Almanlar Savaria/ Szombathely üzeri geri döndüler. Avarların onları oyalama taktiği işe yaradı. Almanlar büyük başarı sağlayamadan 52 gün sonra geri çekildiler.

Avar Kağanlığına karşı başlayan saldırılar, Kağanlığın içinde tartışmalara ve parçalanmalara yol açtı. 794-795 yılları arasında Kağan ile ikinci Kağan arasında iç savaş başladı. Her ikisinin de kendi taraftarları vardı. Bu savaş sırasında her ikisi de öldürüldü. Tudun yeni kağan oldu. Bu çatışmaları fırsat bilen Almanlar, 795 yılında müttefikleriyle birlikte saldırı düzenleyip Don ve Tisa nehirleri arasındaki Kağanlığın merkez ordasına kadar ilerlediler. Avar Kağanlığının hazinesine el koydular. Hazineyi 15 araba ile Frenkler ülkesine taşıdılar. Yüzlerce yıldır biriken hazinenin içinde her döneme ait değerli tabaklar, kadehler, kaplar, takılar, kılıçlar vardı. Alman kralının hayatını yazan Einhard, "İnsanlık tarihinde hiçbir savaş bu kadar zenginlik ve güç getirmemiştir." demektedir. Ele geçirilen hazine içinde adına Hun kılıcı denilen altın ve değerli taşlarla işlemeli çok önemli bir kılıç, kını ile İngiltere Kralı Marcia'ya gönderilmiştir. Alman Kralı, bu hazinenin bir kısmını soylu ailelere dağıttı, kalan kısmını eritip para yaptı. Bu paraları kilise ve manastır yaptırmaya ayırdı veya Papa III. Leo'ya gönderdi. 4 yıl sonra bundan dolayı soyluların ve papalığın desteği ile Kayser oldu. Avarların hazinesi 250 yıl boyunca birikmişti. Avarlar da aynı İskitler gibi altına meraklıydı. Bu altın eşyaların bir kısmı savaş sırasında ellerine geçmiş, bir kısmını kendileri üretmiş veya Kağanlara yıllarca gönderilen altın hediyeler birikmiştir Avarlar dev kiliseler, tapınaklar, kaleler, surlar yapmayıp zamanın şartlarına göre yaptıkları evlerde yaşayarak ellerine geçen servetleri heba etmemişlerdi. Onlar bu geleneği eski Türklerden devam ettirmişlerdi. Batıda kaleler kuranlar, bu kaleleri beklerken kendi elleriyle yarattıkları yapıların bekçisi ve aslında tutsağı olmuşlardı.

Bu olaylardan sonra yeni Kağan Tudun, (gerçek adı belli değil) Aachen şehrinde Alman kralından barış görüşmeleri istedi. Buna rağmen bir yıl sonra Alman kralının oğlu İtalya Kralı Pippin, Avusturya üzerinden yeni bir saldırı başlattı. Savaşa Katolik kilisesi adamları da katılmıştır. Bunların en önemlileri Salzburg Piskoposu ve İtalyan Patriğidir. Onlar bir toplantı yaptılar ve ele geçirdikleri Avarların batı bölgesinde yaşayan Hristiyanların misyonerlik yapmasını istediler. Avarların hepsi bu durumu kabullenmedi ve kısmı Tisa nehri üzerinden kaçıp güvenli bölgelere gitti. Geride kalanların Hristiyanlaşması böyle başladı.

Almanlar neden Avar Kağanlığının içine kadar girip büyük bir devleti dağıtabildiler? Bunun tek bir açıklaması var: yeni zırhlı asker elbiseler, çok yüksek asker sayısı ve silahlar. Askerleri bu şekilde kendisini koruyordu. Avarlar at sırtında, hafif zırhlı elbiseleri ile şimşek gibi hareket etmeye, düşmanı vurmaya, yakından kılıçla saldırmada ustalar fakat okları bu sefer işe yaramıyordu. Alman askerlerinin kalın zırhına çarpan oklar, ağır hasar vermeden yere düşüyor, yanlarına yaklaşsalar bile kılıçlar zıhlara işlemiyordu. Almanların elinde uzun ucu sivri mızraklar vardı ve süvarileri uzak tutuyordu. Yalnız askerleri değil, atları bile zırhlıydı. Avarların atom bombası sayılan okları, ağır zırhlı askerin karşında etki gösteremedi. Almanların başarısı sırf yeni kalın zırhlı elbiseler değildi, üç devletin askeri ile gelmişlerdi. Avarlar da kalın zırhlar üretebilirlerdi fakat bu sefer alışık oldukları çeviklikle at üstünde hareket edemiyorlardı.

Avarlar toparlanıp Bayern ve çevresine yeni akınlar başlattı ve tekrar ele geçirdi. Savaşlar bitmemiş, devam ediyordu. 803 yılına kadar Frenklere karşı çatışmalarda, iki Alman Kontu öldürüldü. 803 yıllarından itibaren ise Avar İmparatorluğu'nda nihai bir çözülme süreci başladı. Bağımsızlığını kazanan doğuda kalan Avarlar Hanlıkları devlet düzeni bozulunca onlardan ayrıldı. Her geçen yıl, büyük ülke gittikçe küçülüp parçalandı. 804 yılında Alman Kralı, Avarlara silah satışını yasaklattı. Almanlar büyük Avar imparatorluğunun yalnız onlara olan kısmını yani bugünkü Macaristan'ın ortasından geçen Thiess nehrinin batı bölgesini ele geçirebildiler. Doğu bölgesi Tuna Bulgar devleti, Adriyatik Denizi ve Bizans sınırlarına kadar Almanların eline geçmedi. Onlar Thiess nehrini geçemediler. Bu arada Tuna Bulgar devleti çok güçlenmişti. 804 yılında Almanların eline geçmeyen bölgeyi onlar ele geçirdiler ve hiç bir karşılık görmediler. Çünkü eski Türklerde batan bir devletin yerine yenisi çıkıyor ve o bölgenin askeri yeni kağana tabi oluyor. Avarlar bunu yaptılar, onların ülkesinin doğu kısmı artık Hunların değil Hunilerin ülkesinin bir parçası oldu.

822 yılında Avarlar, tekrar Almanlarla pazarlık yapıp onların eline geçen bir bölge için kararlar vermek amacıyla Frankfurt şehrine gelse de buradan bir sonuç çıkmadı. Saldırılarla birlikte Almanlar yanlarında misyonerleri getirmişti fakat halk korkup doğu bölgesine sığınmıştı. Almanlar aslında girdikleri topraklarda terk edilmiş köyler ve şehirler buldular. Geriye kalanlar için Almanlara bağlı ilk Avar Hristiyan Prensliği bugünkü Avusturya içinde kurulup 828 yılına kadar varlığını

sürdürdü. Tuna Bulgarları Avarlara soruyorlar: "Siz bu kadar güçlü savaşçılardınız neden savaşı kaybettiniz?". Onlardan birisi şöyle cevap verdi: "Kendi aramızda davaya düştük, savaşı unutup ticaretle meşgul olduk ve aşırı şarap tükettik". Tutuklunun verdiği cevap aslında kısmen doğrudur Kağanla ikinci kağanın arasında iç savaş çıkıp ikisinin de öldürülmesi sonucu ülke içten çöküyor.

804 yılından sonra Tuna Bulgar Kağanlığı, Avarların doğu topraklarının yeni sahibidir. Almanların başlattığı savaş toplam 8 yıl devam ederken diğer taraftan Bulgarlar, Avarlar devletinin diğer kısmını 802-814 yılları arasında ele geçirdi. Adına Suda Leksikonu denen eski bir Bizans ansiklopedisinde Avarları, Almanların değil, Tuna Bulgarlarının yendiği geçmektedir. Avar hazinesinin Almanların eline geçtiği ülkenin bir kısmını onların işgal ettiği doğrudur fakat doğu tarafını Bulgarlar ele geçirirken ordunun çökmesine ve dağılmasına onlar sebep olmuştur. İki kağan arasında iç savaş çıkmamış olsaydı ne Bulgarlar saldırırdı ne de Almanlar bir başarı gösterebilirdi. Asıl bütün suç ve hata kendilerine aittir. Bulgarların eline geçen bölgede Avarlar onlara direnmedi çünkü başlarında güçlü bir kağan yoktu. Kime güvenerek savaş açacaklardı. Zaten yeni gelen askerler ve kağanlar onlarla aynı dili konuşuyordu.

Bulgarların yeni yönetimine giren Avarlara onlar dokunmuyor vergilerini kendilerine ödemek şartıyla olduğu gibi rahat bırakıyor. Böylece en son 828 yılında Avar Kağanlığı 250 yıldan sonra büyük devlet olma vasfını yitirdi. 250 yıl, o kadar farklı milleti bir arada tutup onları barış içinde yaşatıp korumak kendi başına büyük bir başarıdır. Gök Tanrı inancıyla yaşamaya devam eden haraç ödeyerek varlığını süren farklı küçük Avar Hanlıkları, Macaristan ovasında 895 yılında kadar kayıtlara geçmiştir. 896 yılında Magyarlar, Macaristan'a hâkim olmaya başladı. Magyarlar, aslında onların devamıdır ve isimleri değişmiştir. Tarih ne Hunları ne de Avarları unutmadı. Onların isimleri yaşıyor. Türkiye Cumhurbaşkanlığı forsunda bulunan iki yıldız işte bu iki devleti temsil ediyor: Batı Hun ve Avar İmparatorluğu.

803 yılında Avusturya´da Avarların öldürdüğü Kont Cadaloc`un mağara şeklindeki mezarı.

Almanlarla Avarların savaşını gösteren bir resim ve Avarların o dönem kullandığı at kantarması

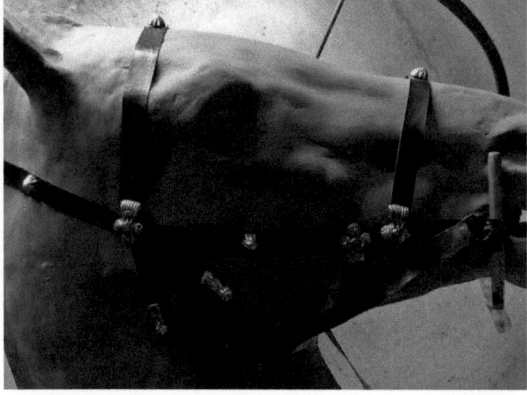

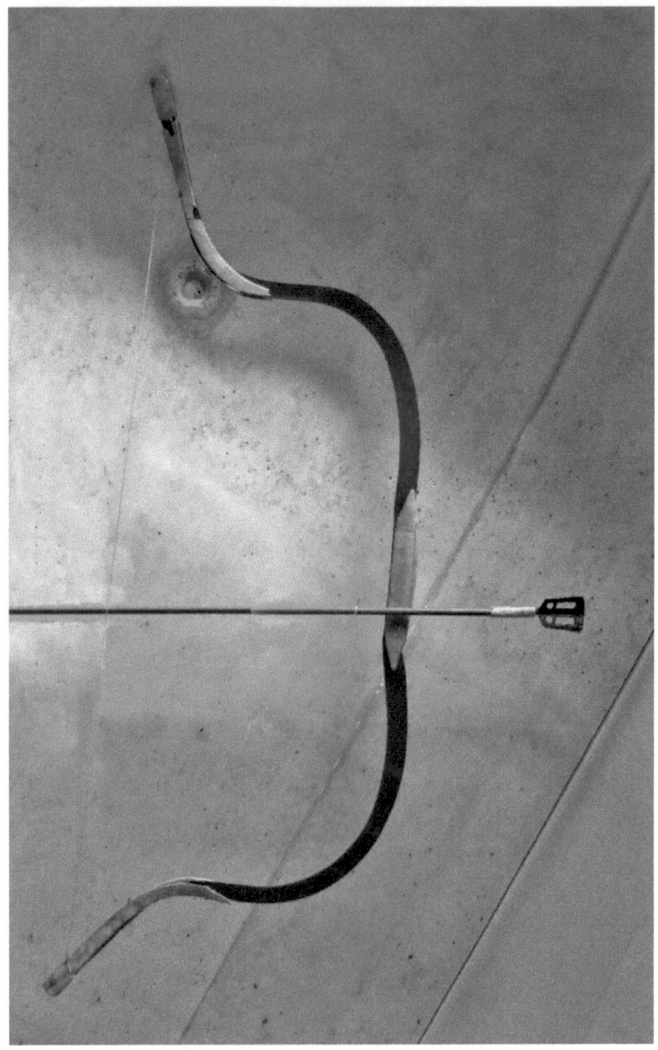

Avarlar döneminden kalma orjinal yay ve ok. Okun ucunun demiri deliklidir. Bu ok Oğuz Han döneminde icat edidi havada ıslık çalarak gidiyor düşmanı binlerce okun sesi korku ve hayretler içinde bırakıyor.

Avarlardan kalma altın sürahi takımı 1798 yılında Romanya' da bulunmuştur. Toplam ağırlığı 10 kilo bugün Viyana müzesinde sergilenmektedir.

Avarlar döneminde üretilen ve kazılarda bulunan bir hançer

Avar mezarlarından çıkarılan bazı eşyalar

İskitler ve Hunlar gibi Avarlar boğa, at ve kartal resimleri ve desenlerini her yere işlemişler altından bir kap.

Altın tabakta kartal desenleri. Hunlar ilk defa Avrupa`da kartalı sembol yapmıştır. Onlardan sonra batı Roma ve Almanya kullanmaya başladı.

Macaristan' da açılan bir Avar mezarı. Eski Türkler gibi savaşçılar atıyla gömülüyordu.

Hunilerin Yeni İmparatorluğu

Macaristan bölgesinde Avarların ülkesi ikiye bölünüp ortadan kalkarken onların doğusunda Bizans'ın Huniler dediği Bulgar Türkleri, büyük bir zaferle tarihe geçiriyor. Kağan Krum ve Bizans Kayseri Nikephoros arasında 811 yılında bir savaş çıktı. Adı batıda Pliska olarak gecen Bulgar Türklerinin Ak Baba veya Ak Oba dediği eski yönetim merkezlerine yakın bir bölgede yapılan savaşta Bizans tarihin en büyük yenilgisini yaşadı. I. Nikephoros, 802 yılında Kayser olunca Bulgar Türklerinin yerleştiği bugünkü Bulgaristan bölgesini tekrar ele geçirip onları oradan çıkarmayı hedefliyordu. Bizans kaynaklarına göre Bizans orduları, Ak Baba şehrine 809 yılında girip talan edip ele geçirdikten sonra, o bölgeye Anadolu'da yaşayan Rumları göç ettirdi. Bazı kaynaklara böyle geçtiği halde aslında o başkenti değil çevre köyleri almıştır. 811 yılında bütün Anadolu, Avrupa ve hatta Kayseri koruyan orduları dahil bir araya toplayıp sefere çıktı. Yanında soylu aileler, yüksek rütbeli askerler, devlet yöneticileri ve oğlu Staurakios vardı.

Mayıs ayında yola çıkan ordu, 10 Haziran tarihinde sınıra yetişip Trakya bölgesine karargâhını kurdu. Türklerin savaş taktiğini Bizans uygulamaya başlamıştı. Saldırıp geri çekilecek ve Bulgarlar ile Avarlar onların pesine düşünce tuzak kurup hepsini yok edeceklerdi. Avar devletinin bir kısmı Almanların eline geçince diğer kısmı Tuna Bulgar devletinin eline geçti diye okumuştuk. Avarlar şimdi bu devlete tabidir ve askerlerinin yarısı Avarlardan oluşuyordu. Bu taktiği birkaç gün uyguladılar. Onların topraklarına süvarilerle basıp geri dönüyorlardı. Kağan Krum, Bizans Kayserine elçiler gönderip barış istedi fakat kabul edilmedi. Onun amacı Türkleri buradan çıkarmaktı. Belki Alman Kayseri ile anlaşmalı hareket ediyordu. İki devlete yani Avarlar ve Bulgar devleti denen Hunilere aynı dönemde saldırılar tesadüf olamaz. Bizans'ın saldırıp geri çekilmesini Huniler iyi değerlendirip bütün güçlerini bir araya topladılar. 20 haziran günü, Bizans Kayseri ordularını üç büyük gruba ayırdı. Bunların her birisi başka bir istikamette Bulgar devletinin başkentine yürüyordu. 13 gün sonra Bizans orduları başkentin köylerine yaklaştı. 822 yılında ortaya çıkan belgelerde Bizans'ın başkent Ak Baba değil oraya yakın bir şehrin köylerini ele geçirip Anadolu Rumlarını göç ettirdiği yazılmıştır. Bizans orduları Ak Babaya iyice yaklaşınca Bulgarlar tekrar bir elçi gönderip barış istedi. Bu da kabul edilmedi. Ona göre Bulgarların hiçbir zafer şansı yoktu.

25 Haziran 811 tarihinde büyük savaş başladı. Bulgar ve Avarlar karargâhını Tischa nehri denen diğer adi Kamciya kıyılarına kurmuştu. Bizans Kayseri kendisine kurulan tuzağı fark edip mecbur olarak karargahını gece o bölgeye kurdu. Bizans'a düşman olan bir grup Slav da Kağanın yanında yer almıştı. 26 Haziran sabahı erken saatlerinde Bulgar ve Avar atlı süvarileri saldırıya geçti. Onların hedefi bütün ordu değil, Kayserin karargahıydı. Bizans Kayseri ve onun askerleri uykularında kazanacakları zaferden emindiler. Süvariler onlar toparlanmadan Kayserin çadırını basıp onu savaş cephesinde öldürdü. Kayserin ölüm haberi hemen bütün orduya yayıldı. Paniğe kapılan Bizans orduları, telaş ve korku içinde kaçmaya başladılar. Büyük kısmı Karadeniz'e dökülen Kamciya Nehrini geçerken boğulup öldü. Kaçamayanları atların üstünden attıkları oklarla savaşçılar öldürmeye başladı. Bu savaş Bizans'ın 378 yılında Adrianopel (Edirne) yenilgisinden sonra yaşadığı en büyük yenilgidir. O tarihte Almanlarla Bizans savaşmış 20 000 Bizans askerini öldürmüşlerdi. Kağan Krum zaferinin tadını çıkarmak istiyordu. Kayser Nikephoros'un kafa tasından bir kadeh yaptırdı. Kayserin oğlu Staurakios çok ağır yaralı kurtulmayı başardı fakat yönetime geçecek durumda değildi. Ağır darbeler almıştı. Bir ay sonra onun yerine Kayınbiraderi I. Mikail, Kayser ilan edildi. Gelecek iki yıl Kağan Kurum İstanbul önlerine kadar geldi fakat şehri almayı başaramadı. 813 yılında yeni Kayser I. Mikail, Kağan Krum'a karşı yeni bir savaş açtı. Eski yenilgisinin intikamını almaya kararlıydı. Edirne önlerinde meydana gelen savaşta Bizans orduları yine büyük bir yenilgiye uğradı. Bunun üzerine Kayser I. Mikail ve oğlunu Marmara Denizi'ndeki Prenses adalarına sürgüne gönderdiler.

814 yılında Kağan Krum'un ölünce yerine onun gibi ünlü bir kağan olan Ömürtag geçtir. O, 831 yılına kadar iktidarda kalacaktı.

Ömürtag'ın babası Kağan Krum'dur. Önce kardeşi kağan oldu. Bir yıl sonra Ömürtag, kağanlığa geçti. Bizans kaynakları onların isimlerini Dukumos ve Ditzeugos yazmıştır. Buradan diğer isimler ve bilgiler gibi belki bilinerek verilen yanlışları görüyoruz. Onlar kendi topraklarında yaşayan Hristiyan Bizansların dinini kabul etmiyor ve terk etmelerini istiyordu. Bunu yapan Ömürtag değil diğer kardeşidir. O, Trakya'daki Hristiyanların oruç günlerinde et yemesini istiyor. Yemeyenlerin öldürüleceğini söyledi. Bunu kabul etmeyenlerden 14 kişiyi öldürdü. Başka kaynaklar ele geçirdikleri Bizans tutuklularını idam ettiğini bildirdi. Bazı kaynaklar Ömürtag'ın kendisinin de Hristiyanlara karşı olduğunu bildiriyordu. Olaylar böyle anlatılırken Ömürtag Bizans'la 30 yıllık barış anlaşması yaptı. Bu dönem içinde iki ülke birbirine yakınlaştı ve hatta o Bizans Kayseri II. Mikail'in yanında kendisini kayser ilan eden Thomas'a karşı yardım ediyor. 818 yılında Slavlar, Frenk krallığına giderek Bulgarların haklarını ihlal ettiğini anlattılar. Ömürtag mektuplar göndererek olayı çözmeye çalıştı fakat cevap gelmedi. Ömürtag bunun üzerine Save Nehri boyunca gidip Sirmium şehrini ele geçirip kendi topraklarına kattı. Onun yaşadığı dönemde Almanlarla sınır anlaşması yapıldı. Ömürtag'ın adı Arjantin'in karşı tarafında bulunan Anaktirs'in 720 metre yüksekliğindeki bir geçide 2005 yılında verilmiştir.

Onun ölümü üzerine üçüncü oğlu Malamir yeni Kağanları oldu. 831-836 yılında ülkesini o yönetti. Büyük kardeşi Boyan Hristiyanlık dinine geçtiği için Kağanlık hakkını ona değil küçük kardeşine verdiler. Ortanca kardeşleri ölmüştür. O Kağan seçildiği zaman yaşı daha küçük olduğu için Boliyalar denen yardımcı kağanlar gibi devlet yöneticileri ülkeyi bir müddet yönetip onu yetiştirdiler. İç siyaset olarak babasının yolundan gitti. Hristiyanlığa kesinlikle karşı çıktı. Onun döneminde Hristiyanlara karşı yeni baskılar oldu. Belki de

181

kendi halkından din değiştirenlere bu baskıyı uyguladı. Enravota ismini alan Boyan (savaşçı) ağabeyini Hristiyanlıktan dönmediği için öldürttü. Bulgaristan Hristiyanları onu sonra şehit ilan ettiler. Babasının kurduğu Ak Baba veya Ak Oba şehrini modern bir yönetim merkezi haline getirdiler. Su kanalları ve kanalizasyon temellerini o attırdı. Orası bugün terk edilmiş Pliska denen küçük bir köydür.

Bizans eski huylarından vazgeçmemiş Ömürtag'la yaptığı 30 yıllık anlaşmaya rağmen savaş başlatmıştı. Genç kağan yanındaki devlet adamları ile çaresiz savaşa girdi. Huniler Bizans'ı bir kaç yıl arayla üçüncü kez yendi. Onlara ait Provat, Burdizon bugünkü Trakya içindeki Babaeski'yi onlardan aldı. Bizans'ın Sofya'ya giden yollarını kapattı. Tuna Bulgarların bu başarısı onların yeni topraklar kazanıp dış siyaset izlemesine yol açtı. 680 yılında Bulgar Türklerinin kurduğu küçük kağanlık gittikçe büyümeye başladı. Genç Kağan Malamir, 836 yılında daha çocukları olmadan bilinmeyen bir sebepten öldü. Onun yerine ölen kardeşinin oğlu I. Perscan geçti.

Perscan dedesi ve babası gibi çok akıllı ve savaşçı birisiydi. Bizans'ı o daha büyük baskı altına alıp sıkıştırmaya başladı. 836-852 yılları arasında ülkesini yöneten Kağan gittikçe topraklarını büyütürken Bizans küçülüp adalara hapsedildi. Antik Makedonya bile Hunilerin eline geçti.

Perscan 852 yılında ölünce onun oğlu Hristiyanlığa geçip Boris adını aldı. I. Boris 890 yılına kadar dedelerinin mirasını yönetti. 863 yılında Hristiyan olduğunu açıklayınca bu dini kabul etmeyen Türkler isyan etti. Bunun üzerine Frenklerin Kralı II. Ludwig'den yardım istedi. Bu yardımla isyancıları kanlı bir çatışma sonucu öldürüp isyanı bitirdi. Almanlar Ortodoks olmadığı için Katolikliği seçti. Ortodoks din adamlarını ülkeden kovdur. Mektuplaşmalar ve tartışmalar sonucu Doğu Roma Kilisesi kendisini kabul ettirdi. Ortodoks Hristiyanları ülkede söz sahibi oldu. I. Boris 890 yılında bir manastıra kapanıp kendini dine verdi. Onun oğlu Hristiyanlığı kabul etmedi fakat iktidar ona geçmiştir. 50 Huni ile Tengrizm inancını misyonerler yoluyla terk edenlere tekrar kabul ettirmeye çalıştı.

Bunun üzerine Boris kapandığı manastırdan çıkıp adına Vladimir Rassate verdiği oğlunu yakalatıp gözlerine mil çektirip kör ettirdi. 907 yılında kaldığı manastırın karanlık odalarından birinde can verdi. Kilise onu kutsal ilan etti. Bulgar Türklerinin Tuna boylarına kurduğu bugünkü Bulgaristan devleti bir Türk devleti olmaktan böylece çıktı. Hristiyanlaşmaları onların Türklüğünü yitirmesi ile sınırlı değil dillerinin de Slavlar ve Rumlarla karışmaya başlamasıyla yitirmeye başladılar. Bu tarihten sonra Bulgar ile Bulgaristan'ın ayrımı bizim için daha kolaydı.

Hunların Yeniden Dirilişi

Magyarların ortaya çıkışı ve kim oldukları hala tartışmalıdır. Onların Aral gölü kuzeyinde bugünkü Başkurdistan'da yaşayan bir Türk ya da Fin-Ugor boyu olduğu konusunda çeşitli teoriler vardır. 895 yılında Başkurdistan Ural bölgesinden Kırım ve Macaristan arasında adına Etel Göz veya Etel Kuzu denen bir yere yerleşip bir devlet kurduktan sonra Macaristan ovasında göç ettikleri iddia ediliyor. Onlar da Türkler gibi yurtlarda yaşıyor, onlar gibi savaşıyor, onlar gibi düşünüyor ve onlar gibi inanıyorlardı. Altı büyük obalarının kurduğu devletin ismi Magyardır. Magyarlar devletini kuran kişilerin isimleri şöyledir: Elod, Ond, Kond, Taş, Huba, Arpad ve Tohtetom. Boncuk Kağan için Mundzuk ya da Osmanlı için Ottoman denildiği gibi bu isimlerin de telaffuzlarında farklılıklar olabilir fakat Macar kaynaklarına bu şekilde geçmiştir. Kağan Arpad ismi Arpadan geliyor Arpaçı olabilir. Bunlar 895 yılında bugün bile Türklerde devam eden kan kardeşliği geleneğine uygun olarak kollarını veya parmaklarının ucunu hafifçe kesip yaralarını ve kanlarını bir birlerine sürtüp kan kardeşi olarak Arpad'ı Obaların başı yani kağan seçtiler. Bir Alman tarihçi Magyar isminin Atilla'nın soyundan geldiğini oğlu İlek'in bir oğlunun ismi olduğunu yazmıştır. Arpad'ın hanedanı 1301 yılında kadar Macaristan'ın yönetimini elinde tutacaktır. Magyarların tarih sahnesine çıkışı, Macar ve Batı kaynaklarına böyle geçmiştir. Buna rağmen tarihçiler böyle bir olayın olduğuna emin değiller. Bu bir efsane de olabilir. Daha gerçekçi bir ihtimal Macaristan ovasındaki Almanların yönetimine girmeyen Avarların yani eski Hunların yeni bir devlet kurup ortaya çıkmasıdır. Fakat kanıtlanmış değildir. Tek gerçek Magyarlar isimde bir devletin ortaya çıkması ve Almanlarla savaşmaya başlamasıdır.

Buraya kadar halk arasında anlatıldığının tam tersine eski Türklerin birbiri ile savaşmadığını güçlü ve akıllı bir Kağanın çıkması durumunda askerlerin ve halkın onun çevresinde toplandığını gördük. Kutrigurlar ve Utrigurların Macaristan hafızasında anlaşmazlıkları sonucu bir Avar Kağan çıkıp hepsini bir çatı altında topladı ve o isimler kayboldu. Hepsi kendisine Avarlar demeye başladı. Adına Hazar denen Türklerin Kaspiyen dediği Hazar sınırında bir Türk hanlığı kuruldu. Buradan yukarıya taşındıkları halde Göktürk Kağanlığına ait topraklar yeni kurulan İdil-Volga Bulgar Devleti sınırları içinde kaldığı halde Göktürk Kağanlığı onlara savaş açmadı. Bizans'ın çağırdığı 30 000 İskit savaşçının Avarlara karşı savaşmak yerine 10 bininin onlara katıldığını gördük. Gök Türk kağanının, Avarların Bizans'tan aldığı haracı memnunlukla karşıladığını ve "bize haraç verdiğinizi Pers elçileri anlattığı" dediğini gördük. Avar Devleti'nin Almanların saldırıları sırasında çökmesinden dolayı, bu ülkeden umudunu kesen Tuna Bulgar Devleti harekete geçip Avarlar ülkesinin doğu bölgesini ve Adriyatik Denizine kadar olan topraklarını kendi himayesine geçirip halkına dokunmadı. O bölgenin Avarları, Tuna Bulgar Devletinin bir parçası oldu. Aynı zamanda Karadeniz boylarındaki Türkler, yeni bir göç başlatıp Bulgarların içine yerleşip güçlü ve kalabalık bir devletin ayakta kalmasına yardımcı oldu. Burada bir soru ortaya çıkar: Almanlar Avar devletine saldırırken Bulgarlar neden yardım etmedi? Avar Kağanı ve ikinci kağanı öldürüldü. Ortada yeni güçlü bir kağan ve lider yok. Kiminle hareket edeceklerdi? Bulgaristan'dan Macaristan ovasına orduların gitmesi en az iki ay vakit alır. Bulgar orduları Almanlarla savaşırken bunu fırsat bilen Bizans, onların topraklarına saldıracaktı. Olup biteni uzaktan izlemekle doğru karar verip kazançlı çıktılar.

Macarların iddia ettiği gibi Magyarlar devleti kurulunca 20 000 atlı savaşçı Başkurdistan üzeri gelen yeni göçebeler çıkarması için toplam sayılarının 200.000-300.000 arasında olması gerekirdi. Bu göçler hiçbir yerde geçmiyor. Alman tarihçileri bile Macarların yeni bir ulus yaratmak için bunu uydurduklarına inanıyorlar. Gerçek söyle olabilir: Tuna Bulgar Devleti'nin Kağanı din değiştirip Boris ismini 863 yılında alarak Hristiyan olunca oğlu bile kabul etmeyip gözleri kör edilmiştir. Macaristan havzasında Tuna Bulgarları yönetiminde geçen Avarların din değiştirmesi geçen zamanla mecburiyet halini alacaktı. Almanlar 200 yıl boyunda Avarlara misyonerler göndermiş fakat başarılı olamamıştır. Fakat bir kağanın din değiştirmesi halkın mecburen ona boyun eğmesi demekti. Diğer taraftan Volga-İdil Bulgar Devleti gücünü korudu. Onlar da Tuna boylarında olup biteni takip ediyordu. Onlar Macaristan ovasında yaşayan Türklere yardım edip Volga Bulgar devletinden kopmalarına yardımcı olmuş olabilirlerdi çünkü yeni kurulan Magyar devleti çifte kağanlık sistemini, sembollerini ve devlet yönetimini onlardan aldı. Bu ihtimal çok daha yüksektir. Magyarların savaşları unutmaması çok normaldir. At besliyor, ok-yay üretiyorlardı. Tuna Bulgar Devleti'nde Bizans'a karşı savaşıyorlardı. Savaşı onlar biliyordu fakat 20 000 zırhı o devletin bir parçası olduğu dönemde üretmeye imkânları acaba var mıydı veya onlar göz yumar mıydı? Bütün bunlara bakınca İdil-Volga Bulgar Devleti'nin Kırım üzerinden yardım ettiği büyük olasılık kazanıyordu. İlginç bir şey daha karşımıza çıkıyor: Magyarlar yeni devlet kurup Tuna Bulgarlarından ayrıldıkları halde onlar savaş açıp yeni devlete engel olmuyor ve karışmıyorlardı. Buradan da gördüğümüz gibi eski Türkler birbiri ile kolay savaşmıyordu ve kardeş kanı dökmüyordu.

Biz yine resmi Macar tarihi veya efsanelerine dönelim. Bu tarihlerde adına Peçenekler denen bir Türk boyu Bulgaristan'a Magyarların doğu bölgesine, 896 yılında saldırdılar. Savaşı Magyarlar büyük kayıplar vermeden Doğu Macaristan'ın Kárpátok bölgesine göçüp gelecek yeni tehlikeden kurtulmuşlardır. Magyarların yeni Kağanı ve savaşçılarını tekrar anlatmaya gerek yok. İskitler, Hunlar ve Avarlar gibi giyinip kuşanmaya ve savaşmaya devam ediyorlardı. Batı Avrupalılar, Magyarların 60 yıl Avrupa'ya yağma ve ölüm için akınlar yaptıklarını iddia ederken, Macarlar bunu kabul etmeyerek Almanların etkisi ve baskısı altında kalmadan bir güçlü devlet kurup yaşatmak ve topraklarını korumak için savaştıklarını savunmaktadır. Alman Kralı onların devletlerini yıkıp hazinelerini alarak bütün Avrupa'nın kilise ve manastırlarına dağıtmış ve insanlarını din değiştirmeye zorlamıştı. Şimdi intikam sırası onlara gelmişti. Magyarların 20.000 süvarisi yeni akınlar için silah altındaydı.

899 yılında başlayan akınlar batıya, doğuya, İtalya, İspanya içlerine kadar devam etti. Atilla döneminde olduğu gibi kimse onları durduramadı. Her yeri ele geçirdilerse de bir müddet sonra geri çekildiler. 907 yılında Alman-Magyar savaşı kilise kaynaklarına şöyle geçmiştir: "Başarısı mümkün olmayan bir savaş, Bayern Markgraf (Uç beyi) Luidpolt öldürüldü. Onun coşmuş kibri kırıldı. Neredeyse hiçbir Hıristiyan canını kurtaramadı. Piskopos ve kontların hemen hepsi öldürüldü.". Dönemin tarihçileri onları İskitler, Hunlar ve Avarlar olarak değişik bölgelerde yazdıkları bilgilerle anlatmışlardır. Aradan geçen yüzlerce yıla rağmen savaş tekniği, silahları ve kıyafetleri değişmemiştir. Magyar savaşçılarının akınlarında ilk girdikleri bölgeler manastılar ve kiliselerdir. Önce buralara girip altın ve gümüşleri toplarlardı. Avar hazinesinin kilise ve manastırlara dağıtılmasından dolayı içlerinde bir kin oluşmuştu.

Magyar Devleti kurulduğu tarihten hemen sonra, İdil-Volga Bulgar Türk Devleti'ne bağlı Kırım yönetimi ile irtibat kurdu. Bulgar Devleti'nin yönetim sistemini ve sembollerini öğrenip benimsedi. Onların yönetim şekli Macaristan kurulduktan sonra da devam etti. Bulgarların kullandığı sembollerden biri de gamalı haçtır. Güneşin gökyüzündeki hareketini temsil eden bu sembolü, yaylarının kılıflarında ve sadaklarında özellikle kullanıyorlardı. Bunun yanı sıra aynı Türkler gibi iki kağanlık sistemi kullanıyorlar, gibi birinci kağanlarına Künde ikinci kağanlarına Dsula unvanı veriyorlardı.

Yeni yıldırım saldırıları, Almanya ve onların yönetimindeki güney İtalya'yı panik içinde bıraktı. Papa Benedict dualarına şu cümleyi eklemişti: "Tanrım bizi Magyarların oklarından koru". 500 yıl önce Batı dünyasının Hunlara karşı çaresiz kalması gibi yeni akınlarına karşı çaresizdiler. Atlı Magyar savaşçıların geçtiği yerlerde kıyamet korkusu yaşanıyordu. Onlar savaşçılığı bırakmamış ve daha da geliştirmişti. Saldırılarını hızlı ve etkili yapıp çabuk geri çekiliyorlardı. Kalelere saldırmayı ve kuşatmayı bırakmışlardı. Alman askerleri onları kalelerde beklerden uzaktan geçip gidiyorlar, kimse bir şey yapamadan tekrar uzaklaşıyorlardı. Atlı Alman askerleri ağır zırhlarını giymeden karşılarına çıkamıyor, ağırlıklarından ötürü yeterince hızlı süremiyorlardı. Magyarların üstünlüğü hafif zırhla hızlı ve etkili olmalarıdır. Onların binlerce oku aynı anda üç dört yüz metreye kadar uçarak gökyüzünü karartarak gidiyordu. Yeni saldırılara karşı Papanın duası dışında yapacak bir şey yoktu. 904 yılında barış görüşmeleri ve akınların durması için Bayern Krallığı, Magyarların Künde Kurzan'ı ülkesine davet etti. Künde, Bulgar devletinde birinci kağana verilen isimdir. Onun onuruna bir eğlence ve ziyafet düzenlediler. Yemek sırasında Kurzan'ı hançerleyip öldürdüler. Bu olaydan sonra Magyarların akınlarını daha sıklaştırıp Almanları baskı altına almaya çalıştılar.

907 yılında Alman tarihine Kara Pazar olarak gecen korkunç savaşlarından birisi yapılıyor. Almanlar ele geçirdikleri ve yönetimlerinde tuttukları Avarlar devletinin devamı Magyarlar devletini elden bırakmak istemiyorlar. Markgraf Luitpold, Güney Almanya Bayern'de çok büyük bir ordu topladı. Büyük Karl gibi Magyarlara diz çöktürüp hizaya sokmayı istiyordu. Yanında Salzburg Başpiskoposu Otto von Freising, Sırp din adamları, Çek Prensi Borovoij ve 19 Alman Kontu ile orduları büyük bir mevcutla savaş alanına geldiler. 4 Haziran 907 yılında Pressburg (yeni ismi Bratislava) önlerinde

Künde, Arpad ve Alman orduları savaş vaziyeti almıştı. Magyarlar, at üstünden Alman ordularına gökyüzünü karartır gibi oklar atarak onları kendilerine yaklaştırmadan adım adım geri ittiler ve hasımlarını bir arada toplanmaya zorladılar. Atlı savaşçılar, Alman birliklerini dört tarafından saldırarak kuşatıp sıkıştırdı. Dar alanda hareket edecek boşluk kalmayınca içlerine girdiler ve kılıç kılıca savaş başladı. Bütün din adamları, prensler, kontlar ve askerlerin hemen hepsi öldürüldü. Macar kaynakları, bu savaşın üç gün sürdüğünü yazarken Almanların bir kısmı bir gün içinde sabah çok erken saatlerde başlayıp akşama doğru bittiğini söylemektedir. Savaşa Almanların 100.000 asker, Magyarların 40.000-60.000 süvari ile katıldığı birçok kaynakta geçmektedir. Magyarlar 20.000 kayıp vermiştir. Canını kurtarıp kaçabilen Almanların hemen hepsini arkalarından oklarla vuruyorlardı. Çok az sayıda asker bu savaştan kurtulmuştu. Savaşlar sırasında Kağan Arpad'in birliklerini yöneten üç oğlu da öldürüldü: Tarhos (43), Üllö (41) Yutaş (35). Kağan'ın savaşa katılmayan veya sağ kurtulan başka oğulları vardı ve onlar hanedanlığı devam ettirdi. Savaşın sona erdiği gün pazara denk geldiğinden dolayı adına Kara Pazar Savaşı denilmiştir. Bu savaş sonrası Almanların Magyarlar üstündeki etkisi son buldu fakat onlar akınları bitirmedi. Bu kez aynı Roma ve Bizans'la yaptıkları gibi onları baskı altına alıp haraca bağlama seferlerini devam ettirdiler. Onlar Almanlarla aynı hizada olup saygınlık bekliyor ve kendilerinin kabul edilmelerini istiyorlardı.

Yeni Saldırılar

Magyarlar 907 sonrası toprak birliklerini sağlanmış, Alman etkisini sonlandırmışlardı fakat onlar savaşları durdurmaya niyetli değildi çünkü komşularını tanıyorlardı ve onları zayıf tutmaya yeminliydiler. Bütün saldırılarında her zaman ilk önce manastırlar vardı. Onları talan edip çoğunu ateşe verdiler. 926 yılında Frenk Kralı I. Heinrich, Magyarlar ile 9 yıllık barış antlaşması yapıp her yıl haraç ödemeyi kabul etti fakat bu barış süresini değerlendirip ülkesinin önemli yerlerine kaleler kurdurup güçlü bir ordu hazırlamaya da başlamayı ihmal etmedi. Almanya'da o döneme kadar kaleler olsa da bu tarihten sonra hız kazandı. Bütün ülkeye toplam 10-15 bin kadar kale kurdular. Bu soğuk kalelerde yaşayıp gelecek düşmanları beklediler.

932 yılında Magyarlar yıllık haracı almaya gelince Alman Kralı onları boş elle geri gönderdi. Bunun üzerine yeni bir savaş başladı. Frenklerin ülkesinde iki ordu karşı karşıya geldi. Bu savaş şimdi olmayan terk edilen Riade şehri önlerinde iki ordunun karşılaşmasıyla başladı. Almanlar zırhlarını daha da güçlendirmişti. Hafif zırhlı Magyarlar, savaş meydanında attıkları binlerce okun etki göstermediğini anlayınca dönüp geri gittiler. Frenkler için bu büyük bir zaferdi ve bunu coşkuyla kutladılar. Savaş öncesi, Almanlar kutsal bir mızrağı bütün askerlerin omuzlarına tek tek dokundurmuşlardı. İddialarına göre bu mızrağı Hz. İsa dar ağacında çivilenmişken Romalı bir asker onun göğsüne sokmuş ve İsa'nın kanı mızrağa bulaşmıştı. Bu mızrak sayesinde zaferi kazandıklarına inandılar. Alman kralının oğlu da gelecek kral olduktan sonra, bu silahı sürekli elinde taşıdı. Bu savaş sonrası Almanlarla 20 yıl barış oldu. 955 yılında yeni bir savaş başladı. Magyarlar, 899 yılından sonra 32 defa Almanya topraklarına girip çıktılar. Buradan Fransa ve İspanya'ya kadar gittiler. 955 yılında ise Almanların ölüm kalım savaşı başlıyor.

Goot'un ve Hristiyanların Düşmanlarına Karşı 955 Yılı Savaşı

955 yılının haziran ayı başında Magyar orduları Güney Almanya'nın Bayern bölgesine komutan Horka Bulucsu ve Lehel`in komutasında giriyor. Onları kendi aralarında çekişen zayıf bir Alman ordusu bekliyordu. Alman Kralı Otto, Magyarlar ile 955 yılı öncesi yapacağı savaşta onları "Hostes antiqui Christi" (Goot'un ve Hıristiyanlığın düşmanları) diye tanımlayarak olayı haçlı savaşlarına çevirdi. Ona göre bu savaş Hıristiyanlık adına yapılacak kutsal bir savaştı. Hunlar, Ausburg şehrini kuşatmaya alırken Almanlar Ulm Şehrinde dört hafta içinde ordularını toplamayı başardı. Alman Kralı Otto, diğer krallıkların ona yardıma gelmesini beklemeden

Ausburg'un düşmemesi için 10.000 süvari ile yola çıktı. Almanlar, Magyarların 100.000 süvari ile geldiğini iddia etse de kendi güçlerini abartmak için bu rakamı uydurmuşlardı. Söz konusu şehir, o dönem olduğu gibi bugün de küçük bir şehir sayılırdı. Güçleri belki 20 veya 30 bin kişidir. Savaş üç gün sürdü ve bütün Alman kavimleri yardıma geldi. Aralarında Bayern, Böhmenler, Franklar, Schwabenler ve Sachsenler vardı. Bütün Alman kavimleri güçlerini bir araya toplamıştı.

10 Ağustos günü savaş başlamadan Otto, ordusuna konuşmaya yaptı: "Bundan sonra ya köle ya özgür öleceğiz.". Otto bu sefer ağır, hareket imkânı düşük zırhlar yerine Hunlar gibi hafif zincir zırhlı askerlerle geldi çünkü onlar gibi çevik olmak istiyordu. Savaşın nasıl başladığı ve nasıl devam ettiği hakkında yazılı bilgiler yok ama Otto'nun savaşı kazandığı ve bütün Almanların Kayseri olduğu bir gerçektir. Magyarlar bu savaş sonrası geriye çekildiler ve Almanya akınları son buldu. Bu tarihten sonra bu günkü Macaristan topraklarındaki son göçebeler de yerleşik hayata geçmeye başladı.

Macarların Hıristiyanlaşması

Almanların 800 yıllarında Avarlara saldırıları sonucu Şaman/Tengricilik inancını yaşayan Türklerin üzerine Hıristiyanlığa geçmeleri yönündeki baskıları anlattık. 895 yılında yeni Magyar Devleti ortaya çıktıktan sonra bu baskılar son bulmuştu. O döneme kadar halkın bir kısmı kiliseyi kabul etse bile eski örf adetlerini devam ettiriyordu. Bunlardan birisi ölü gömme adetidir. 1000 yıllarından kalma birçok Macar mezarında savaşçı askerlerin hala atları ile gömüldüğü ortaya çıkmıştır. Magyar Devleti'ni kuran kağanın soyundan gelen I. Stephans 1000 yılında kral olduktan sonra Hıristiyan oldu ve ülkenin bu dine geçmesini sağladı. Onun çok akıllı birisi olduğunu düşünmek gerekir. Dört tarafı Hıristiyanlarla çevrili bir coğrafyada şaman kaldıkları sürece kendilerine saldırıların bitmeyeceğini hatta büyük haçlı seferleri başlatılacağını düşünmüştü. Buna rağmen Almanlar, Kral II. Konrad liderliğinde Macaristan'a saldırdı fakat Macarlar 1030 yılında Alman ordularını durdurup geri püskürtmeyi başardı.

Türkler Nasıl Din Değiştirdi?

Arapların çöken Pers ve Bizans İmparatorluklarının topraklarına çok kolayca girip ele geçirdiklerini gördük. Ellerine hiç beklemedikleri bir zenginlik geçti. Filistin'i fethettikleri zaman 4000 kişinin öldürüldüğü Bizans kaynaklarda geçmektedir. Yeni toprakların kolay ele geçirilişini iyi değerlendirdiler. Ele geçirdikleri Pers İmparatorluğunda İslamiyet'i yaymaya başladılar. Buradan elimize geçen kaynaklar vardır. Onları İran uzmanı Prof. Monika Gronke yazmıştır. İran'da Perslerden kalma katipler sınıfına hiç dokunmadılar ve onlar işlerine devam edip vergi topladı. Araplar bu sistemi bilmiyordu ve vergi toplamayı Perslerden öğrendiler. Eski memurlar görevinde kaldı. Ellerine büyük paralar geldi. Halka baskı yaptıkları konusunda hiçbir kaynak yoktur. Onlara şöyle bir şart koşuyorlardı: "Ya Müslüman olacaksınız ya da cizye denen kelle vergisi vereceksiniz". Müslüman olmanın şartları bellidir. Kelime-i Şehadet getiren Müslümandır. Çoğu bunu diliyle kabul etse de eski inançlarını yaşamaya devam ediyorlar. Kabul etmeyenler ateşe tapan Zerdüştlerdir. 13. yüzyıla kadar inançlarını devam ettirdiler. Şunu en önemli bilgi olarak aktaralım: insanların o dönem İslam dinine kolay geçmesinin sebebi İslam dininin kolay anlaşılır olmasıydı. İlk 70 yıl ne tarikatlar var ne cemaatler var ne 13. yüzyılda ortaya çıkan dervişler var ne de milletin kafasını karıştıran hadisler var. Bunlar İslamiyet'ten 210 yıl sonra yazılmaya başlıyor. İran'ın Müslüman olmaya başlaması böyle oldu. O dönem daha Şiilik ve Sünnilik yoktu. Bunlar çok sonraları ortaya çıkmaya başladı. Küçük bir azınlık İslamiyet'in ilan edilmesinden 60 yıl sonra Kûfe'de Emevi halifeliğini kabul etmeyip kendi imamlarını dini lider olarak Kerbela katliamı sonucu tayin edince ilk ayrılış başladı. Bu katliamda Emevi yöneticileri Araplar Hz. Muhammet'in torunu, Hz. Hüseyin'i katlettiler.

Endülüs'te Müslümanlar değişik bölgelerde ayrı süreler zarfında kaldılar. Toplam varlıkları 800 yıl sürdü. Burada yerli halk nasıl Müslüman oldu? 711 yılında İspanya (o dönem adına İberiya) en az iki krallık tarafından yönetiliyordu. Bunlara Batı Gotları deniyordu. Halkı Alman olmadığı halde yönetimi Almanlar ele geçirmişti. Krallıklar arasında rekabet olunca birisi diğerini ortadan kaldırtmak için o döneme kadar güçlenen Araplardan yardım istedi. Emevilere Gibrata Boğazı denen Cebelitarık Boğazını geçince gece fenerleri ile yol gösterip yardım ettikleri bile kayıtlara geçmiştir. Fas önünden İspanya'ya kadar boğazın genişliği yalnız 8 kilometredir. Diğer bir iddiaya göre belki bunu o dönem Yahudilere düşman olan Hristiyanlar uydurmuş olabilir. Yahudiler büyük baskı altındaydı. Din değiştirmeleri için onlara sürekli saldırılar oluyordu. Bu baskılardan kurtulmak için onlar Müslümanları yarımadaya çağırdı. Batılı tarihçilere göre iki rakip krallıktan birisinin onları çağırmış olmasıdır. Emeviler, İspanya yarımadasına çıkıp hakimiyeti ele aldıktan sonra aynı İran'da olduğu gibi halka zulmetmiyorlar. Çoğunun kendisi yine aynı İran'da olduğu gibi kelle vergisi vermemek için din değiştiriyor. Bir kısmı ise kralların baskısından kurtulduğu için onları kurtarıcı görüp Müslüman oldu. Endülüs'ün yerli halkının Müslümanlığa geçmesi böyle oldu. 1492 yılında orası tekrar İspanyolların eline geçince halkın bir kısmı kılıçtan geçirildi. Bir kısmı Türk gemileri Fas'ın Fez şehrine göçtü. Yahudiler, aynı şekilde İstanbul'a geldi. Onların ekonomiye faydalı olacağı düşünülüyordu. İstanbul'a gelenler arasında Endülüs Müslümanları da bulunuyordu. Sayıları azdır. Onlar gelince İstanbul'da adına Arap Cami denen cami kurdular. Endülüs halkı ilk geldikleri gibi Arap askerlerin çocukları değil sarışın, mavi gözlü Avrupa kavimleridir. Göçler yerine yerli halk Müslüman olmuştur.

Türklerin din değiştirmesi ise çok farklı başlıyor. İran'da İslamiyet'in yayılmasıyla güney Azerbaycan Türkleri de Farslar gibi Müslüman oluyor. Türkistan topraklarının sınırları eski Pers imparatorluğu ile belirlenmiştir. Oraya Araplar daha giremiyorlardı. Onun yerine daha zayıf savunması olan Kuzey Kafkasya'ya saldırıp yeni kurulan Hazar Hanlığına saldırdılar. Türkistan topraklarına ilk girişleri, 709 yılında başladı fakat halkı İslam dinine geçirmeyi başaramadılar. Arkasından 709 yılı Emeviler döneminde, yeni komutan olarak Kuteybe İbn Müslim'e görev veriliyor. O ordularıyla birkaç kez Türkistan bölgesine seferler düzenliyordu. Savaşlar sırasında binlerce Türk öldürüldü ve böylece İslamiyet'i kabul ettirmeye çalıştılar. Çok sayıda köle götürüldü. Arapların adına Horasan dediği bölgedeki Türkler yine İslamiyet'i kabul etmedi. Arapların oradan da götürüldükleri binlerce köle var. Kuteybe, 715 yılında kendi komutanları tarafından bir cinayetle ortadan kaldırıldı. Onun İslamiyet'i kabul ettirdiği kitaplarda geçiyordu fakat gerçekte kimse zorla Müslüman olmaz.

Türklerin İslam dinine geçmesi Abbasiler döneminde başlıyor. Samaniler (892-999) de Türk çocuklarını köle olarak toplayıp asker yaparak ordu kurmaları için Abbasiler ve İran içlerinde kurulan Şii devleti Büveyhilere satıyor. Ordu kuruyorlar. Hanedanın kurucusu Sâmânhudât, Horasan bölgesine kaçıp Müslüman olan birisidir. Emeviler ve Abbasiler döneminde ele geçirilen Türkistan topraklarından Buhara ve Semerkant, bugünkü bütün 5 Türk Cumhuriyetini kapsayan bölgenin yarısı ve bugünkü İran, Türkmenistan sınırlarına kadar olan bölge. Abbasi Halifesi bunlara veriyor çünkü onlar Tengri inancındaki Türklere karşı savaşıp, İslamiyet'i yayacaklar. Kendileri Fars asıllıdır ve soylarını 590-591 yılları arasında bir yıl hâkimiyette kalan Fars kralı Behram Çubin'e bağlıyorlar. Fakat bunun bir meşruiyet dayanağı olduğunu, asıl kökenlerinin Türk Akhunlara dayandığını da söylerler. Köle Türk askerleri, 999 yılında darbe yapıp bu hanedanlığın mensuplarını kılıçtan geçirip ortadan kaldırıyorlar. Samani Devleti, Gazneli Mahmut'un kurduğu Doğu Afganistan merkezli Türk devleti Gaznelilere geçiyor. İran Farslarının bugün Türkistan'ı kendi imparatorlukları içinde gösterdikleri haritanın bütün ömrü, toplam yüz yıl bile değildir. ayrıca bu toprakları Araplar işgal ettikten sonra onlara vermiştir. Onların yüz yıllık Türkistan hakimiyeti sırasında Abbasilere gönderdikleri ve kendileri için topladıkları Türk erkek çocuklarının sayısı yarım milyona yakındır. Üç devletin asker ihtiyacını, yüz yıl boyunca bu çocuklar karşılıyor. Hülagü Han, bunun intikamını Abbasi Halife'sinden aradan 400 yıl geçse bile alacaktır.

Uygurlar Nasıl Müslüman Oldu?

İdil-Volga boylarındaki Bulgar devletinin Kağanı, İslam dinine 922 yılında geçti. Ona Abbasiler döneminde üç elçi gelip İslam dinine davet etmişti. Bu tarihe kadar 731 yılından itibaren onların bir kısmı, Kuzey Kafkasya'da Müslüman din adamlarının dolaşıp İslamiyet'i yaymasından dolayı din değiştirip Müslüman olmuştu. Türkistan'da Samanilerin bölge halkını yeni dine geçirmeye çalıştığını gördük. Aradan 30 yıl geçince muhtemelen bu süre içinde çok insan onlara boyun eğip Müslüman oldu. Bu tarihe kadar Buhara'da küçük bir İslami kesim oluşmuş hatta doksan yıl ezan, Farsça okunmuştur. Bulgar kağanının Göktürk inancına bırakıp İslam'a kolayca geçmesinin iki sebebi olabilir. Birincisini zaten gördük. Bütün sorumluluklar iyi veya kötü kağana aittir. Başarısız olduğu zaman halk, onun kellesini istiyordu. İslam dininde kader inancı vardı ve onun bir sorumluluğu yoktu. Kendi başarısızlığının yaratandan geldiğini söyleyip hesap vermekten kurtulabilirdi. İkinci sebep şu olsa gerek: diğer Türklerin İslam dinine geçtiğini görüp bunların başında kendi Kuzey Kafkasya Bulgar halkıdır. Belki onlardan ayrı bir dine inanmaya devam etmek, kendi halkından ayrılmaları sonradan din savaşları yapmaları veya kopuk iki toplum olmaları etkili olmuştur.

Uygurların İslam dinine geçmesini Uygur tarihçileri çok romantik bir biçimde anlatıyorlar fakat batıda Hristiyanlığın ve kralların bağlı olduğu kayserlik sistemini okuyanlar böyle olmadığını hemen anlayacaktır.

Uygurlara göre Satuk Buğra, Abbasi halifesi Nasır bin Ahmed'le tanışıp, ondan İslamiyet'i öğrenerek Müslüman oldu ve Abdülkerim adını aldı. Yirmi beş yaşına gelince Müslüman olduğunu açıklayıp, hükümdar olan amcası ile mücadeleye başladı. Onunla Fergana Savaşını yaptı. İlk olarak Atbaşı kalesini zapt etti. Daha sonra üç bin kişilik bir orduyla Kaşgar üzerine yürüyüp, şehri fethetti. Amcası Oğulcak Kadir Han'ı öldürdü. Ülkede hakimiyeti sağlayıp, birliği temin etti. Türk ülkelerinde İslâmiyet'i hızla yaydı. Satuk Buğra Han, yüz binlerce kişinin Müslüman olmasına vesile oldu. 955 senesinde Kaşgar civarında bulunan Artuş kasabasında vefat edince, oraya defnedildi. Abdülkerim Satuk Buğra Han'dan sonra, oğulları devrinde de ülkesine pek çok İslam alimi gelip, İslamiyet'i doğru olarak anlattılar ve yaymaya çalıştılar. Musa Tunga adında bir oğlu kendisinden sonra yerine geçti. Bundan sonra da Musa Tunga'nın oğlu Baytaş Süleyman Arslan hükümdarlık Satuk Buğra Han, ömrünü Müslümanlığı yaymak için mücadele vererek geçirmiştir. Ölümünden sonra Kara Hanlılar döneminde onun soyundan gelenler İslamiyet'i Türk milletleri arasında hızla yaymışlar.

25 yaşındaki bir genç, Müslüman olduktan sonra Budizm'den vazgeçmek istemeyen hükümdar amcasına savaş açıp onu ve 3000 adamını öldürdü. Bunun için ordu gerek, orduyu toplamak için para gereklidir. Bu ancak böyle olmuş olabilir. Abbasiler, Uygurları ve diğer milletleri tanıyordu. Onların Müslüman olmadığını da biliyordu. Batıda misyonerlik çalışmaları olduğu gibi doğuda da kendi dinleri adına davet çalışmaları vardı. Abbasiler, Budist Uygurlara karşı mücadele edecek birisini buldular. O da Saltuk Buğra idi. 25 yaşında birisinin Bağdat'a gidip dilini bile anlamadığı milyonlarca insanın halifesi olan birisini bulunup konuşmasını ve Müslüman olmasını düşünmek hayalperestlik dışında başka bir şey olamaz. Abbasi halifesi onu bulup kendi tarafına geçmesi karşılığında Budist Uygur amcasına karşı destekleyeceği vaadiyle yardım etmiştir. Müslümanların hükmettiği topraklar ne kadar çok genişlerse Abbasilere o kadar vergi gelecek, halife olarak hükmettiği topraklar da o kadar büyük olacaktı. Batıda Kayserler aynısını yapıyor, bütün küçük krallıkları bir arada toplayıp kendisi büyük kral oluyordu. Almanya'da çok sayıda küçük krallıklar vardı ama bir tek Bizans'ın kendisi Kayser makamına sahipti. Uygurlar arasında İslamiyet böyle yayılmıştır. Fakat şunu da söylemek gerekir ki Budizm insanları tembelliğe iten bir dindir. Eğer Uygurlar Budist kalmış olsalardı bugün Tibet gibi ilkel bir toplum karşımızda olacaktı. Türklerin

gecen yüz yıllarla İslam dinine geçmesini birbirlerinden dini yönden ayrılmamak istememeleri tetiklemiştir.

Kaçın Barbar Moğollar geliyor

Hunları ve Avarları görenlerin kaçın Barbarlar geliyor dediği gibi şimdi Macaristan ovasına gelen Moğol akınlarına da onlar Barbarlar geliyor diye bağırmaya başlamışlardı.

1241 yılında Cengiz Han'ın torunu Batu Han orduları ile Macaristan içlerine kadar ilerledi. Muhi Şehri önlerinde Macarları yendi. Moğollar savaş sonrası bugünkü Rusya içlerine çekilip Altınordu Devletini kurdu. 3. Moğol Kağanı Müslüman olup Muhammet ismini aldı. Altınordu birliklerinin komutanı Moğol fakat ordusundaki askerlerin büyük bölümü Türklerdir. Sayıca az Moğollar da Türklerin içinde eriyip Türkleştiler. Batı kayıtlarına göre Moğol ordusu 150 bin asker ve 500 bin atla Macaristan'a girdiler. Moğolların Kağanı Batu Han, onun yanında kardeşi Shibani var. Macaristan'da savaş başlamadan iki gün önce Shibani, Legnica şehrinde Alman ve Polonya ordularını ağır bir yenilgiyle yok etmiştir. Burası bugünkü Polonya sınırlarında içinde kalan Çekya ve Almanya'ya yakın bir yerdir. Moğollar eski Türk savaş taktiğini kullanırken, Macarlar kendi dedelerinden öğrendikleri savaş tuzaklarını unutmuşlardı. Moğollar önce atlarını birleşik Orta Avrupa güçleri üzerine sürdüler fakat yaklaştıkları sırada geriye ok atarak çekildiler. Batılılar onları kovalarken tekrar geri dönüp büyük bir saldırı başlattılar. Karşılarında Macar, Alman, Kuman, Eflak, Böhmen, Sırp güçleri vardı. Bu ortak birlikten toplam 70-100 bin savaşçı öldürüldü. Macar Kralı Bela, düşmanı Avusturya Dükü'ne sığınmak zorunda kaldı. Yanında devlet hazinesi vardı ve hazineyi onun elinden aldılar. Ayrıca sınır kontrolünü Avusturya'ya devrettiği bir anlaşma kabul ettirdiler. Macarlar ancak 5 yıl sonra kendi sınırlarını kontrol edebildiler. Macar Kralı buradan Adria Denizi'ndeki bir adaya geçerek orada kaldı. Büyük Moğol Kağanı, Ögeday öldükten sonra ülkesine geri döndüp yeniden onardı. Moğollar kışı Macaristan'da geçirdi ve Tuna donunca buradan Buda şehrine geçtiler. Viyana önlerine kadar gittiler. Moğollar Orta

Avrupa'dan geri çekilip bugünkü Rusya'da Altınordu Devleti'ni kurdular.

Cengiz Han'ın diğer torunu Hülagü bu dönemde 1258 yılında Bağdat'a girip Abbasi Devletini ele geçirdi. Onun ordusundaki boyların çoğu Türk ve Müslüman olmuştur. O boyların ismini Evliya Çelebi (1611-1682) yaklaşık 5000 sayfalık seyahatnamesinde vermiştir. Bunlar arasında Moğollar, Kumuk, Kitak, Kazak, Bolgar ve Kalmah kavimlerini sayar. Bolgar (Bulgar) ve Kazakların Türk olduğunu biliyoruz. Kumuk belki Kuzey Kafkasya Bolgarları olan Kumuklardır. Bunların üçü de o dönem Müslümandır. Hülagü Han'ın karısının ismi Dokuz Katun bir Türktür. Haşhaşilerin ünlü Alamut kalesini 3 yıllık kuşatma sonucu ele geçiren bir Müslüman Türk komutanıdır. Moğollarla gelen Türkler daha sonra güney Azerbaycan'a yerleşti. İran topraklarına 2 milyon Türk göç etti. 8 milyonluk ülkenin nüfusu, 10 milyona yükseldi. Hamedan ve Tebriz onların merkezleriydi. İran'ın bugün gurur duyduğu ünlü şairler ve yazarları 150 yıllık İlhanlılar döneminde yetişti. Iran son bin yıllık tarihinin en parlak, zengin ve özgür dönemini o zaman yaşadı. Buradaki Moğollar da Türklerin arasında Türkleşip Müslüman oldu.

1396 yılında Macar ve Fransız Şövalye Birlikleri, Osmanlı devletine savaş açtı. Macar kral Sigismund önderliğindeki bu ordu bugünkü Bulgaristan ile Macaristan sınırı arasında meydana gelen savaşta Osmanlı ordusunca ağır bir yenilgiyle yok edildi. Bu savaşa Türkler, Niğbolu Muharebesi demiştir. 1444 yılında Macar ve Leh birlikleri Osmanlı devletine yeni bir savaş açtılar. Bulgaristan Varna önlerindeki bu savaşta yine ağır bir yenilgi yaşadılar. 1526 yılında Mohaç Savaşı sonunda ise tamamen Osmanlı yönetimine girdiler. Bazı tarihçiler Osmanlı'nın Macar topraklarında 150 yıl kadar kaldığını yazarken bazıları 163 yıl olarak hesaplamaktadır.

Macarlar ve Macaristan

Macarlar dilleriyle gurur duyuyorlar. Onların dili diğer Avrupa dillerinden çok farklı. Bütün Avrupa dilleri Hint-Avrupa grubuna ait olduğu halde bir tek Macarların dili farklıdır. Onların dili Türk dil grubuna giriyor. Fin ve Estonya dili onlara uzaktan akrabadır. Türkçe yakın bir dildir. M.Ö. 1000 civarında Fin-Uygur dili konuşulan Ural dağlarının doğusundan ayrılıp Türklerin yaşadığı batı bölgesine geçtiler ve onlarla dilleri karıştı. M.Ö. 900 yıllarında bugünkü Macaristan'a yerleştikleri tahmin ediliyor. Bizans Kayseri VII. Konstantin Hun ve Avarların devamı olarak Macarları 950 yılından sonra Türkler olarak adlandırıyor. 1000 yılında Macar Krallığı kurulunca yeni Kral Szent István'a Bizans'ın gönderdiği taca Türkiye Kralı yazıyor.

Habsburg İmparatorluğu döneminde alimlerin arasında "Türkler olmasa Macarlar, Macarlar olmasa belki Türkler olmazdı" tartışmaları olmuştur. Son dönemlerinde Türklere ilgi artıp Türkologlar yetişmeye başlayınca, 1900 yıllarında bir araştırma yapıldı. Özellikle aydın kesimlerin Almanca öğrenip diğerini de bu dile alıştırmaya çalışmalarına rağmen Macarlar, ana dillerini sürdürmeye gururla devam ediyorlardı. Denizin ortasında bir adada gibi diğer Türk toplumlarından yüzlerce yıl uzak kaldıkları ve dillerine çok sayıda yabancı kelimeler girdiği halde. 1900'li yıllarda yapılan araştırmalarda 1500 Türkçe kelime olduğu tespit edildi. Günümüzde araştırma yapmak bilgisayar döneminde çok daha kolaydır ve yeni incelmelerde sözcük sayısı 4000 olarak hesap edilmiştir. (Macaristan Türkiye Büyük Elçisinin yaptığı açıklama) Macarların dilini neden bugün anlamıyoruz? Bunun cevabını vermek için Türk dünyasında seyyah olmak gerekir. Önceden belirttiğimiz gibi Hunlar ve Avarlar eski Türkçeyi konuşuyordu. O dili Macaristan topraklarına getirdiler. Yüz yıllar boyunca Türk dili değişime uğradı ve bugünkü şeklini aldı. Onlar Türkistan topraklarından koptukları için dilleri aynı şekilde değişime uğramadı ve diğer Türk lehçelerinden gittikçe uzaklaştı. Kaşgarlı Mahmut'un 900 yıl önce yazdığı Uygurca ile bugünkü birbirinden çok farklıdır. Eski Uygurcayı bugün bizler anlamıyoruz fakat bugünün diğer Türk lehçelerini bilen çok rahat anlıyor ve konuşuyor.

Macaristan Başbakanı Viktor Orbán, Kırgızistan'a yaptığı bir ziyarette kendi köklerinin de Türk olduklarını açıklamıştı. Bu batıda birçok siyasiyi rahatsız ederken Macaristan'da en çok kullanılan ismin Atilla olduğu ve bunun yeterli kanıt sayıldığı kabul edilmişti.

Macarlarla Türkler buraya kadar görüldüğü gibi akrabadır. Osmanlı döneminde 1389 yılında Türkler, Amselfeld ovasında Sırplara ve diğer Slav Krallıklarına karşı yaptığı savaşı kazanması sonucu, 1912 yılına kadar orta Avrupa'nın büyük bir bölümüne yine hâkim olup yüzlerce yıl yönetmiştir. Kanuni Sultan Süleyman'ın güçlü Macar Krallığına karşı yaptığı Mohaç Savaşı sonucu Macaristan, Türk topraklarına 163 yıl bağlı kaldı. Macarlar arasında diğer Slav bölgelerinde olduğu gibi Türk düşmanlığı yoktur ve tarihi savaşlar çoktan unutulmuştur. Bizleri birbirimize bağlayan sayılamayacak kadar çok ortak değerlerimiz vardır. Bunlar ayrı araştırma konusudur.

Yaşadığımız dönemde bütün tarihi gerçekleri unuttuk ve Macarlar Türk mü yoksa değil mi tartışmaları bitmedi. Bizans, 1000 yıl önce Macaristan'a "Türkiya" diyordu? Macar Krallığı'nın ilan edildiği M.S. 1000 yılında Macar Kralına Bizans tarafından hediye edilen tacın üzerinde "Türkiya'nin Kralına" ibaresi bulunuyor. Bu taç Macar devletinin en önemli hazinelerinden biri olarak hala mevcudiyetini koruyor. Tarihte ilk kez olmak üzere "Türkiya" adı da burada kullanılıyor. "İşte bakın, Bizans bizi Türkler olarak görüyordu" kamuoyunda oldukça yaygın bir tez olarak biliniyor.

Macaristan'dan Bulgaristan'a Türk İzleri

Hunlardan sonra Avarlar ve Osmanlı, kesintilerle de olsa yaklaşık 1000 yıl Orta Avrupa'ya hükmettiler. Avarlar, 800 yıllarından sonra kısmen Hristiyanlık dinine geçerken, Türkler de aynı dönemlerde İslam dinine geçmeye başlamıştı. Doğu ve batıda düşmanlarına korkulu rüyalar yaşatan Türklerin eskiden

Tengricilik/Şamanizm olan inançları, bu tarihlerden sonra ayrılmaya başladı. Macaristan'dan Bulgaristan'a kadar son Türk izlerini kısaca gezip kitabımıza son verelim:

Budapeşte iki şehrin birleşmesinden meydana gelmiştir: bir tarafı Buda diğer tarafı Peşte. 1640 yılında Buda tarafında Türkler ve Macarlar arasında yapılan savaşta 1000 Macar askeri bir tepede öldürülmüştür. Savaşın meydana geldiği tepeye zamanla "Kanlı Çayır" denilmiş ve çevresine evler kurularak oluşan mahallenin ismine "Türk Tehlikesi" denilmiştir.

Macaristan, Avrupa Birliği'ne girdiği halde, bir zamanlar onlarla savaşan Türklerin şansı yok sayılıyor. Sovyet tipi blok evlerden oluşan mahalle halkı bir taraftan AB üyesi olup bunun getirdiği değişimi yaşarken, diğer taraftan "Türk Tehlikesi" mahallesinde eski hikâyeler anlatılıyor. Buda tarafında, Gül Baba Türbesi bulunmaktadır. 16. yüzyılda yaşayan Gül Baba adına kurulan bu türbe, Macaristan'a gelen Türklerin ilk ziyaret yeridir. Türbenin olduğu tepeden bütün Tuna ve şehir seyredilebilmektedir. Bu tepeden bakmak Türklere acı ve ıstırap verir çünkü atalarının bir zamanlar büyük kanlı savaşlarla fethettiği bu şehirde geçmişin izlerini görmek gönüllere hüzün verir.

1389-1912 yılları arasında Türkler, Avrupa'ya sadece korku değil medeniyet de getirdiler. 1565 yılında açılan Kiraly Hamamı bugüne kadar hizmet vermektedir. Yalnız Budapeşte'de Türklerin kurduğu 47 hamam vardır. Macaristan'dan Sırbistan'a giderken Türklerden kalan başka hatırlar da ortaya çıkar. 1456 yılında Türk orduları Belgrad önlerine kadar ilerlemiştir. Macar Krallığı'na bağlı Belgrad kenti önlerinde sıcak bir yaz günü yapılan savaşta Türklerin ilerleyişi durdurulmuştur. Hristiyanlık geçici bir müddet İslam'a galip gelmiştir. Papaz her gün bu tarihten sonra kilise çanlarının gündüz saat 12'de çalınması emrini vermiştir ve bu gelenek bugüne kadar bozulmadan devam etmiştir.

1521 yılında Kanuni Sultan Süleyman Han döneminde Belgrad kenti Türkler tarafından fethedildi ve 1867 yılına kadar da öyle kaldı. Belgrad, Batı Avrupa için korkunun merkeziydi çünkü Türkler fethettikten sonra daha ileri fetihler için ileri karakol olarak kullanılmıştır ve Viyana'ya giden yol açılmıştır. Avrupa'nın en çok yıkılıp yeniden inşa edilen şehirlerinden olmasına rağmen Belgrad'da 100 cami günümüze kadar ayakta durmayı başarmıştır. Camilerde ezanlar susmuş, kilise çanları her gün saat 12'de yine çalmaya devam etmektedir.

Tuna Nehrinde Bir Ada, Adada Türk Tutuklular

Komünist Bulgaristan yönetimi, eski Osmanlı ve Türk intikamını almak için 1984 yılında kendi halkına bir vahşet yaşatır: Bulgaristan vatandaşı, 800.000 Türk'ün ismi kanun ile değiştiriliyor. Onlar artık Türk değil, Müslüman Bulgar vatandaşıdır. Onlara göre Bulgaristan'da 800 yıllık Türk varlığı artık bitmişti. Okul kitapları yeniden yazılarak Osmanlı ve Türkler kaldırıldı. Camiler kapatıldı. Mezarlıklardaki ölülerin isimleri bile defterlerde değiştirildi. Bu vahşete karşı gelen Türkler, Tuna üzerindeki bir adada bulunan hapishaneye kapatıldı.

1989 yılına kadar komünistlerin vahşet ve baskısı bitmedi. Artık dayanamayan 330.000 Türk, bütün malını mülkünü yok pahasına satıp Türkiye'ye göçmeye başladılar. 100.000 kişi sınırı dolunca Türkiye haklı olarak kapıları kapattı çünkü o topraklar, o bölgeler onlarındı, sahip çıkmaları daha doğruydu.

Sovyetler dağıldıktan sonra, Türklerin bir kısmı geri döndü. Okul kitapları yine eskisi gibi yeniden yazılıp basılmaya başladı. Halk özlediği huzura kavuştu. Restore edilen eski camiler hariç 300 yeni cami daha kuruldu. Macaristan'dan İstanbul'a giderken Orta Avrupa'nın ve Balkanların her şehrinde Türk izleri var. Ya terk edilmiş boş kalmış camiler ya mezarlıklar ya yıkılmış hamamlar.

Hiç kimsenin yok edemediği başka bir eser kalmış. Türklerin tarihi ve bıraktıkları Türkçe kelimeler. Bütün lehçe ve dillerde çok sayıda Türkçe kelime yer edinmiş, halkın kendi dili gibi olmuştur.

10. Yüzyıldan kalma bir savaşçı mezarı Macaristan

Macaristan`da 12. yüzyıldan kalma açılan bir mezardan çıkan savaşçının kiyafetlerini ve yanındaki özel eşyaları bir ressam böyle canlandırmış. Ayağındaki çizmeler, kaftan, ok, yay, uzun saçları aynı Hunlar gibi. Ok kılıfındaki semboller Idil-Volga Bulgar devletinden kalma daha devam ediyor. Bazıları bu devlete Hazar devleti demiştir bu konuda farklı görüşler var.

Kendi geçmişini arayan bugünkü Macarlar genellikle milli kıyafetlerini Doğu Türkistan`ın Lopnur gölü kenarında yaşayan Lopnur Türkleri ile kıyaslıyorlar. Bizans elçisi Atilla`yı ziyaret ederken ona şarkı söyleyen İskit kızları aşağı yukarı bu resimdeki Lopnur kızları gibi giyinmiş olmalıdır. Biznas elçisi onların başlarını bunlar gibi bağladığını tarif ediyor.

Kaynak:

Die Magyaren György Balazs, Kroly Szelenyi

Der Spiegel dergisi

Wie Welt gazetesi tarih bölümü

Die Zeit gazetesi tarih bölümü

Archäologie Deutschland dergisi

Die Hunnen, Tio Sticker

Mohammed Revolution aus der Wüste/ Marcel Hulspas

ZDF televizyon kanali tarih programları

BBC televizyon kanalı tarih programları

Ihlas ansikopedileri

Atilla und die Hunnen Hermann Schreiber

Die Awaren Prof. Walter Pohl

Geschichte Irans/ Monika Gronke

Seven Heden/ Der wandernde See

Von Land und Leuten in Ost-Türkistan Albert von Le Coq

Kazan Hanligi/ Mihail Georgievic Hudyakov

Evliya Celebi Seyahatnameleri

Die Totengeister der Uiguren/ Paola Schrode

Die Handschrift von Granda/ Antonia Gala

Bunlarin yani sira Macristan`da yayinanmis bir çok makelenin Almancaya çevrisi.

Titelbild: Printtest

Restliche Bilder: Memet Aydemir und Wikipedia

208

209